我住在這裡的
N個理由

和之夢 著

竹內亮導演團隊作品

Contents
目錄

第一章　精彩人生的起點

第二章　走在實現理想的道路上

第三章　為這片土地作出貢獻

前言　了解《我住在這裡的理由》

　　《我住在這裡的理由》是通過演員阿部力、導演竹內亮等人，拜訪住在海外的中國人和住在中國的外國人，來介紹世界各地風土人情的旅遊式紀錄片。

　　每個人在選擇自己生活的地方時，一定有他／她的理由。節目組走訪住在異國他鄉的中國人，以及住在中國的外國友人，通過他們的外國人視角，展現你所不知道的風土人情和文化差異。採訪對象大多是普通老百姓，有日本留學生、上班族、匠人、歌舞伎廳媽媽桑、相撲選手、清潔工、事業型媽媽、老師、網紅、模特、畫家等等。節目回歸到這些平凡人的真實生活當中，在他們身上看到不同群體的生活態度，以及不同時代背景下的身份烙印。

　　拜訪前，主持人只被告知了主人公所在的地點，然後展開一次完全沒有台本的自由旅行，跟蹤記錄這些擁有不同職業和背景的普通人每一天的生活，理解那個國家、那個城市的風俗文化，了解不同職業的工作狀態。自二〇一五年十一月五日播出第一集後，目前節目已拍攝超過兩百四十集，每周四在網絡上更新。前二十二集記錄了在日本學習生活的中國人，從第二十三集開始，主人公範圍擴大至在中國生活的外國人和住在外國的中國人，讓不同國家的觀眾了解彼此的文化。

　　雖然每一個人都有生活在一個地方的不同理由，但大多數出自他們口中的，都是單純地喜歡這個地方，或者是為了尋找有趣的生活方式，或者是為了人生的成就感，或者是為了賺錢養家。這些來自不同文化、地域的差異所帶來的感受，讓觀眾對世界產生興趣，了解他人，審視自己，懷著一顆好奇的心去思索人生的意義。

主創人員

主持人阿部力（又名冬冬），是日版《流星花園》美作的飾演者，也是一位中日混血兒，悠閒隨性，魅力十足。

阿部力不在時，主持人便由節目的導演——竹內亮（亮叔）擔任，是位幽默風趣、無厘頭的日本大叔，最喜歡和主人公一起吃吃喝喝。

導演的太太趙萍（萍姐）是南京人，也是節目的製片人，在大部份節目的旁白裡都能聽到她親切的聲音，偶爾也會客串節目助手、主持人。

幕後製作

紀錄片《我住在這裡的理由》不是出自名導演之手，主持人也不是很當紅的明星，而且製作經費少得可憐，劇組成員零酬勞，沒有贊助商，也沒有投資方，全靠自籌拍攝。每集節目時長不一，有時候還會陷入找不到主人公的危機，拍出來的鏡頭也常常虛焦，但是在各大網站的評分都在九分以上。

節目製作初期完全沒有商業元素，導演和製片人的壓力都很大。他們在拍攝的過程中，逐漸探索出自己的盈利模式。二〇一九年九月，節目擁有了自己的網站，推出會員制，會員可以付費觀看加長版視頻，欣賞更多精彩片段。

突發狀況

因為節目是「一次沒有台本的旅行」，期間出現過很多突發情況。比如說：阿部力的摩托車鑰匙丟了，導致耽誤了與採訪對象的約定時間；助手給汽車加錯油，結果耽誤行程；因為不熟悉主人公的生活習慣，跟蹤拍攝累得不行等等。

恰恰是這些未知的狀況，給節目帶來很多趣味。

序言 竹內亮談《我住在這裡的理由》

創作契機

拍《我住在這裡的理由》（簡稱《我住》）的契機是我在二〇一〇年為日本放送協會（NHK）拍攝大型節目《長江天地大紀行》，期間去了長江周邊的青海、四川、雲南等地，前後拍了有一年時間。那時候，我經常跟當地人交流，他們知道我是日本人後就會問：「你知道山口百惠怎麼樣了？」「高倉健怎麼樣了？」但那已經是二〇一〇年了，山口百惠已經引退了多少年了啊！他們獲得的日本信息太少了，更多的是通過看抗戰影視片，不知道當今的日本藝人及文化，只知道山口百惠……所以我當時就想做一個節目，將現在的日本介紹給他們。

我跟太太說了之後，一開始她是反對的，覺得當時孩子還小，我們在日本買了房子，工作也很穩定，沒有必要去冒這個風險。但是我一直說一直說：「想去中國！想去中國！」最後花了兩年時間，終於得到太太的同意。

那時身邊的人都反對我們搬去南京，「中日關係這麼緊張，你為什麼還要去？」「太危險了！」……大家都勸我不要去。但是，我覺得這反而是一個機會，當時很多日本人從中國回來了，包括很多在中國拍視頻、拍紀錄片的人，那麼這時我去的話，就沒有競爭對手了（笑）。

經過一系列準備之後，我們在二〇一三年八月正式搬到中國南京定居。之後，我一邊為日本的電視台拍攝節目，一邊做調查，研究中國年輕人究竟想看關於日本的哪些內容。同時，我進了南京大學學習中文。

開拍

我們公司是在二○一四年成立的，然後開始為拍攝作準備。當時沒有太多想法，只是想把日本當下的文化及信息傳達給中國年輕人。至於用什麼形式來表現，也沒有很好的點子。直到二○一五年夏天，我太太跟我說：「那就拍住在日本的中國人吧，通過他們來介紹日本的話，大家都願意看。」我覺得這個主意非常不錯，所以就開始做這個節目了。

連續拍了半年在日本的中國人之後，我就想換一種「玩法」：拍在中國的日本人。一開始不知道會不會受歡迎，在拍了兩三個人後，觀眾的反應卻特別好，比拍「住在日本的中國人」系列還受歡迎。我們真的沒有想到，原來大家都喜歡看日本人的生活，所以後來我們就一邊拍住在日本的中國人，一邊拍住在中國的日本人了。

拍攝對象

《我住》拍攝對象的選擇標準只有一個：他／她必須是一個拚命努力的人。我們所拍攝的人物，只要能滿足最大的條件：「努力工作／生活」，這樣就 OK 了。

我們拍的第一個日本人是住在上海的一位美女，做美甲的二十多歲漂亮姑娘。她並不是被日本公司派遣來中國的，而是自己喜歡上了中國，選擇定居上海，然後開了一家美容美甲工作室，在上海努力發展她的美麗事業。（本書第二篇就是關於這位日本美女的追夢故事。）

此外，我們還有一個條件是一定要拍主人公的家。因為我們的節目很生活化，而一個人主要的生活場景就是他／她的家，如果「家」不能公開的話，我們也就不拍了。

我們最大的困難是資金問題，拍攝過程中反而幾乎沒遇到什麼困難，大多數拍攝對象都願意接受拍攝。不過現在回想，拍日本人時被拒絕的比例比較高，因為日本人注重隱私，不想被拍到自己的家及家人，這是不同民族的不同想法吧。

我住在中國的理由

我從一開始的時候就被粉絲問及「我住在中國的理由」，所以二〇一八年我公開宣佈，如果達到一百集的話，我就拍我自己，回答大家的問題。在第一百集裡，我讓員工做導演、攝影師……這也算是一個培訓過程。（翻看第九篇主人公故事，就能看到「培訓過程」的成果。）

我住在南京，而做中日交流，肯定繞不開南京。正因為南京是一個敏感的地方，所以在這裡做中日交流的事情時，能更加直接地感受到中日關係的最真實現狀，也更有意義。

我覺得南京人特別包容。今年是我住在南京的第八年，八年來，我從來沒有被人說過諸如「你是日本鬼子。」「我討厭你！」「走開！」之類的話，一次也沒有。大家都對我非常友好，也給我們很多幫助。

南京人不單是對日本人，對外國人都比較包容。有一次，我在南京地鐵內，跟一個日本人用日語交談，旁邊有一個孩子說：「我怕，媽媽。」孩子的母親就教育孩子，說：「不能這樣說，日本人裡也有好人與壞人，全世界都一樣，有好人與不好的人，所以不應該這樣說。」我聽到後很感動。很多人，特別是日本朋友，都問過我：「你住在南京沒有事嗎？有沒有被打過？」我的回答就是兩個字：沒有。

在中國的這些年

這些年，我感受到的變化是中日關係越來越好了。首先，我完全沒有想到有這麼多中國人來日本旅遊；第二，是看我們節目的人越來越多，想了解日本的人越來越多，通過《我住》的點擊量也可以反映出中日關係的現狀；第三，是有好多媒體來採訪我，特別是中央級的官方媒體。

當然，中日兩國（或中外）之間還存在著很多矛盾與偏見，我想一直努力，促進民間交流、增進彼此了解，讓這種偏見漸漸消失。現在我主要把日本的文化介紹給中國人，但同時我也發現，日本年輕人不太了解不太關心中國，這與很多中國年輕人喜歡日本文化的反差很大。我覺得這個情況不好，我以後還是要把中國有意思的文化更多地轉達給日本乃至外國的年輕人，這是一定要做的。

第一章　精彩人生的起點

令人自在的創作
空間 ——

漫畫家
淺野龍哉

我希望，永遠。
永遠，在這裡。

**Personal
Profile**

住在北京的漫畫家

家鄉：日本

職業：漫畫家

代表作：《鐵扇公主》、《戒指物語》

最喜歡的漫畫：《Toy》、《火之鳥》、《水果籃子》

住在這裡的理由：為了繼續和朋友們一起努力創作漫畫，

讓更多人因為看到他們的作品而開心。

浅野龍哉

01

亮叔問：「你知道這個節目的名字嗎？」

淺野說：「好像是『我住在這裡……（旅）（遊）』？」

亮叔和節目組笑了。

淺野疑惑，「很奇怪？說錯了嗎？」

亮叔糾正，「是『理由』。」

　　第一次見面，亮叔和節目組在淺野龍哉的住所樓下等他。大廈門口走來一位穿紅色格子衫、牛仔褲，留著半長頭髮，高高瘦瘦的青年，亮叔瞄了一眼便說：「一看就是日本人。」

　　這時青年走近，聽到亮叔的評論，害羞地大笑起來，「我本來就是日本人啊。」

　　這就是淺野龍哉，一個非常典型的日本人。

　　淺野的住處是一個二百呎左右的房間，放了一張雙人床，旁邊是簡易塑膠抽屜，床腳便是長桌和層架。長桌除了作為書桌，還放了煮食爐，下方則是洗衣機、小冰箱等。「在日本，這樣大小的房間，對一個人來說剛剛好。一個男人住這麼大的房間足夠了。我也找過其他地方，很便宜，但是太寬敞了。現在這個床對我來說也挺大的。」

　　在日本東京等大城市裡，有很多類似的單間，人們早習慣了擠迫的

環境，非但不覺得壓抑，還很有安全感。不過淺野的坐標不在東京，而是在一海之隔的北京。二〇一五年來到北京的他，曾在大學裡教過三年日語，二〇一八年則換了工作，在一家內容製作公司做回本職：畫漫畫。

本人比漫畫還有趣

從外表看，淺野散發的正是深受日本動漫文化影響的宅男形象——穿的永遠是格子衫，家裡的衣服也都是不同顏色的格子衫；家裡堆滿了漫畫，辦公桌上放了凌波麗手辦，最愛的珍藏則是腿部線條很美的初音。儘管他的名字「龍哉」十分霸氣，性格卻很靦覥，說著說著話就會害羞起來，然後以大笑遮掩。不擅與人交際，腦海裡卻有一個獨屬於自己的世界。

淺野腦袋裡有很多奇思妙想，對一切事物都有強烈的好奇心。喝著喝著奶茶，他會突然冒出一句：「我到現在也不明白為什麼奶茶會這麼受歡迎。」哪怕亮叔和攝影師反覆告訴他只是因為好喝，他卻覺得一定有更深層的原因。在節目組拍攝時，淺野興奮地圍著攝像機拍個不停，甚至跪在地上找角度，讓節目組哭笑不得。

「我經常被人說，雖然畫的漫畫不是很有趣，但是我這個人很有意思。」這句評語對一個漫畫家來說可不怎麼高興，淺野更希望人們說「這個人畫的漫畫很有意思」。不過正因為他有著天馬行空，甚至讓人匪夷所思的想法，才能畫出富有創造力的漫畫故事。他在日本漫畫雜誌連載的恐怖漫畫《faceless》（無臉之人），就是源於好奇心驅使下的偶然發現。

淺野有空的時候會在北京的大街小巷穿梭，拍攝街景照片。觀察入微的他發現北京街頭有很多兔子塗鴉。事實上不止在北京，上海、成都、深圳，甚至在香港，都曾出現這些兔子的身影。這些兔子是誰畫的呢？為了什麼畫的呢？是一個人還是一群人畫的呢？沒有人知道。於是關於兔子的都市傳說出現了：只要見過一次這隻兔子，之後就會接二連三地發現牠。

「我會像收集寵物小精靈一樣收集這些兔子。」淺野經常在胡同裡尋找兔子塗鴉，再拍照留念，就像玩尋寶遊戲一樣。這隻神秘的兔子還

給淺野帶來了靈感，《faceless》描繪的便是一個個在北京街道裡不停追尋兔子塗鴉的人，最後他們被詛咒，導致臉消失了的故事。每一集主人公都會陪伴一位丟失了臉的人尋找自己的臉。

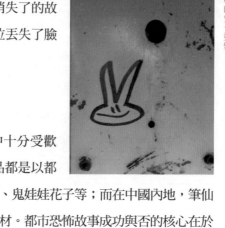

像照片一樣的畫面效果

「都市傳說」是恐怖題材中十分受歡迎的元素，日本有很多恐怖作品都是以都市傳說改編而成的，例如裂口女、鬼娃娃花子等；而在中國內地，筆仙便是經常在影視作品裡出現的題材。都市恐怖故事成功與否的核心在於「真實感」，越是有可能在現實生活裡出現的事，越令人驚悚。因此淺野在創作時，除了利用在街頭發現的神秘塗鴉作為故事元素，在繪畫技巧上也致力模糊虛實之間的界限，進一步營造恐怖氣氛。

淺野有將近十年畫漫畫的經驗，他分析總結了世界各地的漫畫技巧，與自身學習的日本漫畫技巧相結合，運用在作品中，並創造了獨特的繪畫技巧。《faceless》最大的特色是看起來像照片一樣的人物畫面，真實中帶著詭異的畫法，讓讀者在看漫畫時覺得更恐怖。

要使畫面像照片一樣，其實一點也不容易。在畫漫畫之前，淺野請做日語教師時認識的學生幫忙，根據漫畫情節做動作，拍攝了大約一萬張照片。在平板電腦上畫畫的時候，他把照片放在圖畫底層，先在上面勾畫草稿，再根據草稿畫成線稿，然後將素材變為灰度圖像，勾畫後再重新上色。花費好一番功夫，才能畫出像照片一樣的人物畫面。亮叔好奇嘗試，淺野便幫他拍照，為他在漫畫裡設計了車站職員的小角色。這個只有一個動作、佔不到六分之一畫面的劇情，竟花了足足一小時才完成。而每集只有三十頁的漫畫，淺野平均要畫七百個分鏡，用這樣的方法所耗費的時間難以想像。雖然過程繁瑣，他卻對畫面效果十分滿意。

「如果從一開始就不用照片直接畫的話會快得多。但照片在某種程度上是完美的，我很想知道在這樣的照片上，加上線條這一類不完美的

東西之後，會產生什麼變化，所以特地選用了這種方式。在擁有真實感的同時，也有一些異樣的感覺。」

「所有畫面都要拍照嗎？」亮叔問。

「是的，其實有點像在拍電影。一開始時是想知道漫畫可以有多接近電影，所以在繪畫時嘗試這樣做。」這大概是淺野的另一個奇思妙想，探索靜態的漫畫與動態的電影的相通之處。

工作用心　生活隨心

對普通讀者來說，漫畫好看就好，運用了怎樣的技巧、有什麼藝術上的探索並不重要，但淺野卻有他的堅持，哪怕是微細的線條，也要運用得當，「每個作者對於這些線條強弱的運用還是有挺大差別的……不同粗細的線，畫出來的立體感是不一樣的。」

淺野對漫畫的認真不僅僅體現在繪畫技巧上，他對故事內容也有自己的研究心得。在公司的休息室裡，其中一個書架上放滿了他帶來的漫畫，但大部份卻只有第一冊。「因為只能帶兩百本左右，沒辦法把全套都帶來。而連載漫畫的第一冊都是很重要的，第一冊裡會有對最終回的提示等具指向性的內容，所以帶過來的都是第一冊。」

說起漫畫，淺野就像變了一個人一樣，侃侃而談，眼神充滿了光彩。他和每個熱愛自己事業的人一樣，工作的時候特別認真：戴上黑框

眼鏡，拿著畫筆，在平板電腦上專注地畫畫，一畫便是一整天。他的生活圍繞著漫畫轉，住在離公司三分鐘路程的地方，每天起床後就到公司，直到深夜才回家，一日三餐都靠外賣解決。

可是當亮叔催他打開手機挑選外賣時，淺野陷入了苦惱。

「我平時吃的是哪個來著？」在手機上掃了掃，「真的不知道吃什麼好。」然後放下手機，繼續畫起畫來。

這是淺野的常態。他經常會為了叫什麼外賣而苦惱，最後索性不吃，接著工作，可以說是真正意義上的廢寢忘食。

能一直畫下去就好

這樣一個天馬行空又有點迷糊的宅男，似乎不像是畫恐怖漫畫的漫畫家。亮叔覺得淺野看起來就是一個普通人，「你是用怎樣的心情畫恐怖漫畫的？會有『殺死這個人會比較有趣』之類的想法嗎？」

淺野想想，坦言：「是有這種感覺。其實畫漫畫的人是一幫很討厭的人，他們會設想讓人感覺不舒服的場景、不想看見的畫面。但是最根本也最重要的是畫面要有趣。並不是說殺死這個人是不是好，是不是很有趣，而是像一個驚奇箱一樣，會去想要在箱子裡設定什麼機關比較嚇人。我並不是抱著『我要來畫恐怖漫畫啦』的想法來畫的，如果我是因為喜歡才畫恐怖漫畫的話，就有點可怕了。我想大多數作者都是這樣想的：只要能賺錢、能一直畫下去的話，什麼樣的題材都無所謂。不過不管是什麼題材，如果會傷害到別人，或者涉及到自己的底線跟原則的話，還是不要去做比較好。」

對淺野來說，題材不重要，能畫下去就夠了。「當然，如果能畫自己想畫的東西是最幸福的。」

話雖如此，在剛開始畫漫畫的時候，淺野其實對漫畫內容一點頭緒都沒有，他的事業在起步階段便曾面臨擱淺。在處女作《指輪物語》封面，他的老師寫了這樣的介紹：「他（淺野）曾經不知道應該畫些什麼，之後，他被女朋友甩了，於是，他找到了應該畫的漫畫。」

「在我創作處女作之前，曾經被人宣告『你在漫畫上已經沒前途

了』，令我非常非常不甘心。」淺野說。

《指輪物語》講述的正是淺野的故事——他的初戀經歷。其中有這樣一幕：老師對男主角說：「既然你不會編故事的話，那試試把真實的故事畫出來呢？」

「當時我已經沒有退路了，只是想著盡我所能去畫，最終完成了第一部能稱為『漫畫』的作品。第一次被人肯定，成了我做漫畫家的起點。」

如果能和這些人一起創作那該多幸福啊

日本自上世紀八十年代開始一直是漫畫大國，出版了不少人們熟悉的漫畫作品，淺野公司裡的同事更都是日本漫畫迷。淺野在日本時曾做過著名漫畫家的助手，決定以畫漫畫為事業的他，按理說在日本能得到更好的發展。可他為什麼反而離開日本，選擇來中國定居呢？原來促使淺野移居的契機，也跟漫畫有關。

「當時各種事情相加在一起：和女朋友分手了，父親也在那時去世了，還在考慮要不要繼續畫漫畫，在不知道如何是好的狀況下，老師說，要在中國開一個漫畫教室，問我去不去。」就這樣，淺野在二○一四年第一次踏足中國，以漫畫講座講師的身份，在北京電影學院與學生們互動。學生們的水平之高，讓他受到強烈的衝擊。

「第一次講課的時候，從大家的眼神中感受到很大的熱情。他們還只是學生，想到他們將來工作後，會為中國的漫畫行業作出貢獻，在想到這些的瞬間，就感覺自己已經輸了。」在淺野看來，要是能和這些充滿熱誠的夥伴一起創作，也能同時從中學習，提升自己的能力。「如果能和這些人一起創作那該多幸福啊！那個瞬間，我眼前浮現出了這樣的場景。這大概就是我決定來中國的最大原因。」

受到中國年輕人感染，想和他們一起創作漫畫的淺野，決定留在中國發展。這個看似衝動的舉動，充滿了漫畫式的熱血激情。

靠眼神和手機與同事交流

一年後，淺野移居北京。由於他沒有系統地學習中文，四年來他的

我住在這裡的 N 個理由

中文仍舊不靈光，聽別人講話也是一知半解，更遑論以流暢的普通話跟人對話了。不過幸好，在北京遇到的人都很友善，給他在工作和生活上提供了很多幫助。淺野的同事會盡量直接和他溝通，實在沒辦法則拿出手機，通過翻譯軟件交流；他們也會帶淺野參加漫畫家聚會，讓生活在異國他鄉的他不會感到孤單。淺野剛加入公司時，還不知道有外賣軟件這樣方便的東西，都是同事手把手教會的。

淺野和同事大象說話時，看到大象無可奈何地嘆氣搖頭，忍不住笑道：「他每次都是這樣放棄了的感覺。」

大象說：「我們交流基本靠眼神。」

亮叔問：「不用說話是吧？」

大象說：「還好，他比我剛認識他的時候好多了，能聽懂一部份。」

「他非常理解我的。」淺野搭著大象的肩膀，開心地笑。

他們用手機上的翻譯功能討論新漫畫，一個在一家大企業裡不同國家的人一起工作的故事。而他們兩人的相處，就像是故事內容的縮影。

在和亮叔聊起淺野時，大象說：「漫畫家是一個非常辛苦的行業，你如果決定了做漫畫家，就會像他（淺野）一樣，作息不規律，吃得也不好，穿得也不好，你看他每天都穿這件衣服。」

「什麼？」半點沒聽懂的淺野呆愣地問。

「說你好，說你非常辛苦。」大象嫻熟地隨口應付，又轉向亮叔說：「你看他又沒有日本朋友，又沒有中國的朋友。我們之前帶他去北京漫畫家的小型聚會，他就一直像這樣（做著雙手伸前扶膝、低頭閉眼縮在一邊的動作），最後還悄悄跟我說『太辛苦啦』。他不是很喜歡跟不認識的人一起玩遊戲。」

儘管淺野不太能融入當地的漫畫圈，中文也一直說不好，同事們卻沒有因此排斥來自日本的他，他們對待淺野，就像對待其他中國人一樣，平等而包容。當亮叔興致勃勃地說他能做翻譯，讓大象盡情傾訴時，大象思索了一會之後，說的還是對淺野的關心：「在中國，在工作的場合或者是在私下的場合，尤其是漫畫家這個行業，大家習慣互相稱呼姓。我們都叫他淺野老師，不是因為大家關係沒有那麼好，大家關係其實很好，但是我們還是習慣這樣叫他，我不知道他自己是怎麼想的（怕他介意）。」

亮叔跟淺野解釋了一番，問他：「還是叫名字比較好嗎？」

「是的，但是如果他們覺得很奇怪，不想這樣叫的話（就算了）。」淺野說。

大象聞言，很不好意思地叫了一聲淺野的日語名字。淺野大笑，撲向大象，「你太用心啦，你比我還像日本人呢。大象，你其實是日本人嗎？」大象尷尬地不肯說話，淺野則笑得很開心。

其實淺野心裡特別感謝在中國遇到的這些朋友，「我在中國遇到的人們，包括現在一起工作的同事，大家都是很好的人。我一開始完全不會說中文的時候，就被大學錄取了。還有現在，在只能說一點點中文的情況下，被這樣的公司錄用，真的讓我感覺到中國人的心胸很寬闊。」

淺野在中國常聽到一句話，他特別喜歡，「『沒事沒事』，我覺得這句話真的特別好。」

亮叔：「能這樣想（沒事沒事）的日本人基本上沒有了吧？日本社會整體而言，每個人已經沒有閒心去這麼說了。」

「是的，已經失去了這個能力。」淺野一頓，彷彿自言自語一樣重

複，「真的是這樣呢。」

從孤立到自立自強

淺野並不是因為對中國感興趣才選擇在這裡落腳，在來到北京前，他大概對中國的文化歷史、社會經濟情況沒有多少認識。來了好幾年，中文仍說不好，沒什麼中國朋友，連叫外賣也只吃日本料理，無一不說明他還沒有融入這個城市。可是當亮叔問：「你現在想過回日本嗎？」

「從一開始就沒想過。日本讓我覺得住得不舒服。」淺野迅速而肯定地說。

特別是近年來，日本的整個社會氛圍讓他越來越抗拒。「突然變得很討厭電視，電視上放的都是讚美日本的內容，但是在網上卻有很多充滿憎惡的言論。這些我是感受過的，是存在欺凌現象的，弱者會欺負更弱的人。」

淺野小時候曾被孤立，「當時我經常哭，哭得很厲害，所以我不是很懂得如何表達，連應該怎麼說話都不知道。」年幼時一直受欺負，膽怯又不知道該如何表達自己的淺野，在成長過程中漸漸找到了抒發方式——畫漫畫。而長大後，又是漫畫，把他帶到了自在舒適，只有善意、沒有欺侮的異國他鄉。

雖然畫的是恐怖漫畫，淺野卻是一個特別溫柔的人，有一顆細膩敏感的心。公司樓梯間掛了同事買的日本漫畫手稿，像是《死神》、《光速跑者 21 號》等，淺野的選擇卻有點不一樣——宮崎駿的《幽靈公主》。他會害羞地承認在北京這幾年也有喜歡的人，又坦言自己沒有表白，因為怕被拒絕後受傷。

過往的經歷多多少少給淺野造成了影響。面對鏡頭時，他很不自在，不是摸自己的手腕、搓手，就在「啊啊」地哈氣，紓緩緊張的情緒。在拍攝第二天，淺野忍不住說：「我真的很膽小，想著（拍攝時）不知道會面對什麼，我都睡不著了。前天晚上也沒睡著，一直坐立不安，不知道怎麼辦好。」

亮叔說：「但你做老師的時候不是要在大家面前說話嗎？」

「所以我一直都在緊張，就沒有不緊張的時候。雖然做過三年老師還是很緊張。」

可是就算再緊張，淺野仍在鏡頭前努力介紹自己的工作和生活，帶領節目組穿梭北京的大街小巷，遇到不知道要怎麼回答的問題也會盡力作答，哪怕一說完話馬上便把頭扭到一旁，哈哈大笑，以掩飾自己的不自在。這樣真摯而努力地面對拍攝，就像他在多年前毅然來到北京一樣，也是一邊緊張，一邊認真努力地為自己尋找新機會，建立新的生活。

而幸運的是，當他身陷人生的低潮，在北京遇到的人們卻一次次給他帶來溫暖；他的漫畫事業，也在中國年輕人的熱情感染下繼續發展下去。淺野的《faceless》之所以選擇北京作為故事背景，就是想通過漫畫向日本人傳達這個城市的魅力。在這裡，他有事業、有朋友、有自在的生活。

亮叔問淺野：「你住在這裡的理由是什麼？」

淺野想了半晌，說：「為了繼續和這些夥伴一起創作漫畫，換句話說，是為了能夠享受漫畫製作，才留在這裡的。和同事們一起，製作讓大家開心的東西，然後讓更多人因為看到我們的東西而開心。」

「你會在中國待到什麼時候呢？」亮叔又問。

一直以母語和亮叔對話的淺野，突然換成普通話，一字一頓、無比認真地說：「我希望，永遠。永遠，在這裡。」

然後他又以日語補充，「真的是這樣，可能這裡的水土比較適合我，比起在日本的時候，我在這裡感覺更加自然。當然學習中文對我來說還是令人很苦惱，這是我自己的問題，但是除此之外，都比在日本的時候好。」他肯定地點點頭，「再辛苦的工作也能從中體會到快樂。（中國）對於我來說，就是這樣的一個地方。」

「淺野？格子衫嘛，超級典型的宅男。」

淺野是個超級典型的日本人，他已經在中國待了四五年了，人卻根本沒有變化，還是個很純粹的日本人，一點都沒有中國化，這一點令我很驚訝。可能因為他每天畫漫畫，跟人接觸得不多吧？

像他這種害羞、溝通能力不強、非常典型的日本宅男，為什麼會來到中國呢？這是很奇怪的。我想他應該是蠻喜歡中國對外開放的氣氛。在他看來，漫畫界應該互相交流、互相學習，但是他覺得日本漫畫界特別封閉，人們沒有跟外國交流、學習的心態，不再發展和進步，使他越來越不喜歡這種保守的狀態。中國漫畫界的開放和中國學生積極的學習態度，讓他很感動，所以來了中國。我的行業也是一樣，在日本，拍視頻的人們很保守，行業跟十幾二十年前沒什麼變化，出國學習的人很少，因此我特別能理解淺野的想法。

不過他的中文水平比起拍攝時提高了很多，我想他有努力地學習吧。但是無論如何，他超級害羞的性格是不會變的。

感受活著的
滋味——

美容師
中平彩香

在這裡有種
活著的感覺，
大家都在拚命地想著
自己的事而活著。

**Personal
Profile**

住在上海的美容美甲師

家鄉：日本仙台

職業：Animare 美膚工房美甲沙龍老闆

特長：喝酒

愛好：跳交際舞、欣賞現代藝術

住在這裡的理由：以中國為起點，試試以自己的能力，向
全世界發展。

02

冬冬問：「有男朋友嗎？」

中平說：「現在沒有。」

亮叔問：「那可以打男朋友募集中嗎？打字幕可以嗎？」

「OK。」中平答應了。

於是節目播出時，加上了這樣的字幕：男朋友募集中　但是，討厭有傳統日本想法的男人。

因為中平正正是一個非典型的日本女性。

這是《我住》中國篇的第一位主人公。

那是二〇一六年，阿部力（小名冬冬）來到上海一幢住宅大樓的其中一個單位，按了門鈴，門打開，長髮、穿著淺杏色碎花連身裙搭配橘粉色蕾絲花邊外套、打扮得恰到好處、得體又溫婉的女性，朝著門外的節目組一直鞠躬問好，又從玄關的矮鞋架上拿出為眾人準備的拖鞋。「不好意思，請換鞋。」

第一次參與拍攝的冬冬喃喃地說：「就是……很平常的日本人啊。」

「我就是日本人啊。」中平彩香靦覥地笑了。

中平彩香，大家都叫她 Saya。她的中文說得還不是很流利，會把「氛圍」說成「風圍」，「茶館」說成「叉館」，一聽就知道是個外國人。不過那時她已經在上海待了三年了，「我以前還在瀋陽待過兩年。」

以獨居女生來說，中平的家很大，三室兩廳，乾淨整潔，客廳擺

放的木傢具應該是業主留下的，帶有中國人家庭的裝潢風格。正對著客廳和飯廳的兩個房間，一間放了一張長方形工作枱和美甲工具，另一間放了一張美容床和美容儀器。

「這是你的家還是你工作的地方？」冬冬疑惑地問。

「算工作室，一半一半。」中平說。

二〇一五年，在累積了一定數量的客戶後，中平辭去在美容院的工作，於上海開了一家名叫「Animare 美膚工房美甲沙龍」的店，提供美容和美甲服務。店址位於住宅大樓，既是工作室，也是她的家。而最近兩年，她還開展了新業務：偶爾在中國的學校當老師，教授美容知識，並和中國的美容公司合作。

中平的店很有特色，她把中日的美容文化結合在了一起，比如在按摩時，按摩手法是中式的，使用的按摩油則是日本製的。至於美甲的圖案則會根據季節和客人的形象來決定。在為年輕斯文的女客人做美甲時，中平專注地在客人的指甲上細細描繪粉藍粉紅夾雜的鬱金香，並以白線圍邊，花瓣尖端還綴了亮片。圖案絢爛繁複，充滿清新美感，帶有少女最愛的溫馨甜美的風格。而在小小的指甲上種下一片充滿春意的鬱金香花園，需要三小時。

「這個多少錢？」亮叔問。

「四百八十元人民幣。」中平說。

亮叔驚訝，「四百八啊，這麼貴？」

「對呀。在日本也應該是差不多，或者更貴。」中平說。

畢竟她做的美甲不僅僅是在給指甲加添裝飾，也是指尖上的藝術品。她很喜歡做美甲，其中一個原因可能是由於她對美術很感興趣。「我喜歡畫畫，從小學的時候就喜歡。我的爸爸是雕塑師，所以我經常

去美術館。」

　　美容美甲都是創造美的工作，而從事著美麗的工作的中平，在鏡頭前也是自信又優雅。但原來她小時候因為青春痘、下身肥胖、體毛多等原因，對自己的外表特別自卑，一直想要改變。由於媽媽注重健康和美容，中平也比別人更早接觸相關知識。她在大學時選擇了營養學系，畢業後考取了具日本國家資格的營養師證書，並下定決心要成為美容師。

來中國是一天之內的決定

　　做好指甲，客人離開，中平一直把她送進電梯，在電梯關門時還一邊鞠躬一邊說「謝謝」。這是非常日式的服務禮儀。中平接受的是日式培訓，她大學畢業後便在日本的大型美容院工作，與中國並沒有多少接觸。她大可以安穩地在日本發展美容事業，那麼，為什麼要來中國工作和定居呢？

　　原來，正正是在大型美容院工作的三年，令她從滿懷衝勁變得疲憊不堪。

　　「我在日本的時候，早上九點半上班，晚上十一點半結束。加班費？沒有啦。你可以加班，無所謂。因為我的領導也一直是這樣。」沒有加班費，也幾乎沒有私人時間，每天機械式地工作，讓她難以忍受，於是辭職了，甚至一度考慮離開這個行業。但當她看到一家公司招聘去中國瀋陽工作的美容師時，卻動心了。

　　面試時，對方對中平很滿意，希望她在一天內決定是否到中國工作。中平對中國也感興趣，便順勢作出了決定：來中國繼續發展美容事業。在瀋陽工作了一段時間，二〇一三年，她來到上海，在一間日系美容沙龍工作，後來創辦了自己的工作室。

　　剛到中國的中平不會說中文，也不了解中國，經常為中日兩國的文化差異大吃一驚。現在她已經習慣了在中國的生活，但對中國的流行文

化仍然不怎麼了解。眾人閒聊時提及明星劉德華，中平聽到後不解地瞪大了眼睛，「什麼意思？」

亮叔以為她沒聽清楚，「劉德華。Andy Lau。」

「Andy Lau 是誰？」她一臉疑惑。

大家十分驚訝，又問：「周杰倫你知道吧？」

中平尷尬地搖頭，這才反應過來聽著陌生的詞語是不同的名人，捂著嘴笑道：「我從來不看電視的。」

美容美甲工作室就是她的世界，生活固定而簡單，就算被問到日本當下流行的是什麼，她其實也說不出來。

「現在日本流行什麼，你知道嗎？」冬冬問。

「不知道。」中平回答。

「不知道啊？」冬冬驚訝。

「婚外情？」中平說完又捂著嘴笑了起來。那時日本頻頻出現名人的婚外情事件，「現在我對日本的印象是：有點亂。」

「要不然會發生婚外情的」

當亮叔、冬冬，還有攝影師，三個大男人身處中平的工作室，他們不期然對一個問題感到好奇。

「有男性客人嗎？」冬冬問。

「也有些，但是……怎麼說呢，是我的朋友就可以，但是新來的男生客人的話，不行。」中平認真地說。

冬冬笑道：「要面試之後或者是介紹才可以嗎？」亮叔則問：「為什麼啊？」

「因為我一個人做完了會有點怕發生什麼問題。」中平說完，兩個男人頓時理解。冬冬繼續開玩笑：「所以你是沒有那種特別服務的？」

「沒有！當然沒有！」中平笑了起來。

也許是職業環境容易遭受誤解，也許有性格、價值觀等個人因素，單身的中平對於「男女關係」顯得比較在意。與男性相處時，她總是特別謹慎。在茶館閒逛時，懂日語的中國人老闆給眾人介紹茶具，她卻第

一時間留意到對方已婚。

「你已經發現他結婚了？」亮叔嘖嘖稱奇。

「對呀，這個都要注意的嘛。」中平一定會在剛認識時確認男士的無名指有沒有戒指。「要不然會發生婚外情的。」她認真地說。

問到談戀愛的時候會考慮些什麼，她說：「性格吧。第一是性格，然後，有沒有錢。」

「日本女性也會考慮這方面是嗎？」攝影師問。

「對，是要考慮……還有跟他一起舒服不舒服，不聊天也有……像空氣一樣的感覺。明白嗎？」

攝影師點點頭，半懂不懂地說：「不明白。」

冬冬幫忙解釋：「她的想法就是說，我們在一起，但是我們不聊天也很舒服的那種感覺。」

非典型的日本女性

說這番話時他們正在吃飯喝酒。中平一坐下就主動給眾人倒酒，這又是充滿日本女性特點的舉動。在日本人的飯局裡，女性一般要負責給男性倒酒，倒酒的時候要用雙手舉著酒瓶，酒瓶的標籤還要朝上，規矩很多。中平習慣性的行為，讓亮叔評價為「日本女性就是這樣」。

不過她也有沒那麼「日本女性」的一面。

喝酒時，中平的「海量」令節目組為之震驚——白酒一杯接一杯地灌，十分豪爽，讓冬冬很意外：「我從來沒遇到能喝白酒的日本女生。」又朝中平說：「Saya 姐，你太能喝了，喝幾杯了？」

更讓節目組意外的是，當他們第二天來找中平拍攝時，問她：「宿醉還好嗎？」

「完全沒問題，現在已經神清氣爽了。」她精神奕奕地回答。

「好厲害！」節目組不禁感嘆她是有多能喝，而節目播出後，觀眾也都被她的好酒量「嚇瘋了」。

除了豪爽的一面，中平也有溫柔的一面。她每天下班後便去超市買菜，回家自己做晚飯。現在不會做飯的日本女性越來越多，像她這樣喜

歡做飯，每天自己動手的人，在日本也很少見。有著營養師資格的她很會做飯，當她端出親手做的日本家常料理：豬肉生薑燒、味噌湯，搭配小菜雜菌西蘭花時，連對食物要求很高的冬冬都忍不住誇獎：「好溫和的味道。味道裡飽含了愛意。」

冬冬覺得，像中平這樣「工作又好，又能幹」的人，將來肯定是一個好太太。他和亮叔都好奇：「你為什麼沒有男朋友啊？」

「不知道啊。」中平說。

「肯定是性格有問題吧？」亮叔開起玩笑。

中平捂著嘴大笑，其他人紛紛嘲笑導演才是性格有問題的人。他又問：「要求高嗎？」

「要求不高，應該是我的脾氣不是很好吧。」中平的答案讓人意外。

能這麼直接地評價自己，冬冬不禁說：「那應該真的是脾氣不好。」中平笑了。

「這個世界上沒有完美的人，所以很可愛，是吧？」亮叔說。

吸引日本美女的中國式生活態度

中平的確很可愛，一方面想法大膽，敢隻身在陌生的國家闖蕩，一方面又過著完全日式的生活。除了工作地點在中國、偶爾需要說中文，彷彿沒有什麼是讓她非留在這裡不可的。亮叔好奇，「為什麼中國那麼吸引你啊？」

「在這裡有種活著的感覺。大家都在拚命地想著自己的事而活著。」她進一步解釋，「日本人就是一味地想著不要給別人添麻煩，不停地說著『對不起、對不起』，當然這也非常好，但是來到這裡之後，看到大家首先以自己為中心，認真地考慮自己要怎麼生活，我覺得這樣非常新鮮有趣。對我來說也很觸動，所以我才特別喜歡中國，在這裡待了五年。」

冬冬這時補充，「一種作為一個人活著的感覺吧？」

「嗯，活著的感覺。」作為人，而非機器，有血有肉地「活著」，中平在這方面的感觸很深。

生活中的中平

他們逛超市時，看到工作人員一邊理貨，一邊跟著超市播放的音樂唱歌，就算攝影機正在拍攝也沒理會。中平笑道：「這在日本是沒有的。」

亮叔說：「這樣非常好，日本沒有超市的工作人員隨便唱歌，所以中國非常好。」

你想過怎樣的一生？活出個性，活得開心，在中平看來更為重要。在日本，她面對的是社會上無形的壓力，要與別人步調統一；但中國更重視個人發展，兼收並蓄的包容性，讓她從緊繃的狀態放鬆下來。她對中國印象最深刻的是中國人「先去行動再想」的心態。「在日本，人們一般會先安排好再去行動，中國人則是先行動再修正道路。我印象中的中國人是不怕失敗，什麼都先試著做的。」

曾經在日本工作的時候，中平很怕失敗，工作時總想著「要是我幹得不好該怎麼辦」。不過，來中國之後，「我的想法變成『先去做一做，做得不好再想辦法也行。』後來我能很放鬆地工作，對別人也很包容了。我覺得這一點是中國的好處。」

在上海生活了幾年，她觀察到這個城市在不斷改變。二〇一八年節目組回訪時，她說：「發現大家的文明素質提高了。國外留學後回來的人也會給周圍的人帶來好的影響。坐地鐵的時候大家先下後上，一般店舖的服務也好了，之前服務員都沒怎麼笑著對待客人，現在大家的服務態度很好。從這些方面來看，我深刻地感受到上海是一個變化速度很快的地方。」

她很喜歡這樣「大家都拚命活著、不斷進步」的氛圍，自己也因此擺脫無形的束縛，積極努力地建立屬於自己的生活。

晚上八點，結束工作、吃完晚飯的中平，換了一條黑色短裙出門。原來她要去舞蹈學校跳交際舞。出乎意料的是，去跳舞的不少是像她一

樣的年輕人。在日本只知道一味地工作的中平，完全沒有想過培養什麼興趣愛好，但現在她每星期會去跳兩三次舞，和朋友們分享舞蹈的快樂；偶爾空閒時也會到田子坊逛逛，沉浸在老上海街道與時尚商舖交織的氛圍裡。這樣的生活好像很普通，卻是她在日本無法實現、來到中國後才能過上的簡單日子，雖然平淡，卻充滿正能量，歲月靜好。

想要事業成功，還想要一個好老公

「你住在這裡的理由是？」中平是第一個在中國回答這道問題的日本人：「我覺得在中國上海有很多機會，我想以這裡為起點，試試自己的能力，然後向全世界擴展。想看看自己是否能在世界站住腳。」頓了頓，卻又說：「理想是，有一個可以一生牽著手走下去的老公，然後還有孩子，一切都很幸福。」

亮叔疑惑，「你到底是想要事業成功，還是想要一個好老公？」

「全部都想要。」中平笑道。「但是還是會被朋友說『很任性』，因為這些，我也會糾結。」

也許一個人的生活還是會寂寞，也許有了一定的事業基礎之後，自然會想到家庭，追求更大的圓滿。中平和冬冬一起準備晚餐時，被萍姐取笑：「感覺像是兩夫妻在做晚飯，老公給人的感覺特別好。」這時中平便會感慨地說：「要是有個這樣的老公就太好了。」採訪結束，眾人離開時，她會向冬冬提出：「我想來一個美國式的告別，擁抱一下可以嗎？」

中平是一個非典型的日本女性，卻又代表了當代社會典型的女性思維：勇敢地表達自己的渴望，努力為事業奮鬥，休閒時輕鬆享受，期盼著未來的小幸福。在中國，她終於能夠過上理想的生活。希望她能繼續努力，從一個小小的美容院，展翅高飛到世界的廣闊天空，並找到相守一生的伴侶。

「中平什麼都敢說。」

她挺放得開的。她是「一半一半」：樣子、儀態、禮貌、表達、工作方式，都很日本人，但是她的想法不像日本人。很多日本女生在日本的時候不能說自己的心裡話，哪怕她們心裡面有很多想法，但是日本社會不容許女性，特別是年輕女生說話，她們說話的空間被壓抑了。中平來到中國以後放開了，原來藏在心裡的想法都可以說出來了。

她在日本生活和工作了很長時間，有挺多地方帶有日本人的特質，和她一起喝酒的時候，她還是會給我倒酒。很多日本女性，像我們男性也是一樣，來到中國後就越來越中國化了，原本屬於日本人的禮貌、儀態、做法等等，都漸漸消失了。但中平一直保留著日本女生的特點，同時又很放得開，這樣的人很少見。

為事業與家庭
努力奮鬥——

拉麵店老闆
中村浩士

要努力地工作，
建造一個很圓滿的家庭。

**Personal
Profile**

住在廣州的拉麵店老闆

家鄉：日本茨城縣

職業：「忍者拉麵」店老闆

分店：廣州天河南店、北京路店、珠海揚名店、佛山佰德店

招牌菜：招牌忍者拉麵、黑忍者拉麵

住在這裡的理由：對老婆負責、對家庭負責，為了這些責
任，要在中國努力地工作。

03

「你最喜歡哪一個國家？日本、中國、韓國。」亮叔問。

「中國。」中村迅速而堅定地說，「中國很大氣，能感覺到大家發自內心的親切。人家對我很好，如果我餓了，就給我吃東西，就像多了一個家人。韓國跟日本的話，這種朋友比較少，這樣的關係很難建立起來，會有一些客氣的想法。」

亮叔點頭，「對對對，很能理解，我（的感受）也一樣。」

　　廣州天河南一路被住宅大樓包圍，看似不起眼，卻是隱藏的美食街。這裡有大大小小的餐廳：老牌餐館、網紅奶茶店，以及日式拉麵店，其中一家，叫「忍者拉麵」。

　　忍者拉麵在二〇一七年開業，窄長的店面有著日式風格：劃出 L 形位置作為用餐區域，餘下的便是半開放式廚房；木餐桌、石牆，門口落地窗前有一排細竹，很是雅致。跟其他日式餐廳一樣，店裡循環播放著日語流行曲，又擺了一張小桌子，桌上放了杯子和水瓶，顧客可以自己倒水喝。

　　天河南一路還有其他拉麵店和日式餐廳，有的更是聞名廣州的老店，忍者拉麵的人氣卻毫不遜色。要論原因，有的顧客這樣說：「帥！東西好吃。」

　　沒錯，店裡既有划算而高品質的拉麵，還有一位不時在店裡出沒、

中村的忍者拉麵店（上為天河南路店，下為北京路店）

身高一八〇、高大帥氣如明星一般的老闆：中村浩士。

　　一九九一年出生的中村英俊而陽光，是忍者拉麵店「行走的招牌」。不過要碰到他需要運氣，因為忍者拉麵一度開了四家分店，除了天河南一路，還有北京路店（現已結業）、珠海揚名廣場店、佛山佰德店，而除非要和員工商量工作、開發新菜品，否則中村並不常去自己的店視察，因為他不想成為店裡的招牌。這也許是帥哥才有的煩惱。

　　問他顧客是因為他的麵來光顧，還是因為他的臉而來時，中村無奈苦笑，「一半一半吧。為什麼我不在店裡也有這個原因。要讓大家知道我們的拉麵好吃，如果好吃就夠了，不管我在不在。因為我是賣拉麵的

嘛，又不是賣『我』的。我對自己的拉麵真的非常有信心。」

一碗好吃的拉麵的誕生

那麼，中村最有信心的拉麵是哪一款呢？他推薦了「招牌忍者拉麵」。「感受一下我們的豬骨湯。」

招牌忍者拉麵顧名思義是店裡的招牌菜，拉麵湯是豬骨湯，足足熬製了十八個小時以上，濃厚又甘爽；口感筋道的麵條則使用了獨門秘方製成，十分講究。亮叔吃了一口，開心地讚嘆：「這完全是日本拉麵的味道啊！」

「但是呢，我也把味道改了一點點。現在比較適合廣州人的口味，所以呢，本來豬骨的那些豬油，就全部去掉了。」中村因應廣東人飲食偏清淡的口味，作出了調整。

「這個平衡點比較難吧？日本人喜歡，中國人也喜歡。」亮叔說。

「非常難。」中村坦言，「很多人跟我說過，做餐飲非常難，不要做。現在做了才知道真的很難。」

「最難的地方在哪裡？」亮叔問。

「最難的……堅持。」中村想了想，說。

對於自家拉麵店的出品質素，中村的確有自己的堅持。攝影師選了店裡最具人氣、加入了特選黑蒜的「黑忍者拉麵」，拉麵來到，攝影

拉麵店內景

我住在這裡的 N 個理由

師把拍攝器材整理好、交給亮叔，坐下來正準備吃麵，中村卻拿走了麵碗。「不行，這個不能吃了，我要撤下了。」

攝影師一臉驚愕。亮叔感到莫名奇妙：「為什麼？浪費啊。」

「這是公司規定，超過五分鐘就不能給客人提供了。」中村認真地說。

亮叔再問：「為什麼呀？」

「麵條軟了就不好吃了。」中村十分嚴格，堅持把麵收走，又讓廚房師傅再做一碗麵。

「我想讓大家知道，在日本，拉麵並不是貴的東西，算是中午的快餐一樣，男女老少都可以吃。雖然坐的（環境）並不是很舒服，但是我們追求比較正宗的拉麵。」也許正因為對品質的堅持和「做一碗男女老少都可以來吃的拉麵」的理念，忍者拉麵才能在開業後不斷擴充規模，令地道的拉麵成為比中村的模樣更能留住客人的「招牌」。

既然來了中國，當然要成就一番事業

在拉麵店的經營方面，中村也很有想法。他不會直接給店員指示，所有的事情都通過經理傳達給員工。「以我的經驗來說，作為一個老闆，罵員工、直接跟他們說一些什麼要求，這些都沒效果。他們應該要聽管理人員的話。」中村把權力下放，經理得到他的信任，管理店舖時便更加認真負責；員工則會覺得他「挺好玩的」，不會感到畏懼，對新

菜式有任何意見都會直接反映。

但中村並沒有因此成為「甩手掌櫃」，他關注著每家分店的經營情況，像是在廣州著名觀光點北京路的分店生意不太好，他便經常去店門口派發宣傳單張。（雖然因為氣場太強大，從他手中接過單張的路人寥寥無幾。）他又不時帶著經理與投資商洽談生意，誠懇又自信地跟客戶說：「拉麵這個東西，其實很難做出既要日本人覺得好吃，又要中國人覺得好吃的味道，而我們的拉

麵，味道是剛剛好在中間的。我們的拉麵，我覺得真的好吃。」

看到這裡，別忘了，這樣一位有想法、有頭腦、有幾家分店的拉麵店老闆，今年剛剛「三十而立」。而他創業時，只有二十五歲。

在一般人剛畢業不久的年紀，為什麼中村卻敢在異國創一番事業呢？亮叔也特別疑惑：「我一直採訪住在中國的日本人，但是很少遇到在國外創業的九〇後日本人，這個特別少。」

「剛來中國的時候，認識了一些在這邊的日本人，大家都懷有自己的夢想：『既然來了中國，當然是要成就一番事業。』當時我們每天都在說這個。我挺喜歡這樣的感覺。」原來中村是受到了同輩創業激情的影響，而有了對創業的嚮往。

亮叔讚嘆，「本來想著最近很少這種有野心的日本年輕人呢，還是有的啊。」

「可能是因為他們（在日本的人）沒有親眼見到過吧，像中國這樣的大環境。」中村解釋，「比如在電車裡搖晃的大叔們，當然他們也很努力、很辛苦，他們也有很多很多的壓力，但看到他們，並不會覺得很帥氣，雖然他們也很帥氣。我來到中國之後，看到了很多，各種東西都

是大規模的，他們讓我覺得，即使是我，也有可能找到自己的位置。這對我的影響非常大，是我來到中國最大的收穫吧。」

帥哥是如何走上賣拉麵之路的

創業並非突發奇想，中村早就對經商感興趣。他十八歲時在佐野日本大學高等學校高中畢業，然後來到中國留學，選擇了當時留學生相對較少的廣州，他說其中一個原因是學費便宜。「第二個，就是因為『廣東是全世界的工廠』。之前什麼貨都在廣東這邊生產，我對貿易這些比較感興趣，所以選了廣州。」

中村來到中國後，處於充滿創業氛圍的大環境中，便也希望能成就一番事業。只是在廣州謀生不容易，為了賺錢，他做過日本料理店的服務員、日本報紙公司的銷售，迫於生計，非常討厭鏡頭的他還當過模特。積累了一定積蓄後，他創辦了自己的貿易公司。但在認識越來越多同行後，他發現自己可能永遠比不過那些精幹的老闆們，就毅然放棄貿易經營，轉投餐飲行業。

二〇一六年，二十五歲的中村和當地的日本人一起開了第一家忍者拉麵店，選址在據說是當時廣州地段最好的天河潮流站。「我們投資很

少年時的中村

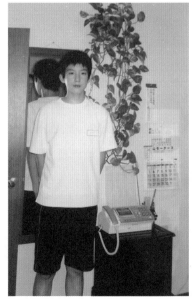

大，差不多有一百多萬元人民幣。那時候很有信心，因為房東讓我們很期待，他說一天最少都會有一千個客人過來，所以我們裝修的時候預留了一百五十個位子。結果（正式開業後）一天有十多個人吧。」

三個月後，這家店就被迫關門了。

但是中村並沒有放棄，他總結了之前的失敗經驗，在天河南一路重新開了一家忍者拉麵，這次終於獲得成功。新的忍者拉麵店人氣很旺，顧客曾經要排隊兩小時才能吃上一碗麵。後來中村一度在廣州、珠海、佛山開了四家分店。經過各種探索，他逐漸找到了方向，走上適合自己的創業之路。

中村的「廣州特質」

不過，天河南一路店的成功，或許還受一個因素影響。

中村帶亮叔走到拉麵店後方，在壁櫃上有兩排白色的陶瓷花瓶，底下那一排參差地插著紅色的小雛菊。他說：「這個花的擺法是按照風水來的。我信風水，十六個陶瓷（花瓶），八枝紅色的花，這是風水師給我意見。」

整間拉麵店按照風水師的意見來佈局，店門口的地面還有個巴掌大的、鋪滿細石子的小水池，用來養魚招財。水池太小，亮叔仔細看了看，疑惑地問：「有魚嗎？」

中村一愣：「現在就……因為牠們去世了嘛。」

「日本人很少講究風水的。」亮叔說。

中村說：「入鄉隨俗，我來到這邊，按觸的那些中國老闆，他們都相信風水；到他們的辦公室，會有很多東西擺在那。有時候日本人不能理解：『為什麼把這個東西放在這裡擋著別人呢？』我後來才知道那些都是風水。」

在日式拉麵店擺中式風水陣，這真是很有廣東特色的做法。在廣州留學、生活多年，中村身上有著嶺南風味，像是一口充滿粵語口音的普通話，最好的朋友是開理髮店的本地青年。而廣州帶給他最大的收穫，肯定就是太太何心。

是的，這樣一位年輕、帥氣、有想法、有事業，令不少女孩子為之心動的日本男人，已經是「非賣品」了。

　　「你老婆是中國人吧？」亮叔問。

　　「是廣州本地人。」中村答。

　　亮叔再問：「漂亮嗎？」

　　「非常漂亮！」中村回答。

　　亮叔說：「我老婆也是中國人。」

　　中村聽罷，馬上問：「兇不兇？」

　　亮叔面對鏡頭，猶豫半晌才說：「嗯……不兇（一邊做「不是的」的手勢）。」

　　中村卻認真地說：「我老婆也不兇。」

老婆的命令就是聖旨

　　中村有一個「公主」老婆何心。何心也是老闆，開了一家美容院。中村跟何心在清吧認識，然後對她展開了鍥而不捨的追求，兩人在二〇一六年七月正式交往，第二年十月就結婚了。

　　日本男人總給人「大男子主義」的印象，中村卻是一個「老婆奴」，老婆的命令就是聖旨，老婆的電話馬上接，老婆的訊息馬上回。有時何心給中村打電話，讓他買飲料送去她的美容院，中村便會變身外賣小哥，給老婆和她的同事們送外賣。兩個人感情很好，何心簡單地發訊息說「非常渴」、「非常想你」，中村瞬間便能理解正確答案：「其實是快一點（把飲料送來）的意思。」

　　拍攝期間，何心不斷打電話給正在和客戶開會的中村，他匆匆趕去約定的地點，妻子卻也在和客戶談事情。他只好坐在一旁等待，就這樣等了兩小時，直到晚上十一點。陪在一旁的亮叔忍不住說：「你不會生氣嗎？她讓你等了兩個小時，其實沒必要把你叫過來吧。」

　　中村沉默半晌，「我覺得這是不需要想的。我之前想過很多，想過很多次，她為什麼不告訴我，大概幾點談完，我也不知道為什麼。我也已經問過幾千次了。」

何心性子急，「想要的東西馬上就要」，中村總會盡可能滿足。他對妻子的照顧令亮叔感嘆：「我覺得你的脾氣真的好。說實話，我的話，受不了。」

「很多朋友也跟我這麼說過。」中村說。

何心的會議終於開完了。回家時，亮叔問她：「你讓他等了兩個半小時，你覺得不好意思嗎？對不起他嗎？」

何心不以為意，「我老公等我，（問中村）你ok吧？」

亮叔追問忙著看手機的何心：「如果是我，老婆讓我等兩個半小時的話，我肯定會生氣的。你老公不會生氣？」

何心一直看著手機處理工作、回覆訊息，沒有回應。中村見狀，笑著說：「又開始工作了。」他向亮叔解釋，「我們兩個沒有一起放鬆的時間。即使約好去看電影，看了三十分鐘就出來了。」

「因為工作嗎？」亮叔問。

「有時候是我有事，有時候是她有事，如果能看兩小時就已經算奇蹟了。」

後來只剩中村和亮叔兩個人時，亮叔問他覺得中國女性和日本女性有什麼區別。中村第一句話就是：「我說出來之後會不會被老婆罵啊？」

「肯定被老婆罵。」亮叔毫不遲疑。

但中村還是說了，「日本妹子比較聽話，但是中國妹子的話就……（聲音變小）有點兇。就是這個區別嘛。」馬上補充，「但是我比較喜歡兇的。」

「為什麼喜歡兇的？」亮叔問。

「聽話的呢，我感覺沒有自己的想法，我還是比較喜歡有自己想法的人。兇的呢，特別有自己的想法。」

於是，亮叔決定問問有想法的何心：「你覺得日本男生和中國男生的區別在哪裡？」

何心說：「如果說中國跟日本（男生）最大的不同的話……他真的很有禮貌囉，而且我發現我老公什麼東西都可以原諒的，我就很服了他，被騙了或者怎麼樣，他都無所謂。前兩天，有兩個人故意來我們忍者拉麵鬧事，兩個人坐在裡面說：『好難吃啊，你們都走啦。』這樣子，兩個小時。我氣得已經不行了，我老公還說：『算了算了算了，待會就走了。』但是他們就是不走啊，就搞你一個晚上啊，（客流）最旺的時候，我氣不來，然後我就去報警了。所以這一點我就很生氣，回到你剛剛的話題：中國男人跟日本男人有什麼區別，他永遠都是這樣子的！」

「我的意思呢，是他們認得你了，如果你和他們鬧起來，就會變成一個大事，他認得你啊，懂嗎？你一個女孩，知道嗎？我怕他們打你啊，知道嗎？」中村嚴肅地說。

何心反駁：「有什麼啊？錯又不在我們，錯在他們想鬧事！」

中村說：「因為你身邊沒有發生過很可怕的事情，你都不懂。（轉向亮叔說道）她解決問題的方式就是把事情搞大，然後趕緊解決。」

「你亂說什麼？」何心說。

「你亂說還是我亂說啊？」兩人開始出現火藥味。

「你想吵架嗎？那最後是不是我搞定的？」

「你沒有進去，我可能可以更好地解決了，懂嗎？」

中村說完，何心接道：「不懂。」然後生氣地離開了。「你去罵一下他吧，導演。」

亮叔的提問就這樣引發了一場爭吵。雖然兩人偶爾爭執，可在字字句句間，卻能看到他們對彼此的關心愛護。

家的牽絆　讓他成為當地人

何心是一個女強人，有想法、敢於實踐。她和中村一樣，在廣州努力打拼，發展美容事業，把公司從很小的房間做成一家大美容院。在中村開第一家拉麵店失敗時，她和丈夫一起研究廣州人喜歡的味道，拉麵店有什麼事她都放在心上，甚至在遇事時第一時間為丈夫出頭。也許正因為妻子滿懷衝勁、充滿事業心，才讓思慮很多的中村有了不斷向前闖的勇氣，生命更加鮮活。

訪問期間，亮叔發現何心笑起來非常可愛。

「是嗎？其實我常常笑的。」何心說，「不過有時候忙工作就忘了。我真的很愛工作。你看不看得出來，今天我還想回去工作。」

只要何心說話，中村便專注地凝視著妻子，整個人都面向她，手搭在她椅背，眼裡只有她，喃喃說道：「其實她真的是很好的女孩。」

而何心仍專注地跟亮叔說：「我們都很努力地工作，希望以後能讓我們的孩子生活得好，（中村想說話但被她打斷了）我希望我們的孩子是一個……」

「富二代。」中村終於能插上一句。「這是我們的同一個目標。」

後來他也說：「所謂的『普通幸福的家庭』，我認為必要條件是『爸爸媽媽都在』，也絕對不能有『離婚』這種想法。說實話，我們這一代，即使沒有很多錢也完全沒關係，但我們的孩子出生後，還是想給他留下一點財富。」

「為什麼會這樣想呢？」亮叔問。

「可能是因為我父母沒給我留下很多財富吧。」中村說。

　　這樣的想法跟他的家庭背景不無關係。中村是日韓混血兒，父親是日本人，母親是韓國人。在他兩歲的時候，父母就離婚了，母親獨自一人把他養大。而現在，中村和何心、她的父母住在一起。中村謙遜有禮、對女兒萬分疼愛，令何心父母十分欣賞；而幸福圓滿的家庭氣氛，也給中村帶來溫暖。

何心的父親同樣經營餐飲業，開了一家供應夜宵的砂鍋粥店，經驗豐富的岳父在中村做餐飲時提供了很多指導。在中村看來，「相互添麻煩，相互幫助，這就是我最喜歡中國家庭的地方。」

　　人在異鄉，難免有不安的時刻，「我還是單身的時候一直在這邊做生意，如果說有什麼做得不夠好的地方，大概就是這方面了：無論去到哪裡，都不可能完全成為當地人。但我覺得我現在算半個廣州人了，感到很安心。」

　　在亮叔看來，「你是那種非常看重家庭的人。」

　　「可能是吧，可能是因為我想成為這樣的人，想建造自己理想的家庭。這些都是我很強烈的憧憬。我覺得我可以建造一個很圓滿的家庭，我對家庭的需求還是很強烈的。」

　　事業、妻子、家人、朋友的牽絆，讓他得以在廣州落地生根。中村不需要考慮是不是哪天就要離開這裡，和其他人不一樣，他不是離開家鄉來到陌生的地方，而是在這裡，重新建立了自己的家。因此，當亮叔問他住在廣州的理由時，中村的答案與其說是「一個外國人住在中國的理由」，還不如說是「半個廣州人在廣州努力奮鬥的理由」：

　　「這個呢，結婚後和結婚前是不同的。以前的話，只需要想到自己，為了自己而去工作；結婚之後，當然要考慮到老婆，還要考慮到老婆的家人、自己的家人的將來，所以要努力地工作。」對老婆負責、對家庭負責，為了這些責任，中村會努力工作，在中國更好地生活下去。

　　最後亮叔問：「那你能一直忍耐你的老婆嗎？」

　　「完全沒問題！」中村斬釘截鐵地說。

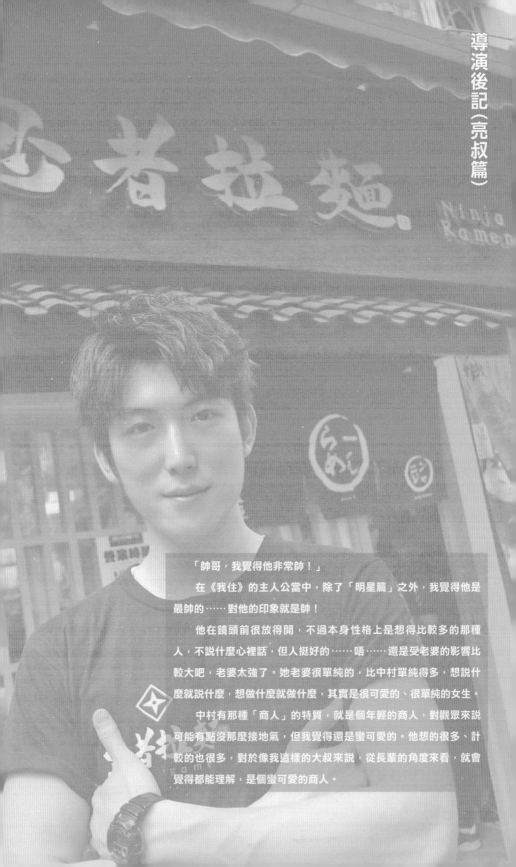

「帥哥，我覺得他非常帥！」

在《我住》的主人公當中，除了「明星篇」之外，我覺得他是最帥的……對他的印象就是帥！

他在鏡頭前很放得開，不過本身性格上是想得比較多的那種人，不說什麼心裡話，但人挺好的……唔……還是受老婆的影響比較大吧，老婆太強了。她老婆很單純的，比中村單純得多，想說什麼就說什麼，想做什麼就做什麼，其實是很可愛的、很單純的女生。

中村有那種「商人」的特質，就是個年輕的商人，對觀眾來說可能有點沒那麼接地氣，但我覺得還是蠻可愛的。他想的很多、計較的也很多，對於像我這樣的大叔來說，從長輩的角度來看，就會覺得都能理解，是個蠻可愛的商人。

從創業中尋找
人生的價值 ——

未來學院老闆
星本祐佳

我在這裡有愛。
因為愛這裡，
所以我在這裡。

**Personal
Profile**

住在南昌、在上海創業的幼兒培訓學校老闆

家鄉：日本東京

職業：「Dee Future Academy 未來學院」老闆

提供課程：幼兒 AI 教育

住在這裡的理由：愛

04

亮叔和祐佳、祐佳丈夫邢小宇、婆婆邢媽媽一起吃飯。吃著邢媽媽做的菜，亮叔稱讚：「這個超級好吃。」

邢媽媽說：「祐佳做的菜可好吃了。」

邢小宇不動聲色地指出：「她用那個湯料，加點熱水，就是一個菜。」

「我之前不是做過一次燉菜嗎？」祐佳反駁。

邢小宇繼續補充，「去餐廳買一個燉菜，就當是她做的了。」

每個見到她的人，反應大概都和亮叔一樣：「美女！」

亮叔興奮地對著鏡頭說：「沒想到吧，這麼漂亮！」連忙拉著她一起自拍。

這是在日本東京，她帶著同事一起旅遊兼培訓，作為慶祝公司一周年的福利。在淺草寺，他們穿著和服拍照。幾個以色列遊客看到她的女同事，以為她們是日本人，便搶著和她們合照。最後看到漂亮的她，卻問她是不是中國人。得知眾人裡只有她才是日本人後，大吃一驚。

而當回到中國上海，再次與她見面，她和上海其他的精緻白領女孩無異：過肩的中長髮，穿著碎花連衣裙，手上提著名牌手袋，午餐是一小盒水果沙律。她的中文也說得不錯，只是帶點不明顯的口音。但一旦換成日語，獨屬於日本人的神態特質就通通出現了。

給人「是中國人」的錯覺，是因為她既是在日本出生長大的地道日本人，也有著一半中國血統。

星本祐佳，二〇一五年嫁到江西南昌，二〇一七年在上海開辦了幼兒早教學校「Dee Future Academy 未來學院」。這是一所非一般的早教學校，因為學校提供的課程主題是「AI 教育」（Artificial Intelligence，即人工智能）。

彷彿在玩耍的創意學習經歷

走進這所「未來學院」，光是環境就充滿未來感——銀白色的大堂、連接往二樓的銀色樓梯，樓梯旁有一個兩層樓高、銀色的螺旋形滑梯，供小朋友上下課時玩耍。而樓梯扶手也有巧妙，一頭一尾是喇叭的形狀，扶手管道是空心的，從樓下直通樓上。原來這是一個通訊器，樓下的小朋友對著「喇叭」說話，就能與樓上的小夥伴通話了。二樓的空間被劃分為不同的課室，課室的窗戶呈橢圓形，營造在太空艙裡的氣氛。員工的衣服也經過特別設計：白外套、灰短裙。一切設置，都在告訴前來學習的孩子們一個訊息：這裡是讓你們盡情發揮想像力的未來樂園。

學校的裝修和設備都出自祐佳的精心設計，以營造沒有拘束的環

正在上課的孩子們

境，激發孩子們的創造力，像是全部教室的牆面都可以寫字，更不用說高價購入的課程和各種高科技設備，例如3D打印機、3D筆等。在課堂上，孩子們通過使用各種高科技設備來製作自己喜歡的東西，比如：用3D筆畫立體圖形；或是用樂高積木組裝車子，再編寫程序驅動車子。

亮叔看著孩子們在課室裡彷彿玩耍一樣地學習，問：「這個（課程）一個小時多少錢？」

「兩節課九十分鐘，大概是五百八十到六百（人民幣）。」祐佳答。

亮叔一愣，「半年嗎？」

「沒有，一次，一次。」祐佳說。

亮叔瞪大眼，震驚地喊：「一次六百嗎？」甚至激動地講起了日語，「不是吧！這個太貴了！」

對有些人來說，六百元很可能是他們一個月的生活費。「天價」培訓班讓不少對課程感興趣的家長卻步，祐佳卻不願在價格上妥協。她解釋：「如果要保持同樣的（教學）質量的話，（費用）就不能再降低了。除非我不繼續買課程，我不繼續買新的設備，但作為一個教育機構不應該這樣做嘛，應該不斷（引進）新的（課程和教學方式）⋯⋯」人工智能的發展日新月異，為了確保學校能一直給學生提供最先進的課程與設備，高昂的收費是必須的。

可是這種教學方式比起學習更像是在玩耍，課程的教育目的究竟是什麼呢？

「再過二十年的話，可能十五年之後，AI 時代就很普及了。AI 擅長像『記』和『算』這種重覆性的工作，現在人所做的很多工作，基本上都可以被 AI 代替。那我們人要做什麼？就是要 Creativity，就是創造力。如何把人的創造力提高，是我們學校的一個最主要的理念。」

來自日本卻又很不日本的創業思維

不用二十年，僅僅兩年多，我們已經不會對「AI」這個詞彙感到陌生。但祐佳說這番話時是二〇一八年，才二十七歲，那時人工智能相關的幼兒教育在內地還不算十分普遍。可就在短短幾年間，這類學校在各個大城市出現，培養創造力、學習編程，成為新一代精英兒童的必修課。祐佳在市場尚未蓬勃發展時，已經將眼光放在幼兒 AI 教育上，並堅持走高端品牌路線，可以說是十分有眼光和有商業頭腦。而這多虧了一位有遠見的父親。

「從小跟我父親吃飯的時候就聊一些經濟和企業理念，我們叫『食育』。」祐佳一九九一年於日本東京出生，家境優裕，但在她上幼兒園的時候，父親卻堅持舉家搬到相對偏僻的千葉縣，「我爸爸的理念就是，孩子小時候一定要在鄉下的環境成長。」在耳濡目染下，祐佳不驕不躁、舉止優雅，更從小就培養了很強的經濟頭腦與創業能力。

長大後，祐佳積極創業：大學一年級便在廣州開辦高端家政培訓派遣公司，為家政人員進行嚴謹的日式培訓和禮儀教導，培養高端家政，

再派遣給客戶。大學三年級，她在日本做起了人力資源服務，給在日本、會說中文和日語的學生介紹工作。大學四年級時，她開辦了融合多種語言的早教班「U-school」。二〇一五年，她來到中國定居，其後創辦了 Dee Future Academy 未來學院。學校強調培養孩子們的創造力，而身為老闆的祐佳也積極為公司引入新思路。

拍攝期間，她在員工會議上提出新的經營模式，「『公開財務』，公司、員工、股東三分，簡單來說，從此之後，我們把店裡所有的成本、所有的收入，全部公開。」這是日本流行的經營模式：公開財務，把公司的決斷權交給員工，員工收入也與公司收入掛鉤，以提高員工的積極性。

有的員工擔心，財務透明化會令收入較低的同事產生心態上的不平衡。事實上很多公司正因為擔心引發員工矛盾，而不敢嘗試這樣的經營模式。祐佳努力讓員工們理解，新模式能鼓勵他們挑戰自己、追求更理想的事業發展和收益。

會後亮叔好奇地問她為什麼想挑戰這樣的新模式，祐佳的想法卻出乎意料地簡單：「我想跟大家一起做大啊。你說我們每一個老闆，個人欲望也就那些，你該有的也都有了：房子、車、喜歡的包、喜歡的相機，都有了。」在祐佳的角度，當個人願望得到滿足，下一步便是帶領身邊的人獲得更好的生活，而一個企業的長遠發展正正是建立在員工的

認真工作的祐佳

個人發展與收益上。「先讓個人幸福起來，才能有企業的幸福。」

除了管理員工，祐佳經常要和客戶開會，亮叔看著她在客戶面前不卑不亢、在員工面前指揮若定，不禁稱讚：「這種能幹的美女老闆非常有魅力。」

亮叔對祐佳的讚許不是沒有原因的，在日本，年輕女性創業的例子非常少，而且不少日本人都認為，她們創業只是為了玩玩而已。像祐佳這樣，年紀輕輕便有著豐富的創業經歷，有想法、敢實踐的女性企業家就更罕見了。

女人創業，大部份原因應該是男人給的

選擇創業，意味著要面對各種未知和失敗的可能。對追求安穩生活的日本人來說，這樣的舉動無疑需要很大勇氣。祐佳雖然從小到父親的教育影響，但她也曾嘗試隨波逐流，像其他日本女性一樣，走向通往「相夫教子」的路。

亮叔在祐佳辦公室看到一張日文報紙，報導她十九歲就創業的經歷。

「很小很小的公司。」她說。

亮叔問：「公司沒了？倒閉了？」

和同事開會時的祐佳

我住在這裡的 N 個理由

她進一步解釋，「是我前男友的公司。」後來前男友出軌，「感情出了問題（他）就離開，公司就不管了。」

前男友出軌的原因太稀鬆平常，「他喜歡很日式的（女性），就是不做事情、不做生意，也不工作，就在家裡好好待著。但是，他後來找的那個女人，是女強人。」祐佳和前男友交往期間，一直勉強自己，努力打扮，成為符合對方理想標準的女性。「他離開之後，我突然發現，其實我什麼都沒有，就像一個花瓶一樣，外面很漂亮，但裡面是空心的，就覺得很慌。我作為一個女人，應該有自己的事情，然後就開始走到創業的路線了。」

她坦言：「我覺得很多女人創業，大部份原因應該是男人給的，不管是好的還是壞的。」父親的培養、前男友出軌的打擊，都讓她意識到，作為女性，也應勇敢活出自我，追求理想的事業版圖。

上海的「狗窩」與南昌的豪宅

專注事業的祐佳，如今和丈夫兩地分居，平時獨自住在上海的酒店裡。每天都在學校上班的她，「家」裡空空蕩蕩，是個特別標準的酒店房間，沒有任何額外的生活用品或者裝飾用的小玩意，被亮叔形容為：「一點都沒有生活感。」

除了上班穿的制服掛了起來，其他的衣物都用收納袋整齊收納，放在一個小箱子裡。亮叔十分驚訝，「你的東西就這麼少啊？……女生啊，不是要有化妝品啊、衣服啊。」

「有啊有啊，化妝品就在一個袋子裡面。（雙手比了一個約 A5 大小的尺寸）」

「這麼少？」亮叔說。

「就一個臉，還能用多少化妝品啊。」祐佳說得好笑，卻又一語中的。

大概是創業帶來的滿足感，讓她不再追求物質上的豐盛。不過，冷冰冰的住處和沉迷工作的生活，在他人眼裡，又有著不一樣的解讀。「我已經結婚了，生活上也沒有任何擔憂，大家都不理解，為什麼我要

一個人跑到上海來，還住在這麼小的房間裡。這個房間的大小，和我老公家的狗窩一樣。」祐佳說著，忍不住大笑起來。「真的，之前我老公對我說：『祐佳，你怎麼住在狗窩裡啊？』」

為什麼會得到「狗窩」的評價？因為祐佳在中國真正的家，位於江西南昌，是一幢三層高的獨立別墅，附帶花園、遍植樹木的小徑、兒童遊樂設施、像湖一樣的池塘和園林造景。亮叔跟隨祐佳回家，就像「竹內姥姥進了大觀園」，他表示「人生中第一次見到這麼大的房子」。

祐佳的丈夫邢小宇家裡主要是做白酒代理，丈夫是一位非常成功的商人。不過邢小宇一直在南昌工作，祐佳一直在日本生活，兩人之所以相遇相戀，與祐佳的家庭背景有很大關係。

原來江西南昌也是祐佳的老家。她是中日混血兒，別墅附近便是她外婆的家。走進外婆家，客廳放的是外公和毛澤東握手的照片。祐佳的外公程世清是一位功勳少將，建國之後，被調派到江西省任省委書記。外公外婆經歷過抗日戰爭，因此，當祐佳的母親決定嫁給日本人時，兩人很不情願。外婆說：「原來不想讓她嫁日本人的，她爸爸就不同意，說：『我和日本人打了八年的仗，你現在嫁給日本人，怎麼說，我這臉也沒面子。』」

女兒堅持嫁往日本，有著日本人血統的外孫女卻又毅然決然地嫁

中日混血兒祐佳

回了中國，這個中國家庭彷彿與日本有著奇妙的緣份，因為愛情，讓來自兩個民族的家庭走向了融合。在拍攝時，年逾九十的外婆認真地說：「現在中日關係不是也緩和了嗎？我們要共同把這地球扶起來。」

闊太太的痛苦

祐佳通過親戚的介紹，在五年前與邢小宇戀愛結婚，從日本搬到了江西南昌定居。優越的家庭環境令她一結婚就過上了「闊太太」的生活——丈夫體貼疼愛，吃喝不愁，生活無憂，還不必工作，家中瑣事皆有管家照顧，她拿的是大部份女孩子最渴望的愛情劇本。

但她真的能「從此幸福快樂地生活下去」了嗎？對骨子裡帶有自立基因、追求挑戰的祐佳來說，人生似乎不應該是這樣的。

在別墅裡，有一間粉藍色主調、公主風格的化妝房，專供祐佳梳妝打扮。房間裡有瑰麗的絨布沙發、玻璃櫃裡收藏著不同品牌的名牌手袋。然而，化妝鏡上卻突兀地貼了一張紙，上面寫著「你不行還有誰行，祐佳加油。」

亮叔問：「誰寫的？」

「我寫的。」祐佳說，「『祐佳』反過來不就是『加油』了嗎？」

「什麼方面需要加油呢？」

「為了適應這裡的生活。剛結婚的時候，和親戚朋友吃飯、應酬什麼的，作為妻子要（做好妻子的角色）……挺不簡單的。那是一種無法和別人分享的煩惱。在其他人的立場是不能理解的，畢竟，這樣的生活，一般不會有什麼煩惱吧？」

祐佳婚後只當了不到一年的家庭主婦便受不了了。其他人大概會覺得她身在福中不知福，但令很多人羨慕不已的豪門生活，對她來說，卻是一份負擔，讓她痛苦又困擾。

說起曾經，她不自覺地皺起眉來，「真的，什麼都不用做。平時就逗一下狗，或者去庭院看一下，感嘆著『今天的庭院也修剪得很好』。（老公下班回家後）對老公說『歡迎回家』，然後一起吃飯。我也不需要做飯，和老公一起吃飯就可以了。吃完之後，聊聊天、看看電影。」這

樣就是一天。

在沒有朋友、飲食也不習慣的異國他鄉，每天在空蕩蕩的別墅裡過著千篇一律的生活，祐佳完全體會不到自己的人生目標與生活的意義。於是，為了尋找人生的價值，她離開南昌，獨自來到上海創業。可是這次她已為人妻，拋下丈夫、放棄「衣來伸手，飯來張口」的舒適生活，這番舉動遭到身邊幾乎所有人的反對。

「你是怎麼度過艱難時期的呢？」亮叔問。

「幾乎都是老公在支持我，想想都想哭。」祐佳說。

邢小宇一開始也不理解太太的決定，經過溝通後，他明白了祐佳的想法，便無條件地支持她為了事業打拼，成為祐佳極大的動力。「我聽到過讓我感動的事情，是一次老公和（他）父親的朋友們一起吃火鍋，父親的朋友問他：『祐佳又不在嗎？』『為什麼祐佳都不在啊？』『你這樣常常一個人在這邊怎麼可以啊？』『你應該好好批評祐佳。』然後，我老公和他的朋友說：『我邢小宇不是一般的男人，所以我娶的老婆也不是一般的女人。你如果相信我的話，也請你相信我的女人。』」

祐佳哭著說道：「他平時不會直接跟我說，這是我從另外一個人那裡聽說的。我真的很感謝他。因為這些，我才會想要努力。」

無條件支持的家人

夫妻倆聚少離多，特別珍惜難得的相聚時光。祐佳回到南昌，丈夫特意到火車站迎接，一見面，他們的手便緊緊地牽在一起。長期分居，哪怕工作再忙碌，也會有寂寞難熬的時候。祐佳這次回家，便發現邢小宇的書桌上多了一個新玩具：可以陪他打遊戲的語音公仔。

「你們三個星期沒見嘛。」亮叔說。

邢小宇馬上更正，「一個多月了已經。今天是十一月十一號，我們最後一次見面應該在十月五六七號。」

祐佳接著說：「一些紀念日他都會記的很清楚，看起來反而我像男性一樣。」

雖然一個人的生活非常寂寞，但邢小宇還是在背後默默支持著妻子

實現夢想。拍攝期間，哪怕他插不進亮叔和祐佳兩個日本人的對話裡，仍一直在旁邊陪伴。而只要話題涉及妻子，他的話就會多起來。

亮叔送給他一瓶亦竹燒酒，邢小宇馬上拿了自己家裡存放的同一款酒。「我這還比你多放了一年。」原來亦竹也是邢小宇最喜歡的燒酒品牌。

「我為什麼要買這個酒呢？因為當時她的爸爸第一次來中國，在見她父親的前一個月我就開始準備：餐具啊、酒杯啊，吃什麼菜、喝什麼酒，然後燒酒就選了這個，所以要留做紀念。」心思細膩體貼、靜水流深般的愛，正是邢小宇令祐佳動容的地方。

亮叔好奇兩人的戀愛經歷，「我第一次見祐佳的時候也覺得她很漂亮，所以你（邢小宇）追她很能理解。那你（祐佳）為什麼答應他呢？」

「其實和他爸爸有關。」祐佳說。邢小宇的父親早年因病逝世，而祐佳的父親也患了同樣的病，「他就擔心，如果（和我）說完之後我會想：會不會我爸爸也有這樣的情況，所以他一直瞞著（父親去世的消息），將近有半年，我真的都不知道。他一直說（父親）在外面，這個事也是讓我決定和他結婚的很大的理由。」

對另一半的感受體貼到如此地步，讓亮叔嘆道：「太帥了，真的！」

「很帥，是個好男人。」祐佳特別認同。

除了有個好丈夫，與兩夫妻同住的邢媽媽也十分支持祐佳的事業。雖然作為一個中國婆婆，邢媽媽每次見到祐佳都會看似「不經意」地提起同一個話題：「我們作為老年人，這個房子這麼大，希望有幾個小孩在那個院子裡跑一跑，那我就開心了。」但其實，邢媽媽非常支持祐佳在外打拼。

「所以我創業最對不起的就是他和他媽媽。」祐佳說著說著又帶了哭腔，「他媽媽特別特別理解我，每次我從南昌去上海，她都會在門口送我，說：『祐佳你在那邊加油，我們都很支持你。』所以每次我坐車去車站的那個過程都特別特別難過，因為他們對我太好了。」

家人的愛，既是她努力工作的動力，也讓她心生愧疚，「雖說自己的價值體現了，但是我最大的幸福，是和我的家人在一起，工作越忙，

越不能和家人在一起，那工作是否能真正讓我幸福起來？」說著又掉了眼淚，「所以一直在矛盾。人生就是這麼矛盾嘛。」

因為家人的支持，我們勇敢地向前衝；也因為家人的期盼，我們頻頻停下腳步回頭看。這是人生中無法避免的拉扯牽絆，祐佳仍在努力尋求當中的平衡。

拍攝結束時，祐佳、邢小宇和邢媽媽一起送亮叔一行人離開。這時亮叔問祐佳，住在中國的理由是什麼。

「這一切，就是今天你們看到的，愛。我在這裡有愛，因為愛這裡，所以我在這裡。」她身後是丈夫和婆婆，後面是她的家，不遠處還能看到外婆家。因為愛，讓他們打破國籍與地域的藩籬，緊緊相連。現在祐佳的目標是早日讓事業穩定下來，能夠有更多時間陪伴家人，相信這個目標肯定很快就會實現。

祐佳，加油。

我住在這裡的 N 個理由

導演後記（亮叔篇）

「九〇後的日本女生一個人在國外創業的例子非常少，她的勇氣還是蠻讓人佩服的。」

祐佳真的不像日本人，因為她是混血嘛，她的性格、行事方式都像中國人，但是在禮貌方面還是挺日本人的，所以她剛來中國的時候還是接受不了，像是隨地吐痰等，也會覺得一些中國男生穿的衣服比較土，有著和其他日本女生一模一樣的反應，後來才慢慢適應了。

我和祐佳現在是非常好的朋友，因為我和她很聊得來。二〇二〇年，我們和其他人一起組織了一個公益活動，把中國的口罩捐贈給日本人，這一年一直跟她交流，關係越來越好。她是一個在中國創業的老闆，我也是，所以有很多共通點。

不像在中國，創業的女生很多，沒有多特別，在日本創業的女性真的非常非常少。祐佳雖然是在日本長大的，但還是帶有中國人的特質，如果是純粹的日本人，估計就不會這樣創業了。她有著中國人好的地方和日本人好的地方，像是禮貌、嚴謹的工作方式，都是來自日本人的特質；而一個人創業的勇氣，工作的效率，待人熱情、親切的交流方式，就是很中國化的。她學到了中國人和日本人好的地方，是一個很聰明的人。而且長得也漂亮，還有氣質，所以我蠻喜歡她的。

活出自己的
精彩 ——

家庭主婦
伊藤巳佳

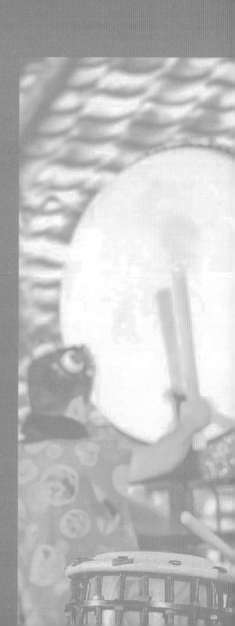

並不是因為
年齡的緣故而做不到，
我覺得只要想去做，
什麼都可以做得到。

**Personal
Profile**

住在上海的家庭主婦

家鄉：日本新潟縣

職業：家庭主婦

愛好：很多，最擅長敲日本太鼓

住在這裡的理由：不知道，但已經住了二十年

05

「《太鼓之達人》玩得好嗎？」節目組在拍攝前於網上徵集的問題裡，其中一條這樣問。

Mika 擺擺手，嘆氣：「這個真的難！」剛接觸時她也輸過，「我第一次聽這個歌，第一次打，肯定會輸。」

「不甘心嗎？」萍姐笑著問。

「不甘心！」Mika 忿忿不平。

當你步入中年，你會做些什麼呢？

整天為了工作步入瓶頸而發愁？為了孩子的教育費用而苦惱？為父母的身體情況而擔憂？午夜夢回，驀然回首，後悔自己一事無成？我們每一個人都會面對「中年危機」，但是，這就等於要對現實世界認命了嗎？

人生不應該只有這些的，我們一定還能再做些什麼的。那麼，四十歲的人，究竟還能做些什麼？

這次的拍攝比較特別，其中一個特別之處，是節目組首先見到的不是主人公，而是她的丈夫。主人公的丈夫張昶是在南京出生的中國人，以前在日本住了十多年，卻是回國後才在和日本朋友的聚會裡與妻子相遇。現在夫妻二人住在上海，而張昶幾乎每個周末都會回南京看父母，於是節目組便乘坐他的「順風車」前往上海。

「你是怎麼看上你的老婆的？漂亮嗎？」在車上，亮叔問。

「漂亮。反正就是典型的日本人吧。」說起另一半，張昶臉上帶著笑意，「日本女性的那些優點她都有，溫柔、持家，做家務非常好，不會跟你吵架，這跟中國的女性完全不一樣。」

「對，我老婆不會做家務的，不會做飯。」亮叔馬上接話。

「那不一樣，我老婆做家務非常好。」張昶自豪地說。

這是這次拍攝的另一個特別之處：主人公伊藤巳佳（Mika）是一位家庭主婦。

無論在中國還是在日本，當然都有很多家庭主婦，但住在中國的日本家庭主婦，又有著怎樣的面貌呢？根據張昶的描述，Mika 似乎是一位溫柔嫻淑的傳統日本太太，直到他帶節目組來到了……一間喧鬧的餐廳。

餐廳裡正進行日本傳統樂器三味線和沖繩三弦琴的交流會，聚集了不少人，熱熱鬧鬧地看著表演。張昶雙眼一直盯著場地一角揮舞著雙臂打太鼓的女人，眼神專注而發光，彷彿成為了「迷弟」。令他著迷的，就是他的另一半 Mika。

亮叔問張昶：「今天看她的表演覺得怎樣？」

「好厲害啊！」張昶十分欣賞。

一頭短髮、打太鼓時雙臂有力，Mika 看起來完全不像一般的家庭主婦，讓人更加好奇，她究竟是一個怎樣的人呢？

四十歲的家庭主婦成為太鼓達人

Mika 和張昶的家在上海郊外。也許因為是租的房子，傢具很少，甚至不成套，四人座的長沙發上鋪了兩張風格不同的布墊。陽台上掛滿了衣服，貓咪們來回「巡視」。和如今獲主婦追捧的日式收納風不同，這個家特別有中國家庭的居家氣息。

Mika 和張昶沒有孩子，只養了幾隻貓，作為家庭主婦，生活應該很悠閒，但她十分忙碌，因為每天要花百分之七八十的時間在一件事上：練習太鼓。

客廳裡放了不少樂器，有吉他、沖繩三弦琴、簡易鼓架，以及最引人注目的日本太鼓。有著數千年歷史的太鼓是日本的代表性樂器，形狀有大有小，直徑從三十厘米到超過 米不等。鼓身用欅木或楸木製成，兩面蒙上熟牛皮，形狀就像啤酒桶。人們對太鼓並不陌生，因為千禧年間其中一個著名的電子遊戲便是《太鼓之達人》，不少人在智能手機、電子遊戲機，甚至街上的遊戲中心裡敲打過太鼓。

而 Mika 是真正的「太鼓達人」。

成為家庭主婦後，為了豐富自己的日常生活，她一直想學習一種樂器，便開始對不同樂器的探索。二○一四年偶然接觸到太鼓之後，她愛上了這個充滿激情、用一雙手就能表現自我的樂器，於是投入大部份時間用心學習。練習時的 Mika 特別認真，一旦出錯就會馬上停下來，研究是什麼地出了問題，哪怕是耳朵不一定能聽出來的小差錯也不放過。正是這份認真與堅持，讓她在短短幾年裡進步神速，成為在上海的

Mika 家裡的樂器與貓

日本太鼓隊「海風」的中心隊員。

太鼓隊裡既有日本隊員，也有中國隊員，他們差不多每星期都會在當地一家室內場館（Live House）「育音堂」裡練習。Mika 除了打太鼓，也會吹日本笛子，還能為隊員縫製演出服，而她優秀的組織領導能力更讓隊員心悅誠服。平時她會帶領隊員排練，不時提醒大家該注意的要點。到了演出時，哪怕是面對八百位觀眾的晚會，她也毫不怯場，敲打太鼓時投入、奔放而有氣勢。

不過這樣的不懈努力也帶來了一個「副作用」：一開始 Mika 手臂上還完全沒有肌肉，學了三年，她的手臂肌肉已經快比普通男性還要壯了。「每次搬鼓都是我們自己搬的，她一個人⋯⋯看她個子小小的、瘦瘦的，但是力氣很大的。她真的好厲害。」隊員佩服地說。

只要敢想，只要堅持，就能做到

萍姐同樣是四十歲的已婚女性，看到 Mika 僅僅花了三年，太鼓技藝就能達到演出水準，自愧不如，「一般的話，這個年紀不會去學一個新的樂器吧？你的動力是怎麼來的？」

「因為很開心，從頭到尾都開心。」Mika 一再重申，「因為我做這件事情很開心，所以在堅持。」

她一開始對太鼓並不了解，「我在學敲太鼓之前，覺得太鼓就是用兩根棍子敲、發出聲音的樂器，所以覺得學太鼓應該很輕鬆吧。但是越敲越覺得深奧、越有意思，每當我想到敲不好的地方還有這麼多，就會專心沉浸在裡面了。」

Mika 學習太鼓的契機是與鼓隊兩位前主要隊員的相識，她們是日本外派員工的妻子，在她們毫無保留的教導下，Mika 感受到敲打太鼓

我住在這裡的 N 個理由

的樂趣和享受人生的方式。「兩位前輩比我要更專注於太鼓。有時候我也會想：為什麼她們可以玩得這麼快樂？她們是那種會盡情享受人生的人，她們教會了我太鼓，還無償地教會我很多，但是我已經無法向她們回報點什麼東西了，所以就想把她們教給我的東西教給其他人。」

看到這裡，請別忘了，Mika 不止是太鼓鼓手，她還有一份「正職」：家庭主婦。現在很少聽到有誰說自己是「家庭主婦」，不少已婚女性因家庭經濟狀況或個人事業發展等原因而選擇外出工作，哪怕生兒育女，也會交由家中老人照顧。因此，亮叔對 Mika 的選擇感到特別好奇：「以中國人來說，比較少見到沒有工作、沒有孩子的家庭主婦。你為什麼不去工作呢？」

但在她看來，「每天為公司工作滿八個小時，然後一個月就領那麼點薪水，真的願意這麼做嗎？我問自己。」

「你不想買比較貴的包包嗎？」亮叔問。

「這個完全沒有興趣！」Mika 迅速回答。

「不想買比較漂亮的衣服嗎？」亮叔問。

「這個也沒有興趣。」Mika 答。

「不要買房子嗎？」亮叔問。

「不買房子。」Mika 還是一樣說「不」，「如果有（非要）買房子，就是想養狗，所以只是為了狗的話，不會買房子。」

這大概是日本女性和中國女性最大的不同了吧？很多日本女性就像 Mika 一樣，對房子、車、名牌完全不在乎，也不能理解為何有的人對於這些如此在乎。在她們看來，這些都是可以通過兩夫妻共同努力慢慢賺回來的東西。Mika 則更進一步，賺不回來也不要緊。丈夫的收入已經足夠二人過上普通的生活了，因此，她並不奢望更多物質上的滿足，而是想要做自己喜歡的事情。這就是 Mika 的生活方式。

Mika 出生於日本新潟縣佐渡島，高中畢業後，因為對服裝設計感興趣，便在和服學館一邊上班，一邊學習傳統的和服製作技藝。二〇〇一年被公司派到中國大連的櫻花和服有限公司工作，從此愛上了中國，辭職後便到遼寧大學學習中文，這時的她已經三十歲了。經過努力，她

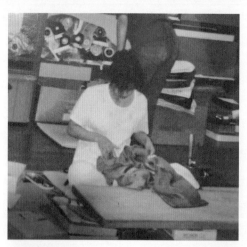

Mika 在日本時學習製作和服

在日本穿著和服的 Mika（前排右二）

在二○○八年拿到漢語水平證書，第二年便去了上海工作。後來遇到了張昶，他們在一起生活後，一直很喜歡小動物的 Mika 終於可以養貓了。成為家庭主婦的她最初會在家裡做一些簡單的工作，像是開設日式縫紉課程，如今則把所有空餘時間都花在太鼓上。

從 Mika 的個人經歷可見，她勇於挑戰自我，每十年就會學習一項

新技能：二十歲學習製作和服，三十歲學習中文、在中國定居，四十歲學習太鼓，每一項都不容易。因此，當萍姐感嘆：「我覺得隨著年齡的增長，能做到的事情就會變少了。」

Mika 的反應卻是：「能做的事情會變少？不是的。隨著年齡增長，我們能做的東西會越來越多……並不是因為年齡的緣故而做不到，我覺得只要想去做，什麼都可以做得到。」她可以說是身體力行地證明了這一點。

日本主婦在中國「接地氣」的生活

如今 Mika 已在中國待了二十年，可她在行事作風上仍保留著日本人的特質：認真、細緻，甚至在一些小事上仍維持著日本習慣，像是：騎單車時習慣靠左騎行。不過二十年的時光浸染，也為她添了特別「接地氣」的一面。

下午，Mika 騎著共享單車出門買菜。到了菜場，她先去買水果，挑西瓜時拍拍打打，手法專業。挑了一圈之後，她說：「應該那個比較好吃吧。」

亮叔問：「為什麼呢？」

「因為聲音，聽上去會好吃。」Mika 說。

「我不打太鼓所以不知道。」亮叔說。

Mika 笑了，「這跟太鼓沒有關係。」這大概是一個「工齡」逾十五年的主婦的經驗之談。

類似這樣的心得還有很多。比如當亮叔問她：「為什麼不去超市？這裡新鮮？」

「是的。」Mika 說，而這全靠家裡幾隻貓主子的反饋，「牠們會吃生的雞肉，但無論我在超市裡買多麼新鮮的雞肉餵牠們，牠們都不吃。在菜場買的，牠們馬上就能吃完。我之後就決定一定要在菜場買菜。」

她在鬧哄哄的菜場裡來去自如，熟稔地和小販的討價還價，在饅頭店挑好了饅頭和炸餿子（一種油炸麵食）後，沒忍住先嚐一口，再說：「這個稱一下。」

亮叔看著她熟練地把菜放進單車前面的籃子裡，放不下的就掛在車柄上，笑道：「你完全變成這裡人了呢！完全是本地化的日本女生。」

「那必須的。」Mika 不以為然。

騎著車在菜場穿梭，遇到前面有人擋著，她馬上喊：「讓一下！對不起。」要不是還帶有一點外國人口音，就和一個普通的中國家庭主婦沒有區別。不過騎車離開時，她忽然透露：「其實我並不想給你們看我現在的這個狀態。」

「為什麼呢？這不挺好的嗎？」亮叔疑惑。

「不想給大家看我這樣的生活。」她說。

「挺好的，接地氣啊。」亮叔說。

「不過我很喜歡這樣的生活。」Mika 說著。

從菜場回家後，她忙著烤饅頭片，因為覺得那家店賣的饅頭好吃，也想讓節目組嚐嚐。而她的做法是：烤饅頭片，配肉末味噌。

「這個真好吃！」亮叔吃了一口後大讚。

Mika 眼睛一亮，整個人興奮了起來，「這個真的很好吃吧？嘿嘿嘿（滿足地笑了），真的好吃吧？」

「超好吃。」亮叔說。中式食物配日式醬料的組合大獲好評，讓Mika 開心不已。

「能讓人看明白的這種地方很喜歡」

兩個人喝著燒酒，吃著烤饅頭，聊起了心底話。亮叔問：「你在中國待了十幾年了吧？喜歡中國嗎？」

Mika 吃著饅頭點頭。亮叔又問：「喜歡中國的哪裡？」

「最喜歡的，就是中國人。他們很直爽，喜歡、不喜歡，好或者不好，都會很直接地表現出來，能讓人看明白的這種地方很喜歡。」

「那最不喜歡哪裡？」

Mika 想了一下，「也是人性所趨的一點，有些人太自我了，只想著自己的東西，不太顧周圍，有些值得改進的地方。」日本人一般不會直接表達自己的喜惡，讓人猜不透，而中國人過於直爽，有時也會令人難受。Mika 笑著談起當初讓她倍受打擊的經歷：「剛來中國的時候，經常會感到很受傷，他們會毫不在意地說：『不好吃』、『不好』、『不』……不什麼什麼的，直接說（做著呼吸不過來的表情），受不了。現在已經習慣了。」

和其他因工作而來到中國的外國人不一樣，家庭主婦的身份使她必須融入當地的日常生活，和老百姓頻繁接觸，不能以陌生害怕為由躲避，也不能以工作專業為由要他人遷就，只能努力適應。這樣的過程當然不容易，Mika 卻能從中找到好的一面，「很想學著兩邊一些特有的、好的部份去生活。」

萍姐曾問她：「如果你在日本結婚，成為了一個普通的家庭主婦，你覺得你還能像這樣專注於自己的事情嗎？」

Mika 的回答是：「我會完全變成另外一個人。如果別人跟我說了『這才是妻子該做的事情』，我就會按照他說的，一直做一個普通的家庭主婦。」也許正因為身處重視個人特質的國度，她才有可能跳出普通家庭主婦的身份設定，擁有不一樣的生活方式。

名言警句的力量

而且，Mika 還有自我鼓勵的小妙招。

「我發現了很有意思的東西。」亮叔在她家轉了一圈後，在洗手間

裡突然說。「這個是什麼呢？」

洗手間的鏡櫃上貼了紙條，上面寫著：「如果還有因為在乎金錢或別人的目光而沒做的事情，現在就去做吧。」

「這句話不錯呢。」亮叔邊唸邊說。

「不錯吧？」每次獲得認同，Mika 都雙眼發光，特別高興。

「你自己想的嗎？」亮叔問。

「怎麼可能！在別的地方看到的，覺得這句話不錯，然後覺得只看一眼容易忘記，就把它貼在能看到的地方。」

洗手間掛毛巾的架子上也掛了一張紙，上面的名言是：「順境不放鬆逆境不害怕」；客廳裡還有「不團結的一百個人，比不上團結的十個人。」

「你很喜歡這樣的名言警句呢。」亮叔說。

Mika 迅速而肯定地說：「很喜歡！特別喜歡！」

「為什麼？」

「為什麼嗎？能讓人變得更有幹勁吧。」Mika 說。

「這麼說是不是因為你自身比較柔弱呢？」亮叔問。

「我內心非常弱小的！」Mika 回答時沒有半點遲疑，「也許會有人說自己內心很強大，我覺得那是在吹牛吧！」

但其實 Mika 除了看似瘦削以外，並沒有讓人覺得「弱小」的地方。練了太鼓後，她的手臂肌肉已比不少男性發達。說話語速快，表情豐富，總是手舞足蹈，充滿活力。雖然和其他日本女性比起來似乎沒那麼愛笑，但眼睛裡總是閃爍著或認真、或單純、或愉悅的光，像個少女一樣，讓人經常忘了她的實際年齡。

當問張昶喜歡 Mika 的原因時，他也是這樣說的：「她很單純，由裡到外都是一樣的，還有就是十分有愛心，對貓、對自然、對社會、對這

個國家、對整個宇宙，都很熱愛。每天很開心，從來不抱怨。」

張昶年輕時在日本待了十多年，一直到三十多歲才回國，然後發現中國有了很大變化——經濟高速發展讓人們變得重視物質，所有人都把房、車、錢掛在嘴邊。「我感覺融入不了這裡……很不適應。正好在那個時候，我遇到了她，我們相遇，感覺非常合適。」兩個互相欣賞的人就這樣走到了一起。

也許是名言警句的加持，Mika 看問題總是正面積極，當亮叔說他和張昶見面後，一直在埋怨萍姐時，她隨即認真地說：「這不對哦。你對於老婆有不滿的話，並不是你對自己的老婆不滿，是你只關注一個點的問題。如果換一個方向的話，說不定會有（能看到）其他很好的方面。」

「比如說她不做飯，一年一次……」亮叔抱怨著。

「雖然她不做飯，但是她一直這麼努力地支持著你的工作，這樣，她就沒有做飯的時間了。」Mika 從另一個角度拆解，使本來的矛盾變成了閃光點。

從反對聲音中走過來的愛情

後來，萍姐也和 Mika 聊起了感情話題，「日本女生是怎麼看待中國男生的？」

「溫柔……嗯……很孝順。」

Mika 的回答讓人意外，萍姐不禁問：「這應該不是一般日本女生的看法，是你的看法吧？」

「是嗎？」她恍然醒悟，「一般的日本女生……帥氣的男生很少。」

萍姐大笑，又讓她評價跟拍的兩個男同事。Mika 看了看他們，然後自然地迴避了問題，「在日本，有很多很帥的男生，明明是普通人，但看起來很帥。自從來到中國以後……（笑了）爭取偶爾回日本的時候，養養眼。」

說起對男性的看法，Mika 的第一反應是「溫柔」、「孝順」，也許是因為她會被這樣的人吸引。在十五年前相遇後，張昶對她的愛一直溫柔

而堅定，對她的家人也一樣的好。

其實兩人在談婚論嫁的階段曾遭到 Mika 的母親反對，她現在說起來仍會落淚，「媽媽在我決定留在中國的時候已經提過，為什麼要去那麼遠的地方？她說完之後我說，我的決定由我自己來決定，我選擇的人是肯定不會錯的。」

直到 Mika 弟弟離婚期間，「他（弟弟）最痛苦的時候，（是）張昶支持他。我弟弟在他面前，邊哭邊說話……所以我的母親和兄弟姊妹（後來）都很相信他。」

「你嫁了一個好老公。」萍姐衷心地說。

「對的，真的是一個好人。我家裡的兄弟姊妹也非常信賴他。」

這樣的伴侶實在太難得了，那麼，Mika 住在中國的理由肯定也跟另一半有關吧？

「你住在中國的理由是什麼呢？」

Mika 和萍姐來到外灘散步，聽到這個問題後，她想了很久，「什麼呢？……還沒考慮過……（沉默良久後）因為張昶在這裡。」

「如果張昶不在這裡的話？」萍姐問。

Mika 彷彿突然驚醒，「不對，好像跟他沒多大關係。」兩人大笑。

誰知下一秒 Mika 紅了眼眶，「我也不懂呢。」瞬間掉下淚來。「不好意思。」她轉身背對鏡頭。

攝影師湊前，Mika 慌忙說道：「這是我的一個壞毛病哦，這個可不能拍。」

平復突如其來的情緒後，她解釋道：「我表達不好自己內心的時候會哭。」

那時節目組還以為她只是過於細膩。

臨別時，Mika 和萍姐握手擁抱，因為不捨，她又哭了。

事實上，她身上帶有一些互相矛盾的特質：有著日本女性的溫柔、持家有道，又勇於突破、挑戰自我；打太鼓時充滿氣勢，卻說自己很弱小；生活充實、態度積極，但總會莫名感傷落淚；為人坦誠，可偶爾也能感受到她言談間的保留。

直到拍攝結束、完成剪輯，在節目就要播出的四天前，節目組收到了 Mika 發來的訊息：

　　「其實我們並沒有正式登記結婚，因為張昶的父母經歷過那場戰爭，所以不同意我們結婚，為了不讓我家人擔心，我告訴他們，我們登記了……張昶一直盡自己最大的努力在支撐著這個家，我也不想強迫他母親改變想法，當然我也很希望被他父母祝福……這個時候和你們說這個事實真的非常抱歉。」

　　這條訊息令節目組震驚不已，也讓人更加意識到 Mika 和張昶是多麼的相愛——沒有結婚證書、沒有孩子、沒有房子、家人反對、身在異鄉……在現代社會，這當中任何一點都能導致一對夫妻感情破裂，他們卻相愛了二十年，甚至比有婚書約束的普通夫妻更親近融洽，直到如今依然互相扶持、互相包容。張昶完全支持 Mika 去做喜歡的事情，Mika 也特別理解張昶的難處。這其中有張昶的溫柔，也有 Mika 的堅毅。她完全不需要感到抱歉，因為她已盡力去愛和善待身邊的每一個人，活出有意義的人生。

　　雖然 Mika 沒有為她住在中國的理由給出一個答案，但萍姐認為，應該是中國能給她更多展現自我的空間。看著這樣一位堅毅的女性不斷自我挑戰，實在是令人羨慕又佩服。

Mika（前排左一）與家人照片

　　人的一生應該怎麼過？這個問題並沒有固定的答案，但肯定的是，像 Mika 這樣找到自己喜歡的事情，並為了達到自己的目標而努力，才能活出屬於自己的精彩。

「雖然敲太鼓是她的興趣愛好，但她把它做成體現個人價值的一件事。」

說實話，拍攝前我們對主人公的了解不會太多，因為我們覺得了解得太多，拍的時候就沒有新鮮感了，所以我們在開拍前覺得 Mika 就是一個家庭主婦，時間很多，於是就找個興趣愛好，打發一下時間。這樣的主人公我們之前沒有拍過，介紹在中國的日本家庭主婦是怎樣生活的也挺新鮮；而且敲太鼓是日本的傳統文化，他們為什麼在中國會做這樣的事情，也很有意思。

拍攝之後我們才發現，雖然敲太鼓是 Mika 的一個興趣愛好，但對她來說，太鼓成為了她在中國體現個人價值的事情。她對愛好可以做得那麼認真，而不是隨便玩玩，這一點令我感觸蠻深的。

她跟中國女性的想法不太一樣，她會在家把飯給老公做好、把家庭主婦的工作做好，再去敲鼓。我覺得，我自己的事業、興趣愛好也是正事，那我因此沒有時間給你做飯，你也應該理解一下，那不然我跟你叫個外賣吧？但是 Mika 一定要把她作為家庭主婦的責任承擔完之後，再去做她自己想做的事，這也讓我留下很深的印象。

像她這樣的性格我也是第一次接觸，我們拍她的時候，聊著聊著，她突然就哭了。但是後來我反應過來，她其實是蠻典型的日本女生：想表達，但是表達不出來了，就會跟自己著急，所以哭了。還有就是他們兩個基本上是被男方的父母反對的，但我們拍攝的時候完全沒有感受到，只覺得他們非常相愛。可能有這樣一個背景，有些時候她還是蠻傷感的，他們經受的壓力應該超出了採訪時我們的想像。中日夫妻之間的難關還是挺多的，我和竹內也經歷過一些，但感覺他們比我們還要難，而且單靠他們夫妻是沒辦法改變的，這點讓我覺得特別無奈，因為他們沒有辦法改變歷史。了解這樣的背景後，再去回想當時她的一些反應，就會覺得：啊，其實她的內心裡還有這樣的一面。

期待與新鮮的
事物相遇 ——

陶藝大師
安田猛

因為中國有很多新的機會，
我很期待這些新的東西。
在這裡我不會覺得自己
已經老了。

Personal
Profile

住在景德鎮的陶藝大師

家鄉：日本東京

職業：陶藝大師

工作室：紅房子陶藝工作室

作品收藏於：英國大英博物館、維多利亞和亞厘畢博物
館，德國 Keramion 博物館，美國紐波特藝術博物館、
紐約城市畫廊，澳洲墨爾本美術館等。

擅長：烹調海南雞飯、自己製造各種器具

住在這裡的理由：這裡洋溢著年輕人特有的能量和對陶瓷
的熱愛，沒有理由不住在這裡。

06

「景德鎮非常有名，甚至有很多日本人都知道。至於有多有名？你們可能也想像不到。唐代宋代之間，景德鎮開始製作瓷器，然後一直傳承至今……」一說起景德鎮的歷史，安田先生就停不下來，講了超過一個小時，亮叔和冬冬早就聽得魂遊天外了。

「剛剛說到哪裡了？突然想不起來了。」安田先生說著說著，自己都忘了說了些什麼。

亮叔急忙總結：「景德鎮的歷史太壯闊了。」然後扯開了話題。

對於這次拍攝的目的地，亮叔的看法是：「說到景德鎮，第一個想到的就是陶瓷。不知道為什麼景德鎮的陶瓷那麼有名。」

江西省景德鎮市有「千年瓷都」的稱號，據說這裡是中國南方最早開始燒造白瓷的地方，所出產的陶泥也不錯。在宋代，因當地所產的青白瓷擁有上佳品質，獲真宗皇帝賜以年號為名，成為了景德鎮。明清時期這裡更是全國的製瓷中心。現在，景德鎮的瓷器不僅聞名全國，在全世界也十分知名，吸引了不少陶藝家前來探訪。亮叔和冬冬來到這裡，找一位十六年前來了一趟，之後就不願意再離開的日本陶藝大師——安田猛。

「在這裡我不會覺得自己已經老了」
節目組來到由舊陶藝工廠改造的陶溪川陶瓷文化創意園，許多陶

安田先生在工作室裡接受採訪

藝工作室就開在園區裡，其中包括「紅房子陶瓷工作室」。這是由安田先生和妻子 Felicity Aylieff 以及來自景德鎮的策展人熊白煦合作開設的工作室。安田太太是英國著名陶藝家，在工作室裡，大型的瓶子是她的作品，而小巧雅致的花插和杯子則是出自安田之手。

　　在工作室二樓的辦公室，節目組見到了安田先生：胖墩墩的，戴著眼鏡，一身便服，衣服上還有陶泥的痕跡，看起來平易近人，而且顯得非常年輕，完全看不出來他已經七十多歲了。

　　「我回日本見到同齡朋友的時候，真的很詫異，『我有那麼老了嗎？』關心我的人會問：『你怎麼有決心作出這麼大的改變？』但是我從來沒問過自己這個問題。因為中國有很多新的機會，我很期待這些新的東西，所以我來了這裡。在這裡我不會覺得自己已經老了。」安田先

生說。

安田先生大半輩子都在追求創新與改變。十八歲的時候，他偶然路過以陶瓷聞名的日本益子町，見識到各種各樣的陶藝作品，於是決定放棄考大學，開始學習陶藝。將近三十歲時，他已經在日本陶藝界小有名氣，這時他又決定前往英國深造，提升陶藝創作的能力。後來他在英國頗負盛名，作品被大英博物館、維多利亞和亞厘畢博物館等世界知名的博物館、國家機構、畫廊和私人收藏。

就在名成利就、準備安享晚年之際，有位香港朋友邀請他來景德鎮看一看。二〇〇五年，安田先生第一次來到景德鎮，就被這裡的歷史底蘊深深吸引，更毅然決定來中國發展。二〇一一年，紅房子陶瓷工作室成立，安田先生在景德鎮繼續他的陶瓷創作事業。

追求沒有原形的自然之美

大半輩子都與陶瓷為伍的安田先生，曾製作許多讓人眼前一亮的作品。工作室一樓是他和妻子創作的地方，寬敞的工房裡放滿了各種陶瓷製品、半成品，以及不同的器具。

安田先生是怎樣製作陶瓷的呢？當他穿上工作服，開始創作的時候，彷彿什麼都是順其自然。在完成杯狀的作品雛形之後，他拿起了一根鐵絲，鐵絲上還殘留著不規則的金屬顆粒。安田先生說：「以前偶然間扭曲了一下，形成了像這樣不規則的小突出，當時我覺得挺有趣的，然後就故意弄成這樣。」

　　他用自製的鐵絲看似隨意地順著作品頂部往下削，而每次怎麼削、削多少黏土，都十分隨性。就算削著削著作品變得不平整了，也不會特意修改。於是，好不容易才平整順滑的作品慢慢有了自己的「個性」，不一會兒，擁有獨特花紋的作品就完成了。

　　亮叔說：「這樣鋸齒的形狀有點破碎的感覺。是故意這樣做的，還是憑感覺做的時候自然形成的？」

　　「也不算是故意而為之吧，一開始就沒想過要做成這樣的鋸齒形狀，不過按照這種做法去做，就會變成這樣，只是我不去修復它而已。」這個系列的作品想要表達的就是「沒有原形的自然之美」，各種紋路和不規則的邊緣，都是自然而然地形成的。

　　在安田先生看來，「自然形成的東西一般都會有一種『勢』，一種獨特的美。自然景觀不也是這樣的嗎？比如因為板塊活動的壓力擠壓形成的地勢，經過雨水侵蝕，堅硬的地方會留下來，軟的地方就被沖走了。」

　　創作時隨心而動，順勢而為，他每個作品的形狀都不一樣，都是獨一無二的。

對製成品的要求：必須完美

製作陶瓷期間，工作室出現了一位慕名而來的藝術家，他非常喜歡

安田先生的作品，安田先生知道了，就讓他自己參觀。那位訪客很佩服安田先生，他說：「他把咱們中國的東西和日本人的思維結合了，通過作品來表達自己內心的感受，就我個人認為，他的作品非常有高度。」

誰知沒過多久，工作室員工來了，眾人才發現這位訪客沒有預約，而工作室規定沒有預約的人不能參觀，訪客只能黯然離開。

「其實他本人是很隨意的。」冬冬很了解這樣的情況，「比如說藝人在街上走路會被人拍照，其實藝人是無所謂的，但是經紀人會保護藝人嘛，就是這種感覺。」因此，儘管安田先生很喜歡和中國年輕藝術家交流，但是規定就是規定，要是員工前來阻止，他也會從善如流。

不過，對於製成品的質量，安田先生一點都不隨意。陶瓷創作是創意與精細的結合，從準備陶泥開始，到塑造成形、上釉，最後燒製，直到開窯的一瞬間，才能看到結果。然而燒好了不等於成功，只要對製成品有一點不滿意，安田先生就會把整個作品敲碎。在工作室裡，就有一個員工一直拿著鎚子把各種製成品敲碎。

冬冬指著瓷器碎片，問：「這些還可以回收去再利用是吧？」

「不要了，這已經不能回收了。」員工邊敲邊說：「它已經成型了。」

一陣陣清脆利落的敲擊聲響起，節目組看著一整箱瓷器轉眼間成為碎片，都感到心疼，於是他們決定去看看那些準備出售的製成品。攝影師讓冬冬猜其中一個比手掌還小的杯子要多少錢。冬冬想了想，小聲比劃：「三百差不多？」

在一旁整理的員工聽到了，直接解答：「七百。」又說：「有些是畫了金的、銀的，這樣就八百。」

「銷量好嗎？」冬冬問。

員工笑道：「小杯子賣得特別快。」

一個小杯子就要花七百元人民幣，聽起來似乎貴了點，但是一想到被敲碎的千千萬萬個杯杯碟碟，就知道在每一個完美的作品背後，安田先生花費了多少時間、精力和成本。

安田先生的發明與收藏品

安田先生來中國十五年了，每天都在埋頭創作，很少外出與人交流，所以也不會說中文。但是他似乎很享受在景德鎮的日子，生活豐富多彩。他的工作室裡存放了大批收藏品，像是民國時期的小碟子（他說買的時候才花了二十元人民幣）、明代的碗、清代的墨鏡，甚至秘戲瓷器。

「這些東西買了有什麼用？」亮叔問。

安田先生想了想，「哎，究竟有什麼用呢？」他自己也說不出來。

亮叔笑道：「雖然是挺有趣的。」大概覺得有趣就是唯一的理由吧。

年逾古稀的安田先生很喜歡新鮮的事物，生活充滿了創意。他還是一個發明家，什麼東西都喜歡自己製作。工作室裡有一個不起眼的摺疊木桌子，一拉開，桌子上連著一大張黑色的紙，原來這是專門為拍攝作品準備的展示枱，是他一手一腳完成的木工手藝。「如果要裝配起來的話很佔地方，而且放在這裡很容易積灰塵。做成這樣的話，必要的時候打開就可以了。」他自豪地笑道。

他又向節目組展示一個看起來很像木製小火鍋，卻附有計時器等工具的器具。這又是什麼呢？只見他拿出了一包咖啡豆，原來，這是烘烤咖啡豆的機器，同樣也是由安田先生利用篩子等家庭用品製作而成的。自製咖啡機烘焙的咖啡濃香撲鼻，十分提神。

以自製機器烘焙咖啡

陶藝大師的拿手好菜

除了喜歡發明，安田先生還有一樣興趣：研究料理。「我最擅長做的料理是海南雞飯。」

亮叔一聽，馬上說：「可以做給我吃嗎？我特別喜歡吃海南雞飯！」

於是，這天安田先生騎著他心愛的摩托車出門買菜了。活雞現買現殺，加上各種配菜。買小辣椒的時候，女攤販看到安田先生只拿了三四根辣椒，就爽快地說：「這幾個？送你了。」

安田先生悄悄地跟冬冬說：「只拿一點的話，一般都不算錢的。」

回到工作室，他用長年研製出來的獨創秘方來烹調海南雞飯，連米飯都是用雞湯熬煮的，淡黃色的飯粒晶瑩剔透，在鏡頭下閃著光，看上去就很好吃。至於雞的醃製秘方是：醬油和檸檬。

出爐了！安田先生親手把雞撕成好幾份，分給大家吃。可能是因為陶藝大師都心靈手巧，也可能是安田先生天生擅長料理，他的拿手菜讓節目組讚不絕口。

「香味從鼻子裡面冒出來，好香啊！光吃飯就可以下飯，不用吃菜，光吃飯就可以了！」冬冬滿足地說。

也正是這一頓飯，令亮叔發現安田先生的其中一個特點。「幾天拍攝下來，我發現你是一個很喜歡講邏輯的人。」

安田先生笑了，「到現在還是這樣嗎？」

「你喜歡這樣用邏輯來思考問題嗎？」亮叔問。

「所謂的藝術是憑感覺的，為了集中自己的靈感，一定要運用邏輯思維來思考的問題；可以量化的東西，一定要用數量來衡量。今天的海南雞飯也是這樣，我寫了一個食譜，寫了百分之一點五、百分之二點五之類的數字。但是做料理也會有無法量化的東西，這就是做料理有趣的地方，藝術也是一樣。」這就是大師的創作哲學：讓感覺帶動創意，用理性締造完美，對待任何事務的細節都要精益求精。

和太太攜手半輩子的妙招

吃飯時，安田先生的妻子 Felicity Aylieff 也在席。

亮叔問安田夫婦：「你們夫妻吵架嗎？」

「當然會吵架。」安田先生說。

Felicity Aylieff 表示：「有的人會有很大的爭執，但是我們沒有。很難和安田爭辯，因為我肯定會輸。」

安田先生維繫夫妻感情的妙招是：「要是我們晚上吵架了，我們就會睡覺解決。我們會為愛鼓掌。」太太聽了忙不迭地打他，兩夫妻大笑。

安田先生與 Felicity Aylieff 年輕時在英國相遇，直到現在，夫妻倆的感情依然很好。走在路上，安田先生一定要牽著太太，邊走邊跟她說話。晚上離開時，安田先生騎著摩托車，太太坐在後座，兩個人就像年輕情侶一樣開開心心地回家了。

其實，安田先生最初決定移居中國時妻子是反對的，她無法理解丈夫為什麼要拋下在英國的名聲，到一個陌生的地方從頭開始。但是當她看到安田先生很享受中國的生活，就慢慢改變了自己的想法。現在她反而十分支持他留在中國。

安田先生之所以選擇移居景德鎮，其中一個原因是這裡的歷史和氛圍吸引了他。據說景德鎮的氛圍，和數十年前安田先生剛成為藝術家時所在的益子町很像。當時日本正處於高速發展的時期，社會經歷了很大改革，藝術氣氛非常好。而最近幾年，越來越多年輕藝術家來到了景德鎮，為這裡的陶瓷藝術發展帶來很多新氣象。

安田先生與妻子

再次感受年輕的滋味

節目組來到樂天陶社舉辦的創意市集。這是安田先生和夥伴們為了支持年輕人創作而創立的市集，每逢周末舉行，集合藝術品售賣、陶藝課程、展覽等活動。年輕藝術家可以在戶外場地搭帳篷擺攤，售賣他們創作的藝術品。

安田先生和節目組逛市集時，發現了一位和他的陶瓷風格很像的年輕人。年輕人說：「（安田先生）在景德鎮很有名。他是最早來景德鎮的，對我們有很大的影響，也吸引了我們很多年輕人留在這裡。他（的作品）跟以前景德鎮的陶瓷不一樣，以前是青花瓷或者是玲瓏瓷、法藍瓷，幾百個人做一樣的東西；現在一個人可以做幾百樣東西，作品裡帶有自己的一些想法，這樣更有意思、更好玩。」

六十二歲時來中國展開新挑戰的安田先生，如今，他的努力正在開花結果。拍攝期間，適逢他在上海的個人作品展開幕。展覽基本上沒有怎麼宣傳，卻來了很多參觀者，和他探討陶藝。

「老師您住在這裡的理由是什麼呢？」冬冬問。

安田先生說：「雖然在日本和英國的生活會很輕鬆，但說實話，那樣的環境對藝術家來說不是個好地方。藝術家還是比較適合……」

「比較有刺激性的地方？」冬冬問。

安田先生點點頭，「是的，這些刺激是在發展的過程中產生的。這座城市洋溢著年輕人特有的能量和對陶瓷的熱愛。」

亮叔理解了，「你可以在這裡再次體驗年輕時在日本的經歷是嗎？」

「是的，所以我沒有理由不住在這裡。」安田先生笑道。

有一位粉絲說得特別好：「安田先生有著日本人的嚴謹和專注，但某些方面又有著突破日本人慣常思維的創新……安田先生在說自己為什麼住在景德鎮時，我想到一句話：藝術需要時時更新、生長和創造。安田先生能放棄所有名聲來到中國，尋求的就是一種自我的更新。」

每次創作都投入極大熱情的安田先生，在充滿生命力的景德鎮，將不斷與新鮮事物相遇，持續創造更多精巧而美好的陶瓷作品。

「景德鎮就是安田先生的創作天地。」

我很喜歡景德鎮，那個地方很有魅力，在日本也有很多人認識。拍攝前真不知道安田先生在行業裡那麼有名，但僅僅是通過他來拍景德鎮這個地方，就已經讓我覺得挺吸引。說實話，我對陶瓷沒什麼興趣，也看不懂怎樣的陶瓷是好，怎樣是不好。不過安田先生的故事很有意思，他有個英國人老婆，兩個人都是藝術家，一對外國夫妻住在景德鎮的原因是什麼呢？讓我很想了解。

作為藝術家，他有種沉迷在自己世界的感覺，他只是喜歡景德鎮的陶瓷和喜歡在當地創作而已，沒有融入中國社會。景德鎮的環境很好，很有藝術感，是一個很好的創作空間，能帶來各種各樣的刺激，對他來說十分吸引。

安田先生是一位純粹的藝術家。他在英國比較有名，但他還是喜歡景德鎮，為了做讓自己滿足的作品搬來這裡，還主辦了支持年輕陶藝家的集市。很多藝術家是因為看好中國市場，想在這裡賣作品賺錢而來的，但他不是因為看好中國市場，他單純是為了景德鎮的環境而來，只是想做自己的作品而已。他不貪心，可能因為年齡大了，也不在乎這些了，十分純粹。

讓我喜歡自己——

和之夢員工
石川優珠

我很喜歡在
中國人的群體裡面
那種自在的感覺。
而且和之夢的人都很好啊！

**Personal
Profile**

住在南京的和之夢員工

家鄉：日本北海道

職業：和之夢第二位日本人正式員工

外號：和之夢團寵、和之夢毛利蘭

特長：空手道黑帶二段、二胡、鋼琴

性格特質：主動安利（熱情真誠地跟身邊人分享自己喜

歡、覺得好的一切）

偶像：易烊千璽

住在這裡的理由：在這裡生活的話會喜歡上自己，生活很

開心。

07

亮叔問：「你喜歡什麼樣的男生？」

柚子馬上答：「胖子吧！」

兩人大笑。亮叔說：「很奇怪的審美觀。」

「就是可愛、胖胖滑滑的那種。」柚子描述著心中的「理想型」。

亮叔好笑，「不像剛才說的小鮮肉明星呀。」

「他是一個偶像嘛！」在柚子看來，喜歡高瘦帥氣的小鮮肉明星，和喜歡胖胖的另一半，完全沒有衝突。

「為什麼我們要拍柚子呢？是因為……沒有主人公了。」

柚子，本名石川優珠，一位住在南京的日本人。她是和之夢第二位日本人員工，也是除了亮叔以外的唯一一位，於是當節目組找不到合適的拍攝人選時，就將「魔爪」伸向了近在眼前、無法反抗的員工柚子。

柚子已經在南京待了快五年了，二〇一六年來到南京大學留學，二〇一九年碩士畢業後，便從南京郊外搬到城內，成為了職場新鮮人。她是一個小吃貨，常把「先胖後瘦嘛」掛在嘴邊。另一個口頭禪是每句話都帶有「然後……然後……就是……」不過她的普通話說得流利純正，是少數在大部份拍攝時間裡一直在說中文的主人公，哪怕是說心底話的時候，也能很好地用中文表達，畢竟她是能勝任和之夢電台主持人的人。這也歸功於她的好學精神。跟她聊天，你會突然感覺自己很「博學」，因為柚子一旦遇到不認識的中文字，就會馬上詢問，把字記錄下

來，「那個詞是這麼寫嗎？」

聰明能幹的她除了有高學歷，還擅長空手道，是黑帶二段，曾勇奪「北海道大學生空手道冠軍」。與此同時，柚子拉得一手好二胡，還會彈鋼琴。正是因為小時候受到中國籍二胡老師的影響，她才對中國感到好奇，成為之後留學中國的契機。

把討厭變成喜歡的法門：主動安利

「你為什麼喜歡南京啊？」亮叔問。

「本來想考慮的是上海、杭州、南京，然後……應該是叛逆吧，因為我家人非常不喜歡中國，然後我一直在想為什麼日本人不喜歡中國，是不是考慮到戰爭的原因。那時我就想，是不是來了南京之後，就可以了解中國人的那種心理。」家人雖然不贊成，終究還是同意了柚子到南京留學。「我爸爸不喜歡中國。他看到的就是那種日本的新聞報導，所以他覺得中國是不好的，或者是危險的。」

「爸爸現在還在反對嗎？」亮叔問。

柚子笑了，「爸爸現在超喜歡中國。」「超」字還特別強調。

她曾在和之夢的微信公眾號上發表一篇文章《日本人眼中的中國 柚子如何消除家人對中國的誤解？》，講述幾年間家人對中國的態度轉變。文章裡寫道：

「三年前，當我要來留學時，說實話家人們對於我來中國留學並不贊成。父親作為典型的日本人，在我對他說『有空來中國玩』的時候，還堅持『我死也不會去中國』。妹妹也曾經對我說過『我不想跟中國產生關聯』。但是，現在父親整天嘮叨著『好想會說中文』、『下次去深圳看看吧』、『還想喝白酒』一類的中國相關話題。妹妹最近也為了看好看的中國小姐姐們的照片而開了 Instagram 賬號，每天邊看中國美女照片邊感嘆『好想變成中國人……』那麼，這三年裡我的家人間究竟發生了些什麼呢？」

原來柚子特別善於安利，總會熱情又真誠地跟身邊人分享自己喜歡、覺得好的一切：吃的、用的、偶像、歌曲……「吃了他家羊肉湯，今年圓滿了！」「這個泡腳粉超好用，我買了十袋。」「這個茶好香，你應該會喜歡。」在扭轉自己家人對中國的看法上，她用了同樣的方法——主動安利。她曾給家人帶去各種中國美食，包括火鍋、麻辣香鍋、黃燜雞米飯、烤冷麵、寬粉、羊肉湯、麻辣花生、蟹黃味瓜子等等，讓他們品嚐；平時吃到美食也會拍照傳給家人。

「還有很多那種中國人很好的故事（說）給爸爸聽，然後給爸爸吃

100　　　　　　　　　　　　　　　　　　　我住在這裡的 N 個理由

很多好吃的。」也許因為家人都是吃貨，也許是他們通過柚子的照片、描述，看到了中國的另一面，「差不多我留學一年半的時候，我爸爸突然說：『去一次中國也未嘗不可啊。』」

二〇一八年，原本抗拒中國的家人主動來到中國，展開「美食之旅」，並在親身體驗後通通愛上了中國。柚子的文章是這樣說的：

「喜歡上的原因當然不僅僅是美食。中國的一切都超乎了他們的想像，讓他們覺得非常新鮮。產生了想知道更多、想再去了解更多其他方面的想法。

「家人們來到中國時最吃驚的，是超出他們想像、高速發展的中國街道。高樓林立，商店中名牌聚集，不論是住酒店還是乘出租車付款都是用手機……據父親說，他以為中國人現在還穿著中山裝騎著自行車。

也許你會覺得『太誇張了吧！』但是確實日本人能接觸到關於中國的信息非常少。之前不管我說什麼他們也都只是半信半疑……在來到中國親眼看見中國人的生活之後，大家漸漸理解了日本人對中國社會的固有印象是錯誤的，實際的感覺是有差別的……三年前的我的家人們，完全不會想到會有這樣一天的到來。這次經驗也讓我感到真的會有把討厭的東西變成喜歡的東西的可能。要是有更多日本人能來中國旅行看看就好了。」

在柚子的積極安利下，她的「美食大作戰」大獲全勝。父親在旅行後給她傳的訊息裡說道：「感覺我漸漸可以理解中國人的思考方式和行為模式了。」家人對中國看法的改變，令柚子十分自豪，「我可以改變爸爸的想法這件事，讓我非常、非常地開心。」

一個追星女孩的消遣活動

家人的態度出現一百八十度的轉變，肯定也因為他們感受到柚子對中國的喜歡。那麼，柚子在南京過著怎樣的生活呢？

柚子在和之夢工作，主要負責介紹日本明星的節目《和飯情報局》的採訪，以及公司各種海外賬號的運營、和日本公司的對接等，並身兼和之夢電台主播，主持節目《呃～中國好奇怪》，是一位全能型員工。

下班後她會自己買菜做晚飯吃，然後看視頻。柚子對演藝圈很感興趣，看中國流行的綜藝節目是她平時必不可少的消遣。

「《這就是街舞2》，我最近一直看。」下班後和亮叔走在回家的路上時，她說。

「這個節目不是二〇一九年的嗎？」亮叔疑惑。

「因為今年（二〇二〇年）也有第三季，所以準備一下心情。喜歡了一個綜藝，就會一直看那個綜藝。」柚子答得有理有據。

「看電影啊什麼的沒有嗎？」亮叔問

「電影啊，最近沒怎麼看。」想了想，柚子說：「啊，但是上周末我看了《少年的你》。」

誰知話音一落，其他人隨即驚訝地說：「你又看了一遍啊？」

「但是看了好幾遍也都還是覺得超級好看的！」柚子一說起來就手舞足蹈。

為什麼大家反應那麼大？原來是因為電影裡有柚子的偶像：易烊千璽，所以電影上映後她已經看了好幾遍，連編導也不禁嘆道：「你也太喜歡易烊千璽了吧！」

柚子卻突然說：「內在真的很重要。」

「內在很重要？」亮叔一愣，不懂為何換了話題。

「才二十歲！」

亮叔完全摸不著頭腦，疑惑地問：「誰呀？」

「易烊千璽。」原來還在說她的偶像。

亮叔質疑，「你怎麼知道他的內在呀？你沒有接觸過他……」

他還沒說完，柚子馬上搶著發言：「就是因為節目當中有表現出來他的語言呀或者是動作，就是感覺到他的人非常的（有內在）。」

後來他們騎單車經過一家商店，店內正好擺放了易烊千璽的人形立牌，亮叔感嘆：「真的是小孩兒呀！」

柚子卻雙眼發光，「是小孩兒，但是很厲害，所以喜歡。」

說到偶像，她頓時進入「追星」狀態，看著電視上的明星，會不自覺地露出慈祥的「姨母笑」，喃喃自語：「真的很帥呀！」而看到印有易烊千璽照片的雜誌封面，她也會情不自禁地感嘆：「好帥啊這個照片！」

或許帥氣的偶像，也是讓她留在中國的原因之一？

但被問到「理想型」時，柚子除了心儀「胖胖的」男孩子，還有一個更重要的條件：可以一起打掃房間的人。這不是因為她懶，而是「我有很多想打掃的地方，如果他不覺得需要打掃的話，我會覺得難受。」

那麼柚子現在的家是不是特別乾淨整潔呢？亮叔決定去她住的地方實地考察，順便吃一頓「霸王餐」。

工作中的柚子

柚子（左）採訪櫻庭奈奈美

《我住》「特別篇」女子會圓桌派

我住在這裡的 N 個理由

一周飯錢不到一百塊

柚子現在與和之夢的同事一起合租。為了省錢，她平時都是自己做飯。一到菜場，柚子便熟練地抽塑膠袋，裝攤在地上的土豆，買菜時沒有半點猶豫，熟練而迅速。最後和大媽們一起排隊等候付款時，亮叔遠遠看著，感慨地說：「已經看不出來她是日本人了，完全融入到本地人裡面去了。」

買了一堆菜，只花了十塊錢人民幣，比超市便宜將近一半，讓眾人驚訝，「太便宜了！」

柚子一星期的飯錢不到一百塊人民幣，平均每天十多塊錢，省錢的代價就是每天下班後都要花時間買菜做飯，她卻毫無怨言。和其他待在中國的日本人一樣，在這裡，過著這樣的生活，是她的選擇：「我在日本的時候，覺得自己可能是一個好孩子，但在中國的話，大家都做自己嘛……在日本的時候，比如大學生，大家去買比較貴的、品牌的東西，或者去好看的店吃飯，但這種生活不是我想要的。我比較喜歡現在那個菜場，十塊錢買到這麼多菜，我好開心啊！然後回家自己做飯，買的菜我可以吃三四天，好棒啊！這樣一個可以踏實地過自己生活的感覺，是我最想要的。」

柚子（右）與同事

說這番話的時候，柚子和亮叔正坐在她房間的地氈上。這時亮叔發現了她另一個「很不日本人」的特點：靠著靠墊曲腿坐。

「日本女生的話應該這樣坐吧？」亮叔說著，一邊做出雙腿並攏靠向一邊的動作。

柚子這才意識到，「哦……對。」接著改變了姿勢。種種小細節，讓亮叔對柚子有了這樣的評價：「和我一樣是個『假日本人』。」

柚子的房間很簡潔，一張雙人床、一個鐵架子、一張小書桌。靠近床頭的牆上掛了一幅世界地圖，書桌前是地氈和靠墊，分不出哪些是柚子自己的東西，哪些是房間本來的傢具。巡視一圈後，亮叔問：「沒有那種很可愛的東西嗎？沒有娃娃什麼的？」

柚子只能拿出一隻黑貓公仔。

亮叔問：「你喜歡貓咪嗎？」

她點頭，指向牆上綠色的貓咪掛鐘，「那個也是貓。」還有黑貓掛鉤。

喜歡貓的柚子，性格裡有著活躍而纖細的一面。鐵架上放了一排書，除了各種中文、英文的語言書，居然還有《蔡康永的情商課》，以及一本名為《中國各省氣質》的書。「我來中國之前看這個，研究一下。」

這是一本講中國不同省市人民特點的休閒書，兩個日本人都覺得很有趣，但身為中國人的攝影師和編導就覺得完全沒有參考價值，只能騙騙外國人。畢竟中國人的特點，只有身處中國、親身感受後，才能得出最確切的結論。

來中國多年，柚子被這裡的人們感染，有了不少改變。她曾在《我住》「中秋及國慶特別篇」裡分享：「我變得能和陌生人說話了。最近發現，自己會無意識地和服務員或者阿姨們搭話。然後找不到路的時候，日本人的話肯定會選擇自己默默看地圖，中國的話會覺得很麻煩，就直接問路人了。覺得自己逐漸『阿姨化』，『阿姨力』應該在直線上升。」

亮叔問：「原本在日本的時候是很『自閉』的吧？」

柚子點頭，「因為不想被店員搭話，所以去店裡買東西的時候都戴著耳機，給對方傳達『我現在聽不見你說話哦』的訊號。」

「你這是典型的日本女生啊。」亮叔笑道。

「對。」不過來到中國幾年後，「最近的話就會問『哪個銷量最好呀？』『這個顏色買的人多嗎？』之類的，哈哈哈。」

徘徊在辭職邊緣

柚子在中國做著有意義的工作，和同事相處融洽，過著愉快的生活；她也會不時回日本探親，陪伴家人。隨著時間過去，她說不定就像其他在中國的日本人一樣，長久地在這裡定居。直到二〇二〇年初，新冠肺炎疫情席捲全球，突如其來的疫症打破了本來的安穩與美好。正好在日本疫情日漸嚴重時回到北海道探親的柚子，陷入了痛苦的掙扎。

「你在疫情期間糾結了嘛？到底要不要回來南京……」亮叔指出。

「對，糾結了。」柚子說。

「為什麼要糾結呢？」

「因為……其中一個原因是見到之前的朋友，然後呢，因為他們在的公司比較好、工資高，生活完全不一樣。」在老闆面前不好意思地笑了起來，卻仍繼續坦白當時矛盾的心情，「然後忽然覺得就這樣子生活下去，是不是以後見她們，也覺得我會不開心或者聊不下去，不能跟她們做朋友，這樣我會覺得很難受。」

另一個原因則是疫情。當時和之夢拍了紀錄片《在日武漢人》，其中主人公哭著說在這種情況下還是跟家人一起最好的一幕，讓她很感觸。「那個時候明明疫情很嚴重，很可怕的東西，但是日本人都不怎麼在意。然後，我想是不是如果我離開日本之後，北海道或者日本變成武漢那樣的情況，我就見不到家人了。然後如果有萬一的話，我肯定會後悔。」

疫情爆發、交通停擺，各國紛紛實施出入境管制，前所未有的局面、看不到的未來，令當時每一個孤身在外的遊子都在心底問自己同一個問題：家人能平平安安的嗎？我該放棄工作，留下來／回去陪著他們嗎？

「那你最後為什麼又回來了？」亮叔問。

「其實我還記得很清楚，二月二十九號回來的。準備行李的時候，其實還是糾結。邊準備邊糾結的時候，腦子裡冒出很多和之夢同事的臉。」可能看到眾人難以置信的神情，她強調：「真的、真的！這個不是開玩笑的。就在我想要不要辭掉的時候，這邊（指腦袋）有很多我們同事的臉。」

亮叔指編導和攝影師，「他們倆的臉有嗎？」

「有有有！」柚子點頭。

亮叔再問：「我的臉有沒有？」

「好像沒有。」耿直的答案令眾人大笑。

雖然亮叔的臉沒有出現在柚子腦海裡，但他給柚子發的訊息，卻是她決定回到南京的其中一個推動力。「那個時候覺得不愧是導演。因為我沒有跟你們說我要辭職，我寫那個北海道的文章，可能中國人看不出來我很糾結的樣子，可能日本人才看得出來，或者導演才看得出來。我這麼覺得。」

但其實對亮叔來說，「我發給你什麼？」難道他早就忘了？

柚子笑了，「好像是什麼『在煩惱啊』之類的。在那個時候發過來就，嘩！就覺得：還是要回南京。」

那條影響了柚子決定的訊息是這樣的：

「我想你離開日本、離開父母，自己來中國一定很擔心他們吧。我上個月離開南京來到日本的時候，我也非常擔心他們。所以，希望柚子能夠再好好地考慮一下自己在中國工作的意義以及自己能夠做的事情。在你感到迷惘的時候可以隨時來找我商量。」

聽到兩人的對話，節目組其他同事才後知後覺地意識到柚子曾經萌生辭職的念頭。而在看到亮叔的訊息後，編導說：「好溫柔啊。感覺不是本人。」

「你這就有點過分了吧！」亮叔不滿地嚷嚷。

柚子大笑，「雖然感覺像換了一個人，但是很感動。」

儘管亮叔一個勁地說他忘了，可後來也說：「其實我記得，記得非常清楚。」他解釋，「因為我知道她在糾結嘛，我看得出來，她寫的那

個北海道的文章。」

　　他們說的是柚子發表在和之夢公眾號的文章《疫情下北海道的二十一天 「所有結果，都將由我本人負責」》，其中一段是這樣的：

　　「這樣的現狀放在我眼前，說實話，我不確定我是否應該回南京。看了《我住在這裡的理由》特別篇中在日武漢人的那集，想著接下來是不是就輪到我了，一直感到非常不安。在札幌，我八十多歲的外婆一個人住。有心臟病的她若是不慎得了肺炎，會非常的危險。若是北海道真的變得危險，就算不能回到南京工作，我想留在札幌的家人身邊會更好吧。」

　　在如今，人們對於「家」和「想家」的概念變得複雜了起來：家鄉有最愛的親人，異鄉有自己的事業、朋友，兩邊都是家。我們眷戀家鄉的溫暖，也嚮往異鄉的自由。在疫情出現以前，這種糾結可以通過頻繁往來兩地解決，但在封鎖與隔離面前，就必須得做出選擇。

　　二〇二〇年二月二十九日，柚子從日本回到南京。十四天隔離期結束後，亮叔和幾個同事一起去酒店接她。開車回家時，亮叔問她：「想大家嗎？」

　　「很想念！」柚子說，「每天開（電話）會議（能聽見大家的聲音）就很開心。」

在公司裡，柚子有著「團寵」的稱號，大家都很喜歡她，因為她能幹、愛分享又好學。他們一起工作、一起住、一起慶祝生日，柚子解除隔離後回到公司的第一天，同事們還準備了紅底黃字的土味條幅迎接。正是這樣一群溫暖的同事，讓她難以割捨，下定決心「回家」。「因為和之夢除了導演以外都是中國人嘛，我很喜歡在中國人的群體裡面那種自在的感覺。而且和之夢的人都很好啊！我比較重視人，我覺得這個環境真的很舒服。和之夢的人很有魅力，雖然有人走了，有人來了，但是每個人都有一種『和之夢』的感覺，我很喜歡。」

一個人被隔離的日子

隔離期間柚子一直沒機會出去走走，亮叔決定帶她去市郊放鬆一下（順便累積拍攝素材）。來到遊樂園，看著各種機動遊戲，柚子只會反覆地說：「不要！不要！不要！我不要坐！不要！別！刺激的我都拒絕！」

然而，在節目組的「威脅」下，恐高的柚子，和同樣恐高的亮叔，嘗試了架在高空的透明玻璃橋、超長玻璃水滑道，他們能閉眼時就決不張開眼睛，緊緊抓著身邊可以抓住的一切，一個勁地叫喊：「不要看不要看！」「回去回去！」「可以回去嗎？」最後坐在熱氣球裡，亮叔對著鏡頭嚷嚷：「兩個恐高症的人……怎麼會……來玩熱氣球？」旁邊的柚子抱緊籃子邊緣大叫，一臉驚恐。

可能因為坐在熱氣球上實在太有詭異的約會氣氛，身為老闆的亮叔決定繼續對員工柚子的採訪：「跟男朋友來這些遊樂園的話，什麼樣的人比較好？」

經歷了大半天崩潰吵鬧的遊樂園「放鬆」之旅的柚子，疲憊地說：「不喜歡刺激的人吧！不想一直叫！」

就這樣，回南京後的柚子，每天積極地工作和生活，在和之夢的不少節目裡都能看到她的身影。但是，她其實仍在「隔離中」。這次，隔開的是與日本的親友的相聚，而隔離期限尚未確定。

在參加《再見冬天》採訪時，她剖白自己的內心感受：「因為中國的話可能過了兩個月了，可能對中國來說，疫情是不是已經結束了，就

是春天來了。但是我現在覺得，對我來說，這個疫情沒有結束……雖然我人在南京，但是（以前）什麼時候都可以回日本，飛機也在飛啊，沒有什麼封國鎖國之類的東西……什麼時候都可以回去見家人、日本的朋友，也有很多外國的朋友。但是現在，（因為疫情）我不能離開南京，雖然我可以在南京正常地生活，我沒有真正經歷過疫情期間自我隔離的生活，可能我沒有經歷過中國人那麼辛苦的一個階段，但是我來到南京之後覺得，我現在像是一個人被隔離了，想見的人都見不到。」

說到後來，她忍不住落淚。

無論人選擇在哪一個地方落腳，都會有對家鄉的牽掛。人生雖然難以圓滿，但柚子依然勇敢又積極地生活著，就像她穿著空手道服帥氣地做了一個回旋踢，就像她在菜場裡買了一堆菜後恍如勝利者一樣地回家，就像她追著同事問那個陌生的詞是什麼意思然後認真地寫在筆記本上，就像她一臉陶醉地向眾人安利偶像易烊千璽，就像她明明恐高仍勇敢地踏上玻璃橋……每一天她都認真對待。

「最後一個問題，你住在這裡的理由是什麼？」亮叔問。

「我不知道。」柚子當然知道這個問題，卻也回答不出來，「真的，我一直在想，我為什麼住在這裡……就是生活開心吧。在這裡生活的話會喜歡上自己，所以我住在這裡。在中國，就開心。」

「那你有沒有什麼目標啊？」亮叔問道。

「找到自己真正想做的事情，然後去做。現在我還不知道我想做什麼。」柚子說。

亮叔這時從紀錄片導演變回公司老闆，問：「那如果找到的話你會辭職嗎？」

「如果找到的話，會。」柚子對著老闆，依舊坦誠。

亮叔慌了，忙說：「不要找到了，不要找到了。在我們公司也可以做啊。」

柚子卻很堅定，「如果想做的，能在和之夢做的話，肯定會在這裡做。如果不是的話，我應該會走。」

大半年後，和之夢傳來了這樣的喜訊：柚子已經找到了自己理想的

發展路向——讓更多日本人和外國人知道和之夢的節目和中國文化。她現在負責海外推廣部，希望通過公司的各種作品，讓外國人了解中國。相信柚子會繼續在中國快樂地生活下去。

亮叔：「柚子的話……柚子呢……柚子……唔……還是……還是……蠻、蠻、蠻難理解的。」

因為她學歷高，北海道大學畢業，是日本挺有名的大學，然後是南京大學研究生，而且她空手道也是全國大學的北海道代表，簡單來講空手道也是特別厲害，學歷高、運動也好，還會説中文，全能的嘛！這麼優秀的人，為什麼還留在中國然後進入我們公司呢？很奇怪，工資也不高嘛。她回到日本找工作的話，肯定能進入很好的公司，比現在工資高很多，因為在日本能把中文說得這麼好的人不多，我覺得蠻奇怪，她是一個挺奇怪的人。

她説過，覺得在中國能夠活得更像真正的自己，我也是。所以也能看出來，她相當喜歡中國，因為在中國很自由，不用像在日本那麼客氣，還有美食……她是一個比較客氣的人，在日本生活真的很累。三年前她來到我們公司的時候，和現在很不一樣，可能也有熟悉了的原因，感覺她來到中國後越來越放得開了。

萍姐：「在公司裡大家非常喜歡她。」

性格好是一方面，在工作上她也是非常認真的，很努力，有什麼錯誤都很謙虛地改正，讓自己不斷進步。大家都在看，都非常認可，所以柚子在公司發言，大家就會拼命鼓掌。

正在創造住在這裡的理由——

插畫家
宇山紡

從日本再回上海的時候，
有時候會説是「回國」。
比起説是被指引，
感覺已經在這裡扎根……

Personal Profile

住在上海的插畫家

家鄉：日本東京都三鷹市

職業：插畫家

副業：發起並定期舉行 City Walk（城市漫步），一個在
上海老弄堂裡漫步遊玩的觀光活動。

特點：沒有方向感

愛好：收集各種老物件

住在這裡的理由：正在創造

08

中國剛爆發新冠肺炎疫情時，Mugi 的家人非常擔心獨自一人在中國的她，還給她寄了口罩。

「口罩寄過來，我跟他們說了謝謝之後，日本的情況變糟糕了，結果爸爸說：『把口罩還回來！』」Mugi 捂臉大笑。

「寄回去的時候有沒有寫什麼附言？」柚子問。

「我沒寄回去，只跟他們說了：『加油！』」Mugi 笑道，「不過想把春節口罩作為賀年禮寄過去。」

也許正因為家人特別親切溫暖，才培養了樂天而幽默的 Mugi。

　　二〇二一年初，上海街頭出現了兩位奇怪的女孩子。她們一人抱著一個痰盂，站在公廁門口拍照，還引來大媽圍觀：「沒想到你們拿來拍照片，我們從小到大第一次看到人家抱著痰盂在這裡拍照片，挺有創意的。但我不知道你出於什麼意思。」

　　「因為好可愛。」其中留著娃娃頭，挑染著幾綹粉紅色頭髮，身形嬌小微胖的女孩開心地笑道。

　　大媽說：「那你們更可愛。」

　　這個女孩子說，在她的國家，像是痰盂這類用途的東西絕對會用黑色之類的顏色，設計得毫不起眼，而不像她手中的痰盂那樣色彩繽紛，款式可愛。

　　這是宇山紡，來自日本的插畫家，大家平時都叫她 Mugi。而站在她身旁同樣捧著痰盂的，則是在上一篇出現的柚子。

　　確定了發展方向的柚子，已經越來越多地出現在和之夢和《我住》的各種節目裡。而 Mugi 是她極力推薦的主人公之一。Mugi 之前參與過《我住特別篇》女子會圓桌派的拍攝，期間的活躍表現充滿笑點，連亮叔招架不住。隨性而幽默的她，吸引了柚子和節目組來到上海，希望能了解一下這位插畫師的日常生活。誰知道他們的第一站就是到雜貨店買痰盂。

　　當 Mugi 看到放在貨架頂部的痰盂時，興奮地大叫：「這個好可愛！」隨即轉向柚子，說：「但是我家有一個了，柚子要買嗎？」

　　柚子為難地看了看，雖然心裡覺得痰盂看起來實在是太酷了，「但是有點沒有勇氣把它帶回南京。」

　　老闆說：「現在這個都是年紀大的人用，七十年代我們結婚的時候，陪嫁，都要用這個東西。痰盂等於是子孫桶，曉得伐（知道吧）？」

　　「你現在用嗎？」Mugi 問。

　　老闆擺擺手說：「我們不用，人家八十幾歲的，晚上起夜，都要放在床旁邊。」

　　說著說著，柚子動心了，和 Mugi 一人買了一個痰盂，讓擺在店裡封塵的痰盂終於找到了歸宿。兩個女孩子一人拿著一個痰盂拍照，攝影師笑道：「像結婚了一樣。」

　　「要去寄請帖嗎？我們結婚啦。」她們大笑不已。

在弄堂裡漫步　重回老上海

Mugi 喜歡收集各種懷舊老物件和中國民間手工藝品，拍攝時她特別穿上了老棉鞋，「真的非常暖和，但是腳後跟已經磨壞了。」

那其實是室內家居鞋，只是加了膠鞋底，所以在室外穿也問題不大。「賣鞋的奶奶說：『想穿出門的話也是可以的。』」

能把鞋子後跟磨破，也許是因為 Mugi 走了太多的路。和柚子碰面

118

我住在這裡的 N 個理由

當天是 City Walk 舉行活動的日子，Mugi 帶著大家來到了老西門。City Walk（城市漫步）是一個在上海老弄堂裡漫步遊玩的觀光活動，對象是日本人或者能使用日語交流的人。Mugi 便是這個活動的主要發起人。

探索上海，原本只是 Mugi 的個人興趣。上海是她最喜歡的中國城市，這裡除了有高樓大廈，還有很多別具風情的老弄堂和舊建築。不過隨著城市發展和老城拆遷，她發現留給這些老弄堂、老建築的時間不

多了，她希望更多人能夠認識到它們的美，正好有日本朋友來上海旅遊，對方同樣喜歡在街頭漫步，於是 Mugi 找來中國人好友格里董作為導覽解說員，「City Walk」就此誕生。

City Walk 海報

二〇一八年九月，他們開始了第一次活動，地點也是在老西門。現在 City Walk 為參加者提供的自製地圖封面，以第一次導覽活動時所拍攝的照片為背景。

「去老西門，因為那是一個非常有地方特色的地方。」Mugi 說。

老西門曾是上海城的西城門所在地，西門之外便是租界。而在西門之內，如今依然保留著那份獨屬於上海人的生活滋味。眾人在老西門地鐵站集合，Mugi 給大家派發自己設計、印製的地圖，然後就出發了。以上海文廟為起點，往具有老城區歷史面貌的夢花街方向前進，穿梭在里弄間，邂逅讓人驚嘆的老建築，發掘過往的絢麗繁華，和如今充滿煙火氣的小日子。

活動導賞員、Mugi 的好友格里董比她高了不止一個頭，每經過一個地方，格里董溫潤的聲音就會響起：「接下來進入上海縣城，這裡與外面完全不同，完全變成了百姓生活區，像是那裡還曬著為春節準備的自家製香腸……這裡曾是這片區域最大的、最有錢的人的住宅，原本是一大家人居住的地方，現在已經變成了很多人共同居住的地方……」

分享上海充滿生活氣息的一面

在弄堂裡散步，從古舊的建築中看到不一樣的上海，讓人很是興奮。像是柚子之前就沒見識過這樣的上海，因此聽得津津有味。至於對

Mugi 來說：「這已經是常規路線了，給來參加活動的大家這樣介紹了好幾次。」

編導問：「喜歡這樣的地方嗎？」

「喜歡！」Mugi 說，「其實很想住在這裡。之前來找過房子，一個月幾百元（人民幣），一千元的也有。六百元左右的房子，大概沒有浴室之類的設備，這對於日本人來說有些⋯⋯不能接受，但是這裡的氛圍很好。」

他們走著走著，看到弄堂口的地攤上擺滿了類似 Mugi 穿的棉鞋，以及各種傳統日用品。他們有的人買了暖和的布鞋，柚子則買了一對做飯用的袖套。

活動最後一站以上海傳統美食作為收尾，眾人來到一家賣湯圓的老店，吃到了鮮肉湯圓。他們的感受是：「是肉包子的肉餡，外面包著年糕的感覺。」

在大家買湯圓時，卻得知這家店舖即將被拆遷，這是最後三天營業了。

「要關店了啊⋯⋯」Mugi 很惋惜，這是他們在秋冬辦活動時必到的店。而更令人惋惜的是，這些見證著上海歷史的老弄堂正在被高樓大廈所吞噬。弄堂外就是一幢幢現代化的大樓，古老的建築和文化隨著社會

更新漸漸消失。也許每一次 City Walk，他們都在向老上海道別。

舊上海之旅結束，參加者各有收穫：

「平常不怎麼去當地的小店，從這個意義上來說，非常感激。」

「今天去的有些地方以前曾經路過，但是今天加上了解說，學到了很多。由於平時只去觀光點，不怎麼在這樣的老街裡散步，所以覺得很愉快。」

正如格里董所說的：「上海當然也有外灘和新天地之類的、很漂亮的地方，與此同時，上海也有很多有趣的、有生活感的地方。」而這些帶有時代記憶的地方，對於來上海旅遊和長駐工作的日本人來說特別有吸引力，讓他們對中國人的生活有更多了解。直到現在，先後有差不多三百人參加過 City Walk，Mugi 笑道：「回頭客挺多的，客人帶來的朋友也是人數增加的一大原因。」

疫情期間無法組織活動，加上很多日本客人回不了上海，Mugi 就和格里董展開線上活動。他們會舉著手機散步，把街景拍下來放在網絡上直播，每次都有十幾個人參與。「想讓大家體驗到實地散步的感覺。希望他們能快點回來……對他們說了：『快點回上海吧！』就像大家是一家人一樣。」

之前格里董過生日時，Mugi 請常客寫了祝福語，作為生日禮物送給他。「其中讀到一條讓我很開心的是：『多虧了這個 City Walk 活動，讓我對自己工作的城市有了自豪感。』作為駐員，總有一天會從上海回日本，希望參加活動的大家，把散步的經歷和途中看到的事物，帶回日本和大家分享。」

初中三年級的首次中國之旅

「你真的很喜歡上海啊！」柚子說。在她看來，一般的日本人應該是覺得上海很適合居住，所以才喜歡這裡，「但能感覺到 Mugi 喜歡上海的心情是不太一樣的，感覺是飽含深情地愛著上海。」

這份深情是怎樣產生的呢？那就要從 Mugi 的童年說起。

Mugi 對中國的印象是從漫畫開始的，以中國為背景的精彩故事、

自成一派的中華風,讓小 Mugi 對中國滿懷憧憬,「我特別喜歡以中國為舞台或者中華風的漫畫,原本就對中國十分期待。」

中學的時候,她和來自中國的姍姍「因畫相識」,成為了好朋友。也是因為拍攝受訪,Mugi 才第一次知道姍姍和她成為朋友的真正原因。

姍姍說:「我當時很喜歡畫畫,問班裡誰畫畫好,大家說是 Mugi。剛見面我就對她說:『請畫張畫。』看著她在速寫本作畫時,我心裡就覺得:就是她了!想和她做朋友。」

Mugi 聽到後很驚訝,「我印象中一直覺得是通過社團之類的機會,和其他的朋友一起漸漸地變親近的。」

姍姍笑道:「其實是我主動去接近她的。」

Mugi 也笑了:「原來是這樣啊,我完全不知道。」

兩人既是同學,也是鄰居。有一天,Mugi 去姍姍家裡玩,「那時候說了:『我想去中國。』然後她媽媽就問:『下次我們回國的時候你一起來嗎?』我心想:真的嗎?我回家跟媽媽說了之後,媽媽說:『不給別人添麻煩的話就去吧。』記事起的第一次出國旅行就是中國,而且就是上海。」

初中三年級,Mugi 第一次來到中國,「當時的中國和漫畫中所見的中國截然不同。那時候還沒有浦東機場,我是一個人到虹橋機場的。」

一個中學生初來乍到,人生地不熟,還沒離開機場,就有五六個大人湧上來,問:「你是從哪裡來的?」

「我也記不清是用哪種語言回答的了,回答說:『我朋友會來接我。』」Mugi 笑著談起當時的經歷。

大人們一聽,「那得打電話呀!」巧了,他們正好有電話卡,現在買馬上就能用得上,結果小女孩以一百元人民幣買了一張電話卡。那是將近二十年前,一百元人民幣已經可以買很多東西了。

「打電話給朋友,朋友說:『你是傻嗎?』」那次的經歷讓她留下了很深印象。

以畫筆記錄關於上海的一切

長大後，Mugi 和姍姍都考入了日本知名的武藏野美術大學。畢業後，她們一直從事繪畫相關的工作，只是一人在日本，一人回到了上海。姍姍開設了自己的設計公司，就像最初歡迎 Mugi 來中國玩一樣，她再次發出邀請，「一起來我所在的公司工作嗎？一起來我公司工作吧！」

「她一直問我要不要和她一起工作，竟然問了將近一年。我的回答一直比較模棱兩可。那時候我是自由插畫家，無論在哪裡都能工作，不在日本也可以。我覺得，也許作為在中國生活的插畫家，能做些什麼。這樣想著，我來到了中國。」經過一番深思熟慮，Mugi 在二〇一六年辭掉了日本的工作，隻身來到上海，入職姍姍的設計公司。

來上海生活後，她愛上了在街頭漫步，「在街上走著，自然就會產生想把看到的事物用繪畫表達出來的強烈心情。雖然我的中文並不好，但也許通過繪畫去傳達的話，對方也能夠理解。來到上海，想去傳達關於上海的事，想畫很多這樣的畫，所以開始了《上海繪日記》。」

《上海繪日記》是 Mugi 定期在推特（Twitter）上更新的作品，以插畫形式記錄她在上海生活的點滴。在她看來，「有只有通過影像才能傳

大學時的 Mugi

春節觀看電影《你好，李煥英》後畫的漫畫

Mugi 自稱日本「賈玲」

達的事物，有只有通過照片才能傳達的事物，也一定有只有通過插畫才能傳達的事物。想把這些事物發掘出來，經過編輯後畫出來。」她把在上海經歷的一切，像是：跟不同的人聊天、認識新的朋友等，都畫進插畫裡。《上海繪日記》畫風可愛，情節生動，受到很多網友喜愛。

「內容少的時候，也會在紙上畫三集左右的故事，這次買了痰盂的故事，我想要畫滿一張。」她會先打草稿，決定要畫的東西和其位置，「由當時發生的事組合起來，再相應調整畫中建築的方向。」還要考慮視線角度等各方面，「我畫得真的很亂，只有我自己能看懂這些凌亂的線稿。」

至於繪畫人像的技巧，Mugi 表示：「過分參考照片不好。想非常寫實地畫出來，反而會抓不住那個人的特徵，根據印象會比較好畫。」她以節目組的拍攝為題創作了一幅插畫，兩三下便把攝影師 Mario 的神髓勾勒了出來，更獲 Mario 表示：「和我本人一樣帥啊！」

除了《上海繪日記》，她和另一位住在上海的日本漫畫家一起畫了少女風的漫畫，將上海、蘇州和杭州等地擬人化，變成嬌滴滴的女孩

子。「雖然『上海』和『蘇州』還有『杭州』是從很早以前就關係很好的女孩子們，但是『上海』在開放之後漸漸變得時髦起來，『蘇州』有些嫉妒，但也想處好關係，說的是這樣的故事。」

痰盂和地鐵車票的「新用途」

Mugi 幽默而可愛，她觀察入微，總能把大家沒有意識到的東西畫下來，也擅於從負面事物中找到美好的一面。至於在日常生活中，她偶爾也會迷迷糊糊。據說 Mugi 的方向感不是很好，就算在自己居住的小區裡，也會覺得像是在迷宮裡一樣，每次都認不清楚路。

柚子和她最初見面時，本來約定在 Mugi 家的小區門口等，但是柚子到了的地方卻看不見人，問了半天，才收到 Mugi 的訊息，說以為她們約的是另一個門口。最後節目組好不容易才見到匆忙趕來的 Mugi。

「那個……剛好進入了最終調整。」她說。

編導了然地問：
「是指房間的整理嗎？」

「是的，大部份東西都藏起來了。這是這次拍攝我最擔心的問題，實在太難了！」

可能經過了整理，當節目組來到 Mugi 的家時，並不覺得凌亂，反而溫馨別致。房間裡有很多關於老上海的藏品和可

愛的小玩意，包括大白兔奶糖抱枕、草帽、舊地圖，以及用來裝外賣筷子的……痰盂。

「這真的是完全不顧慮中國人感受的使用方法。」Mugi 笑道。她還畫過這樣一幅漫畫：抱著滿滿一痰盂筷子的 Mugi，讓身邊的人大吃一驚。

她給節目組看自己收藏的印有上海舊畫報的書，而放書的竹椅是她在朱家角鎮一個竹藝師傅的店買的。「我和他說我在書裡看到過（他的店），於是他很開心，然後買了一把椅子帶回來。」Mugi 回家時一路上都拎著椅子，「拿在手上的重量讓我覺得很幸福。現在淘寶什麼都能買到，但是經過自己挑選然後帶回家是非常幸福的事。」

柚子還在 Mugi 家裡找到了南京地鐵的塑膠圓形車票。她問 Mugi：「這是把地鐵票直接帶回來了嗎？」

原來 Mugi 覺得車票上印的梅花很可愛。她說：「我買了很多很多地鐵票，很多很多，回來的時候口袋裡嘩啦嘩啦地響，然後就把這個作為從南京帶回來的禮物送給朋友。」收到的朋友當然一臉疑惑，感到莫名奇妙。

一個人的浪漫跨年活動

採訪時正值春節前夕，節目組問 Mugi 到時會怎麼過，這才知道她的「春節習俗」是：「買了除夕那天的綠皮火車票，準備乘著綠皮車迎接新年，迎來新年的瞬間會在列車上。因為到那時候已經不在上海了，所以一路上可以看到很多地方在放煙花，看著煙花迎接新年。」

這是 Mugi 度過新年的浪漫方式。她很享受漫長的車程，傍晚上車，第二天早上才到達目的地。「真的很喜歡、很享受這樣的旅行，每年都會去。」

再次被 Mugi 的描述打動的柚子，在春節過後，和 Mugi 一起展開了火車小旅行。這一趟旅程也被 Mugi 仔仔細細地畫進了插畫裡。

一見面，兩個人不約而同地戴上了花口罩，穿著應節的紅衣服。

「今天努力打扮了一番。」Mugi 笑道。

柚子則表示：「自從見到 Mugi 之後，我受到了啟發……買了很多東西。」

Mugi 一臉讚許，「把自己的興趣展現出來比較好。」

她們搭乘的是由上海前往西寧，途經南京的綠皮火車。一上車，車上播放的音樂充滿了年味，讓兩個人十分興奮。

「是從什麼時候開始這樣一個人坐火車過春節的？」柚子問。

「第一次在中國過春節的時候，想去桂林看看。坐在列車上，十二點的時候，卻什麼都沒發生。原以為大家會一起歡呼，以為在餐車裡，大家說不定會乾杯慶祝新年，結果過去一看，什麼動靜都沒有，非常平靜。心想：明明現在已經過了十二點了，他們居然一句話都不說嗎？這才發現原來沒有什麼特別的儀式。」心裡的小期待落空，Mugi 重返自己的車廂，誰知就在這時，「車窗兩邊就開始看見煙花，一個接一個，聲音也很響，留下了很深刻的印象，覺得自己乘車選對時候了。」

之後她就決定，每年除夕都要像這樣乘著綠皮火車迎接新年。「到遠一點的地方，景色也會漸漸變得不同。雖然車站大多建在比較繁華的區域，不過黎明的時候起身看看窗外的話，可以看到農村的景色。期待著沿途風光而踏上旅途，真好啊！」

Mugi 與柚子的鐵道小旅行

火車的每一節車廂就像一個小型空間，既開放也隱蔽。柚子看看周圍的乘客，說：「大家都在吃自己喜歡的零食。」於是她和 Mugi 在餐車經過時也買了好幾樣零食吃。

「這樣真好，有一種在旅遊的感覺。」看著不斷變化的風景，吃著各種零食，與來來往往的乘客聊天，Mugi 很享受這種火車之旅。

這趟旅行，她們遇見了一個女孩：紮著公主辮，穿粉藍色 JK 裙，揹著一個民謠吉他。女孩才十六歲，在職業學校上學，平時喜歡玩 Cosplay（角色扮演）。她的目的地是這趟列車的終點站——青海西寧，全程超過三十三個小時。

「你平時在這邊上學嗎？」柚子問。

「不是，我在河南鄭州上學，放假來這邊打工的。」女孩說。

「那你離開家裡去學習，不會寂寞嗎？」柚子問。

「會很想家。但是想到我喜歡的東西那麼多，也不能問爸爸媽媽要錢，我就自己（打工賺錢）。」女孩說。

才十六歲就離家到外地上學，放假時獨自前往江浙一帶打工賺錢，再搭乘長途火車回家，女孩的獨立和勇敢讓柚子與 Mugi 十分佩服。柚子說：「我十六歲的時候，不會離開自己的城市，不會一個人坐臥鋪。」十六歲的她只是一心一意地練空手道。那 Mugi 呢？「常去澀谷的卡拉 OK 呢，哈哈哈。」她大笑著說。

現在不去闖，一輩子就出不去了

Mugi 的闖蕩大概要從三十歲的時候開始，她是在二字頭的最後一年來的中國。那樣的年紀，彷彿是每一個女孩的一道關口，有的會選擇

安然接受生命的安排，繼續原本的工作，結婚生子；有的則終於下定決心，選擇忠於內心想法，追求更璀璨的人生。

在火車上，Mugi 和妹妹打了一通視頻電話。

「第一次聽說 Mugi 要去中國的時候有什麼感想？」柚子問妹妹。

妹妹說：「覺得這個人真有趣。最初聽到她說的話是：『我覺得日本不太適合自己，感覺去那裡（中國）應該會發展得不錯。』」

Mugi 早就忘了，「哈哈哈，我有說過那種話嗎？」但現在想來，「也許當時並沒有說錯。」

妹妹說：「那時的姐姐就和現在的我差不多年紀，我也到了這個年紀，總覺得理解了姐姐的心情。」

Mugi 笑了，說：「有了現在不出去闖闖，一輩子都出不去了的感覺吧？」

「是的。你原本就喜歡中國嘛。」妹妹說。

Mugi 的想法得到了家人的全力支持。她笑著說起在動身前，去找年邁的爺爺「坦白」的事。「告訴他之後，結果他說：『原來是這事啊。』他好像以為我是去傳達結婚喜訊的，以為終於等到了，結果是去中國。」

柚子問妹妹：「姐姐一個人到中國來，你不會擔心嗎？」

「完全不擔心。因為她本來就不是普通人。」妹妹覺得 Mugi 更適合待在上海。家人的支持和理解，也讓 Mugi 能安心地在上海發展。

在異國他鄉落地生根

火車旅行仍在繼續。兩個女孩吃完零食就開始吃自熱火鍋，這時 Mugi 想起了她帶來的拌菜。「中國的食物味道比較濃，所以我會自己買菠菜做拌菜。」

梅乾拌菠菜，是典型的日本味道。日本人柚子覺得很好吃，中國人攝影師卻覺酸得受不了。這讓 Mugi 想起了中日之間的飲食差異，「中國人去日本的時候，好像都覺得日本菜很鹹，就像是放了很多鹽的樣子。」

而 Mugi 本身則吃不了辣，就算來了中國多年，仍然沒辦法習慣。「說要不辣的菜，端上來還是辣的。對他們而言是微辣和不辣，但對我

來說還是辣啊。」

　　吃著飽含家鄉味道的拌菜，不期然勾起了對故鄉的思念。柚子問：「在上海的幾年沒有很想家嗎？不會想回家或者去其他地方嗎？」

　　「最開始的幾年想過還是回去吧，但是開始 City Walk 之後就改變了。介紹自己在做的事情，人們也很感興趣，慢慢地和一些人結緣，通過這些，對上海產生了感情。大概因為這樣，所以就不會想回去了。」Mugi 坦言，一開始還曾因為沒有朋友而哭過。

　　柚子很驚訝：「是嗎？感覺 Mugi 很會跟人打交道。」

　　「完全不是。」Mugi 說。

　　她最初也不適應在異國的生活，然而幾年過去，充滿好奇心又敏銳的她，逐漸發現上海充滿人文氣息的一面，也通過與人們的交流，逐漸融入了這個城市。她笑道：「回日本再回來的時候，有時候會說是『回國』。比起說是被指引，感覺已經在這裡扎根……在上海有很多朋友，也有像 City Walk 這樣由自己組織展開的活動。做著 City Walk，又會有新的人脈聯繫起來，有著生根的感覺。」

　　火車到達南京，一路上的風景和點滴也已經留在鏡頭下，留在人們心中，留在 Mugi 的插畫裡。

「最後一個問題，你住在這裡的理由是什麼？」柚子問。

「我正在創造自己住在這裡的理由。」Mugi 說：「《上海繪日記》是從自己喜歡畫插畫開始的，在上海第一次有了想把它畫下來的想法。希望能通過更多的活動，傳達和介紹這些文化，讓大家了解我所做的活動，了解中國和上海。」

時至今日 Mugi 仍繼續用畫筆記錄在上海的點點滴滴，讓更多人了解到中國的文化，認識到在這裡生活的精彩。

「每次跟她聊天， 都可以知道很多好玩的故事。 」

跟 Mugi 聊天時特別開心的就是她很積極， 有時候我們覺得不好的東西， 她也能把它變成幽默的趣事， 這讓人感到非常舒服。

跟她認識是因為拍 《我住特別篇》 女子會圓桌派， 當時因為疫情， 很多朋友回國了， 我們實在找不到人， 在推特上募集， 最後只有她一個人報名。 但其實我很早就關注她的作品， 覺得她的畫特別有意思， 很喜歡。 每次拍攝前我們都要開主人公會議， 大家一起討論是不是拍某個主人公。 要在會議上獲得通過很困難， 我一直努力說服大家拍攝關於 Mugi 的 《我住》 節目。

Mugi 和我之前遇見的日本人有些不同， 感覺她眼中的中國是絢麗多彩的。 像 City Walk 這樣的活動， 我們以為有很多人也在做， 但是其實很少人組織。 通過 City Walk 和 《上海繪日記》， 她把多彩的上海傳達給了很多人。

在拍攝的時候， 我了解到上海以前的文化和歷史 ； 期間有很多當地人跟我們說話， 讓我們看到在商業、 現代化以外， 大家所不知道的上海。 我還學到了 「拐彎抹角」 最初的意思， 原來指的是抹去建築物的牆角。 平時很難在日常生活中學到成語， 這讓我覺得很有意思。

第二章　走在實現理想的道路上

就是你 ——

導演
竹內亮

我們的初衷就是想把
日本文化傳達給中國人，
把中國文化傳達給日本人。

**Personal
Profile**

住在南京的紀錄片導演

家鄉：日本千葉縣

外號：假日本人、蹭叔（喜歡佔便宜）

職業：紀錄片導演

創辦公司：南京和之夢文化傳播有限公司

個人代表作：（NHK）《長江天地大紀行》，（南京和之夢）
《我住在這裡的理由》、《東遊食記》、《南京抗疫現場》、
《好久不見，武漢》、《後疫情時代》

愛好：喝亦竹（iichiko）燒酒、拍紀錄片期間蹭吃蹭喝

口頭禪：「沒意思。」「比我帥嗎？」「有沒有錢？」

家庭：妻子趙萍、兒子趙純（竹內純）、女兒趙珉（竹內
珉）

住在這裡的理由：太多了，有朋友、有同事、有公司、
有工作夥伴、很多網友，還有家人。

09

亮叔的家鄉在日本千葉縣我孫子市。節目組抵達後，亮叔的母親開車帶大家到處觀光。

「你不會覺得『我孫子』這個地名奇怪吧？」亮叔問媽媽。

亮叔的母親疑惑地問：「哪裡奇怪了？」

「看吧，我媽不知道，一般的日本人不會覺得很奇怪。」亮叔跟節目組說，又用日語和母親解釋「我孫子」這個地名在中文裡的含義，最後的結論是：「我是我孫子的驕傲！」

亮叔的母親笑了，「誰知道啊，在日本可沒人認識你。」

「在世界範圍內我孫子最出名的就是我了，在全世界都有我的粉絲！」亮叔一臉自豪地說，隨即笑著補充：「都是中國人，住在全世界的中國人。」

「這一集是《我住在這裡的理由》（以下簡稱《我住》）有史以來最沒意思的一集，因為對我來說沒什麼新鮮感。」

在《我住》踏入第一百期和第二百期的時候，節目主角變成了平時總在鏡頭前出現的導演竹內亮，也是節目粉絲們最熟悉的亮叔。

「我發現了，每次我們拍《我住》時，主人公說：『我的生活太平淡了。』但是拍出來挺有意思。這次拍我的生活，第一次感受到了《我住》主人公的心情。我的生活沒啥意思啊，非常正常，就是工作、回家、休息。」拍攝期間，亮叔一直不太自信，因為「竹內亮」是他唯一沒辦法拍攝的題材，他不知道自己有什麼特別之處值得記錄下來，「感覺沒什麼意思。」

「沒意思」、「挺有意思」、「很有意思」，這些都是他經常掛在嘴邊的判斷標準，任何事情到了亮叔這裡，似乎都可以簡單歸類為「有意

思」和「沒意思」。他喜歡一切「有意思」的事情，也希望給觀眾和粉絲帶來「有意思」的影片。

不過亮叔本人的生活不但「沒意思」，還很單調。平時不是外出拍攝、和客戶談生意，就是在辦公室剪片、審員工剪出來的片子。

「你指導一下，我應該怎麼辦？」完全不知道自己有什麼可拍的亮叔問攝影師，「我不想看片子，累了。」

可是話剛說完，他卻認命地拿出手提電腦，「回家也要工作，好好拍一下我認真工作的樣子。」

攝影師笑道：「好可憐啊。」

日本導演與南京姑娘的婚後生活

二〇一八年，節目組為拍攝《我住》第一百期特別節目，來到亮叔在南京的家，看看生活中的竹內亮和節目裡的導演竹內亮有什麼不一樣的地方。

那時亮叔一家還住在妻子趙萍（萍姐）父母的家裡。亮叔一推開門，眾人就看到光著屁股的小女兒趙珉（竹內珉）前來迎接。讓女兒回去穿衣服時，萍姐的母親又說大孫子趙純（竹內純）一整天都沒出房門，亮叔隨即去敲兒子房門，生氣地喊他出來。可是當兒子不耐煩地喊「等一下」後，亮叔馬上熄火，罵不出來了。

一陣雞飛狗跳之後，亮叔在孩子們吵吵鬧鬧的聲音中，走進了自己和萍姐的小房間。攝影師四處拍攝取景，只見房間裡堆滿了東西，沒忍住小聲說：「比我家小。」亮叔無奈地笑了。

二〇〇七年，二十八歲的亮叔正是在這裡迎娶在南京長大的萍姐。結婚當天，亮叔穿著大紅色的襯衫，手捧鮮花，來萍姐家迎親。「好害羞啊，現在腦袋一片空白。」

在屋外敲門時，他說：「請開門。趙萍是、我的、老婆。」那時的他還只能勉強說幾句充滿外國人口音的中文。

當時小房間裡還沒有那麼多東西，亮叔單腿跪下，握著萍姐的手，認真地說：「我想跟你結婚。我會讓趙萍幸福的。」

婚後，兒子趙純出生，一家三口在日本過著幸福而安穩的生活。直到將近第七年的時候，夫妻倆做了一個重要的決定。

《我住》的誕生

亮叔自二〇〇〇年在東京的視覺藝術學院電影藝術學科畢業後，便投身紀錄片拍攝行業，擔任電視台助理導演，參與拍攝多部海外紀錄片。二〇〇四年當上導演後，他繼續拍攝關於日本以及中國的紀錄片，拿了不少獎項。他和萍姐便是在拍攝紀錄片時認識的。兩人相戀後，亮叔對拍攝中國紀錄片產生了很大興趣，開始拍攝各種與中國相關的紀錄片，像是《探尋中國麻將的起源》、《脫下高跟鞋的村官》等，這些影片曾在日本放送協會（NHK）播放。

二〇一〇年，NHK的《長江天地大紀行》開拍，亮叔與《我住》的另一位重要人物：阿部力（冬冬）相遇。他們一起走遍中國青海、雲南、四川、湖北、湖南、江西、江蘇等地，看到了不同地方的風景。拍攝期間，亮叔對中國的了解越來越深入，也看到中日之間存在很多隔閡。當地人知道導演是日本人後，有的會問他：「山口百惠還好嗎？」甚至有人說：「鬼子來了！」讓亮叔很受打擊，拍攝能夠促進中日交流的紀錄片的想法越發強烈。他對冬冬說：「拍完《長江》，我們做一個給中國人介紹日本文化的節目吧。」這就是他拍攝《我住》的起緣。

　　懷著拍攝中國紀錄片的強烈願望，二〇一三年，亮叔放棄了在日本穩定的工作，和萍姐帶著兒子移居中國南京。不過，萍姐一開始並不贊成一家人回中國的決定。

　　「有朋友跟我說：『你真厲害，把日本老公都帶回南京了，你有多大的魅力啊？』其實不是，是他自己想要到中國來做介紹日本文化的節

目。」萍姐說。

亮叔也表示：「二〇一〇年拍《長江》的時候就想過來，但是她反對了，因為當時有房子、有孩子、有穩定的工作，該有的都有了。反對了兩年，之後她才同意的。」

「我沒有辦法說服他嘛。」萍姐道，亮叔的堅持打動了她，「那麼多年了還沒有放棄的一件事情，應該是他真正想做的事情，那就支持一下試試看吧。」

於是，兩夫妻開設了「和之夢」公司，為拍攝紀錄片作準備。為了支持丈夫的事業，萍姐當上了公司的「大當家」，以老闆和製片人的身份承擔起管理經營工作，有時還要擔任亮叔的經紀人，讓他能安心外出拍攝。

「給我錢的話，什麼都可以」

來中國兩年後，亮叔與萍姐、冬冬開始拍攝《我住在這裡的理由》（《我住》），走出了推動中日交流的第一步。《我住》推出後，艱難經營的公司總算有了起色，也接到了一些視頻製作的工作。

在二〇一八年拍攝第一百期特別篇時，公司有約十名員工，他們很多都會說日語，也幾乎都是《我住》粉絲，因此工作氣氛總是十分愉快。和之夢還會用特別的方式來增加員工對彼此的了解，加強凝聚力——他們每天都要開晨會。

「日本公司的話必須每天早上開會，大家要互相知道大家做什麼，不然大家都不知道旁邊的人做什麼。」亮叔說。

但是對亮叔來說，開公司後更重要的是「錢」。同事向他匯報新項目時，他一直問：「給我們錢嗎？」「給我錢的話，什麼都可以。」「除了錢我什麼都不會說了。我只有說錢、錢、錢、錢。」

「我就特別不喜歡他這種狀態。」萍姐坦言，「我會跟他說，你是去拉贊助，但是你腦子裡不能只有錢。其實他現在最大的壓力就是人（公司員工）越來越多了。」

拍攝紀錄片不是賺錢的工作，在實現理想的同時，還要賺錢給員工支薪，要籌集資金拍攝新節目，亮叔的壓力十分大，不管做任何項目，

他都會十分緊張，為了賺錢，不允許失敗。當節目組問趙純：「你在節目裡看到的爸爸和平時有什麼不一樣嗎？」

「不一樣！」趙純說，「就是會笑啊，（在節目中）笑很多。」

鏡頭前的亮叔總是一副樂呵呵的樣子，鏡頭背後的他，和每一個創業的中年老闆一樣，要為公司的大小事發愁。因此，只有在親近的人面前，他才能流露出最真實的一面。比如，當問萍姐的父母對這位日本女婿的看法時：

「現在覺得不錯，也不管事。」萍姐的父親反覆強調：「不管事。」

「沒矛盾，我們發火也好，講也好，就像沒入耳，也不吱聲，沒脾

氣。」萍姐的母親說。「跟中國男孩比，他有一個最大的弱點：不會來事兒。不像中國的男孩，把老丈人、丈母娘哄得開開心心的，他不會。」

「但是對待工作是很認真的，能吃苦、認真。」萍姐的父親說道。

成為中日友好溝通的橋樑

幾年來，他們一家有不少變化：家裡由五口人變成六口人──趙純很喜歡的妹妹趙珉出生了；亮叔的中文變好了，也越來越「中國化」了，甚至有了「假日本人」的稱號；以及隨著不斷在鏡頭前出現，有了很多粉絲，他開始注重外表了。

在拍攝時，他會問節目組要不要打燈，說打燈會把他拍得好看一點。每天早上送兒子上學前，他必須先仔細洗臉、把一團亂的鬈髮打理好。晚上則會在家裡敷面膜，因為之前遇到在化妝品公司任職的粉絲，對方說他完全沒有偶像的氣質，他就向對方要了點免費面膜不時敷一下。他還會去專門給男性理髮的理髮店修剪頭髮，為的是在回到辦公室時，能換來女同事們拍著手興奮地喊：「好帥！」

作為一個日本人，在南京工作定居，大概需要很大勇氣。亮叔跟和之夢員工到當地有名的明城牆古跡拍攝時，曾指著中華門甕城上擺著的一排仿製冷兵器，問：「這個是用來打我們（日本人）的嗎？」

員工笑著回答：「明朝那個時候還不打日本人呢。」

對於亮叔而言，住在南京是他選擇直面歷史的一種方式。其實，亮叔出生當天，即一九七八年十月二十三日，正是《中日和平友好條約》正式生效的日子。而當他長大後，也在因緣際會下與中國有越來越多聯繫。如今，他最大的心願是能成為中日友好溝通的橋樑。

「說一下你最喜歡中國的一點？認為中國最需要改變的一點？」節目組問。

亮叔答：「最喜歡中國的一點是『隨便』，大家不在乎別人做什麼，自己想做什麼就做什麼，但是日本人不會這樣，特別在乎別人怎麼看自己。然後應該要改變的，就是作業太多了，給小孩的壓力太大了。」

話雖如此，在監督兒子寫作業時，亮叔十分嚴厲，他會一邊剪

片，一邊嚴肅地對兒子說：「今天之內必須得做完。爸爸今天也有作業也做完，你也要把作業做完。」

至於對趙純來說，來中國以後，爸爸最大的改變是陪伴自己的時間變少了，並且變得「超兇的，和節目裡完全不一樣。爸爸對我越來越嚴格了。」

亮叔與趙純的心裡話

五歲時來到中國的趙純，既要適應與之前完全不同的環境與語言，也要適應父母忙於事業的生活。和日本不一樣的教育模式，讓這個不愛做作業的小男孩更加想念在日本的日子。公司成立後，亮叔夫妻周末也經常要工作，偶爾，兩個小孩會到辦公室陪父母，等他們工作結束，再一起出去玩。雖然相處時間減少了，但是趙純依然很支持爸爸的工作，也以爸爸拍攝的《我住》為傲，四處介紹給身邊的人，連補習班老師也因此成為了《我住》的粉絲。

老師說：「他主動跟我聊這個節目，很開心很自豪，爸爸媽媽做了一個這麼好的節目。他會說：『你知道最近的哪一期哪一期嗎？』或者跟我分享幕後的故事。」

孩子對父母有著濃濃的孺慕與依戀，在趙純心裡，對爸爸印象最深刻的一件事是「我只要寫完作業，爸爸就陪我去石頭城玩。」他還能清楚記得爸爸陪他玩了八十多次。至於忙碌的亮叔有時間的時候也會為家

人做日式咖喱飯，因為兒子特別愛吃咖喱。

兩父子十分相似，喜歡玩，會互相嫌棄，也不愛跟對方說心裡話。趙純說：「我不想說心裡話，心裡話太害羞了。」於是他們只能通過節目組的鏡頭，向對方坦白內心感受。

趙純說：「爸爸……謝謝你，工作那麼忙，還有時間空出來，陪我一起玩。還有，謝謝你給我做牛肉餅和咖喱。你做的節目很好看，然後你的中文要加油，中文要像個中國人！工作……不要不小心點哪兒，（電腦裡的文件）就全沒了。太忙的話，就不能跟我們玩了。」

亮叔則說：「我也想陪他一起去玩，但是創業之後根本沒有時間。他如果現在一直在日本的話，作業也很少，學習的壓力也很小，因為日本的作業不多嘛，所以一直覺得很對不起他。但是中國的教育也有好處，因為日本的教育太輕鬆了……其實我覺得很對不起孩子，這個沒有跟兒子說過。雖然（我們）很辛苦，趙純也很辛苦，但是為了實現夢想，一直努力下去。請……不是『請原諒』，請理解我和趙萍的想法。我希望有一天他能理解。」

《我住》其實是一封情書

亮叔工作忙碌，在中國和日本來回奔波是他的生活常態。這天，他剛從日本回到南京的辦公室，一進門便到處喊：「我親愛的老婆在哪裡？」

亮叔與萍姐

坐在會議室的萍姐受不了了，「得了吧！」

亮叔看到她，伸手想跟她擁抱，萍姐馬上揮手退後，喊：「你不要碰我！不要碰我！大家都在，我就知道你肯定會這樣的！」

如今，亮叔和萍姐既是夫妻，也為人父母，還是工作夥伴。要是兩人都在南京的話，那就是二十四小時都在一起，中午也會一起吃午飯。他們的相處十分有趣，對話時經常是亮叔說中文，萍姐說日語。不過他們聊的內容都是工作。

「吵架嗎？」攝影師問。

亮叔直言：「每天吵吧。」

兩夫妻總是開著開著會就吵起來了，員工屢見不鮮。萍姐漂亮又親切，十分能幹，亮叔卻總能惹得她發脾氣。看過老闆吵架的員工這樣總結：「導演挺聰明的，他不先發火，他會先把萍姐惹急，然後就會說：『算了算了。』一副屈服的樣子。」

不過，在第一百期節目尾聲，當節目組問亮叔「你住在這裡的理由」時，亮叔說著說著就變成了對妻子的表白。

「一句話來表達我所有的想法：我住在這裡的理由就是《我住在這裡的理由》。《我住在這裡的理由》每一集是為了給粉絲們看，為了給員工們看，還有為了你做的。」亮叔說著看向身旁的萍姐。

萍姐十分驚訝，「我頭一次聽！為什麼？」

「因為如果我沒有跟你交往的話，就不會做這個節目了啊。」亮叔說，正是由於和萍姐相戀，才開始做關於中國的節目，因此，《我住》是「做給老婆看的。就算是我的情書吧。」

萍姐又開心又害羞，嘆道：「怎麼了，那麼突然，嚇到我了。」

亮叔認真地點點頭，說：「真心話，說真的，每一集每一集都是我的情書。」

萍姐笑道：「你是剛剛想到的還是準備好的？」

「不是不是，是一直想的，但是我從來沒有說過而已。」亮叔說。

亮叔經常說自己是個普通人，而他和萍姐的相處也像尋常夫妻一樣，會互相抱怨，會吵吵鬧鬧，也會彼此支持，不離不棄。不管是在日

本過著安穩的生活，還是到中國後創業時面對資金緊張等各種挫折，萍姐都堅定地站在亮叔背後，支持他朝夢想前進。每一集《我住》，既是亮叔實現理想的成果，也是他與萍姐愛情的證明。

在還能跑的時候就要全力奔跑

在家裡剪輯節目素材時，亮叔說：「我之前看了一部叫《大聯盟》的電影，哭得可慘了。」

「為什麼？」萍姐問。

「非常弱小的棒球隊不斷努力，逐漸變強，最後奪冠。自從開始了這個節目，我一直都樂在其中，雖然發生了很多事情，但是我真的很喜歡做視頻這份工作。你也感受到了吧？因為一直在做自己喜歡的事情，所以看到朝著夢想努力的人就會很感動。」亮叔說。

不過在萍姐的角度，「是啊，但是我累得想哭啊。」她問亮叔：「你覺得我們的夢想什麼時候能實現？」

亮叔卻說：「夢想還是不要實現比較好。如果夢想實現了，那麼人生還有什麼意義呢？我到了這個年紀，還能去追夢，是一件非常幸福的事情。」

萍姐期待地問：「你覺得你應該感謝誰？」

「你的爸爸媽媽。」亮叔的答案出人意料，「所以我覺得，在我還能跑的時候就要全力奔跑。」頓了頓，說：「我好像說了一句名言啊！」

萍姐失笑，「哪有自己說出來的。」

和之夢的新辦公室

「我是真的這樣想的，如果不趁我能跑的時候全力奔跑，就太對不起爸媽了。所以我只能感謝這個環境，一直不斷努力下去，對吧？」亮叔說。

尋找亮叔的過去

亮叔一直努力，一直奔跑，直到距離創業又過了差不多七年，和之夢的發展漸漸迎來了高峰。除了持續拍攝超過五年、擁有忠實粉絲的《我住》系列，公司正在播出的節目還包括與日本朝日放送合作、介紹日本明星動態的《和飯情報局》等。亮叔的工作從導演、剪輯，變成導演、審片、對外洽商，甚至作為 YouTuber 出道。一家六口也搬到了寬敞明亮的新家。

二〇二〇年二月初，為了拍攝第一九九、第二百期節目，主人公兼導演亮叔回到日本，重訪位於東京淺草、第一集拍攝的主人公曾戀寒工作的「爆笑似顏繪總本店」。曾戀寒早就沒在店裡工作了，倒是另一位中國人店員還認得亮叔，問他是不是還住在南京，說：「很多中國遊客是偶然看見了那個視頻，找來我們店的。」

亮叔不由得感慨：「時間好快啊！」

《我住在這裡的理由》第一次拍攝

「現在跟四年前完全不一樣。當時還只有兩個人，我和老婆，現在人多了。」距離《我住》第一集播放已經過了四年，公司也由兩個人，變成十個人，再增加到現在的二十多個人。如今再回到最初的起點，亮叔的感受是：「那個時候什麼都沒有，就只是想做而做的感覺。但現在不要回頭看過去了。我不喜歡回頭看過去。我想一直往前走，過去無所謂，過去就過去了。」

不過節目組對於導演的過去還是十分好奇。他是在怎樣的環境裡長大的呢？為什麼會過上了現在的人生呢？

從東京到亮叔故鄉我孫子市有近三十公里的路程，需要轉兩趟電車，再坐車回家。一個半小時後，亮叔帶著趙純和節目組從繁華都市來到田野鄉間。「我孫子沒有年輕人，要麼學生，要麼老人。我們家在我孫子最邊的地方。」

亮叔每兩個月左右就會回我孫子市看望父母。父母家裡是典型日式家庭的風格，簡約而溫馨，到處都擺放了家人的照片，還有全家福：爸爸、媽媽、亮叔和妹妹。據說亮叔的妹妹和他長得並不像，還曾經當過模特，現在在歐洲生活。看著照片裡年輕的亮叔，攝影師不禁嘆道：「你現在老多了。」

亮叔的媽媽卻依然年輕，六十多歲的她有著少女的氣質，粉絲都說她就像亮叔的姐姐一樣。溫柔的媽媽會在晚飯時為亮叔做他最愛吃的日本家常料理，也會給節目組展示亮叔的童年照，並欣慰地感嘆：「還是嬰兒的時候很可愛呢，不覺得這張超可愛嗎？」

兒子是導演，媽媽卻有點抗拒鏡頭，吃飯時一直說：「我真的很在意，我們在吃，他（攝影師）在拍，好可憐。」

亮叔跟攝影師說：「她是非常典型的日本女性，跟我完全不一樣，她非常的客氣。」轉頭問媽媽：「為什麼會生出我這樣的人？」

亮叔的母親也很疑惑，「我也覺得很不可思議。他這個樣子到底像誰啊？」

亮叔看看身旁的兒子，「不過他（趙純）也跟我和趙萍完全不像。」

趙純馬上喊：「像的！」他指著父親總結兩人的共通點：「做事半途而廢。」

半途而廢的年輕歲月

亮叔從小學四年級開始打棒球，還曾在我孫子市的比賽中獲得冠軍，但是因為參與的棒球部需要維持平頭髮型，愛美的他在小學畢業的同時，也結束了棒球生涯。後來他學過吉他，現在房間裡還有一把吉他。「為了受女生歡迎學彈吉他，但是沒有什麼效果，所以忘記了。」

相比之下，當導演、拍攝紀錄片，已經是他堅持時間最長的事情了。不過，晚餐後，需要審片的亮叔卻一直攤在沙發上看電影。經攝影師提醒才匆匆說：「對對對，我要工作，要看片子。我要看三個片子。」然後人依然一動不動，嘆著：「絕望！不想看片子，想看電影。」

於是他一邊心不在焉地工作，一邊看電影。這時，大半輩子都在兢兢業業地工作的亮叔父親終於下班回家了。看到難得出現的兒子，父親不動聲色地調侃：「歡迎回來，不過好像馬上就要走了。」他還為兒子的「半途而廢」給出了最關鍵的證據。

當攝影師問：「他和萍姐交往的時候，爸爸沒有反對嗎？」

「沒有，他把女友帶回家裡的時候比較反對，心想：為什麼要帶女友回家啊？感覺他又不會和對方結婚，結果沒想到真的結婚了。」

年輕時的亮叔經常「帶女友回家」，把女孩子介紹給父母認

小學時參加棒球比賽獲得獎盃及獎狀

識，然後分手，又帶新的女孩子回來。亮叔的父親不勝其煩，就跟兒子說：「不要帶女友回來！」

「真的很麻煩，帶了那麼多女友回來和家裡人打招呼，我已經隨便他了。但沒想到他真的結婚了，原來他還是有認真的時候的。」對兒子換女朋友的行為早就習以為常的父親，沒想到他居然安定了下來。

「也沒想到他去了南京以後變得這麼出名吧？」攝影師問。

亮叔的父親笑了笑，「完全沒想到，真的不敢相信。」

二十歲就被趕出家門自立

兩位老人是在去了《我住》三周年粉絲見面後，才了解到兒子在華人社會裡小有名氣，走在街上，也會像明星一樣被粉絲認出來，並且要簽名、求合影。這些成就都被內斂的父親看在眼裡，難得地讚道：「真厲害，這也是工作取得的成績，挺好的。」

和父親聊著天，亮叔忽然想起學生時代的一段經歷。他年輕時曾為報社送過一段時間報紙，而原因是：「我爸一直跟我說：『到了二十歲就給我從家裡出去。』二十歲的時候還是學生，中國人絕對不會說這種話吧？所以才會去送報紙。」

「不要說得好像是我的錯一樣。」亮叔的父親說。

「不是你的錯，是託你的福。」年輕氣盛的亮叔真的因為父親的一句話，在二十歲時搬出去住了。「送報紙有工資拿，又給我提供住的地方，還會給我助學金，是當時能解決所有問題的唯一手段。」

不過，雖然亮叔的父親嘴上說著要兒子離家自立，態度卻並不強硬，「真把你趕出去的話肯定很辛苦，會擔心你要怎麼生活啊。」

但是他還是放手讓兒子獨自闖蕩。這樣的經歷，也讓亮叔迅速成長。「通過這件事，我第一次對自己有了信心，感到只要努力的話總會有辦法的。我現在也跟純說：『你到了二十歲就從家裡出去。』」

和三十年前一模一樣的家鄉

離家以後，亮叔前往東京上學，畢業後也留在東京發展。他的房間

裡還掛了一張海報，「這是我曾經做過的一個節目，NHK的《日本垂釣之旅》。」

二十四歲當上導演之後，他一直在尋找自己的拍攝風格。這個風格也許就是「沒有台本」吧。亮叔在拍攝《長江天地大紀行》時就基本上沒有準備台本，這個風格一直延續至後來的《我住》。每次拍攝前，節目組只會大致了解一下主人公的背景資料，然後展開拍攝，期間無論遇到什麼，都會如實記錄，充滿了未知的趣味。這樣的紀錄片也許無法深入探究每一個主人公的心路歷程，卻能展現每個人當下最真實的面貌和生活狀態，也是《我住》最吸引人的地方。

「那你還想回日本嗎？」攝影師問。

「不想，一點兒都不想。」亮叔說。「感覺日本還是沒有變化吧。中國的話，現在不停地開發新的節目模式，但日本電視台的節目跟十年前、二十年前都差不多。製作公司不敢做這些網絡短視頻，怕，而且不知道怎麼做。因為一直做給老人看的節目，所以他們只知道老人喜歡的東西，沒有研究過年輕人看的，這一點很可惜。所以我有的時候很怕，如果我沒來中國，一直在日本待下去的話，我現在在做什麼。」

亮叔又帶節目組遊覽我孫子市。市內最高的樓是一幢樓高八層的平房，站在頂樓，放眼望去，家鄉風景一覽無遺——一幢幢日本傳統的獨棟房子，遠處比較高的平房則是他的初中，然後是大片農田。

在我孫子市最高的樓房頂樓

「我小時候覺得（這裡）特別高，因為只見過這棟樓，不知道其他的世界。」他在二十歲時離開家鄉，才看到了更多的風景。

「好懷念啊！」亮叔感嘆。

攝影師問：「會想回來嗎？」

「根本不想。」亮叔隨即說道：「我突然覺得從這裡看到的風景，跟三十年前一模一樣，完全沒有變化。中國人的話，三十年沒回老家，（風景肯定）完全不一樣吧。但是你看我的老家，三十年前和現在一模一樣，我真的有點受打擊了。」

同樣三十年如一日的，還包括他最愛的美食。

這天晚上，結束工作的亮叔帶著兒子和節目組來到我孫子車站內的蕎麥麵店，品嚐他從小吃到大的美食。「我們現在去吃我最愛吃的我孫子美食。我孫子唯一的全國有名的美食。」

蕎麥麵上放了一塊比手掌還大的炸雞，麵堆得高高的，一碗二十元人民幣。

「把這個肉放在這個湯裡，我比較喜歡這樣。」亮叔教兒子怎樣能吃到他最愛的味道。「小學、初中、高中、長大了之後、現在，一直在吃這個。」

吃著溫暖的晚餐，記憶也隨著香味飄蕩。這家店從一九六〇年開始營業，亮叔像趙純那麼大的時候經常在這裡吃麵，現在帶著兒子來吃，「有點奇怪的感覺。自己小時候吃的東西，我的孩子也吃。」

雖是家人，卻生活在完全不同的世界裡

他還帶兒子去了以電影《你的名字》取景地而出名的岐阜縣，探望住在那裡的祖母。亮叔上一次來到這裡，已經是七年前的事了。

他們先來到叔叔的理髮店。亮叔的爺爺、奶奶、叔叔，都是髮型師，他們的理髮店經營了將近一百年。現在的理髮店還是和亮叔離開故鄉前一樣。「我小時候一直在這兒剪頭髮，好熟悉的感覺。在這裡看漫畫是小時候最開心的事情。」

亮叔就像小時候一樣坐在椅子上，叔叔一邊嘆著他的頭髮「特別難

弄，給錢都不想給他弄。」一邊細心地為他和趙純剪頭髮。

亮叔還見到了堂弟竹內慎吾、竹內悠。他攬著竹內慎吾，開心地說：「我們小時候就長得很像。我對他們倆的印象就一直停留在小時候，現在見了，也還是停留在那時候的感覺。」

他給家人看工作時和日本藝人的合照，堂弟笑道：「第一次真心覺得你厲害啊。」

第二天，亮叔和趙純見到了八十九歲的奶奶。奶奶看著長大了的孫子，一臉驚訝，「完全認不出來了啊，我還以為是別人家的孩子呢！」

奶奶在爺爺去世後一直獨居，在她家裡，亮叔看到一張寫著孫子住在哪間酒店、什麼時候來看她的紙，不寫下來的話她根本記不住。

叔叔說：「有時候，從某種程度上來說，還不如幼兒園小孩。」

奶奶笑著自嘲，「真讓人受不了，我這個老奶奶。」

他們翻開舊相冊，看亮叔小時候的照片，聊起往日的回憶。亮叔聽著聽著，思緒卻漸漸飄遠。

這裡的生活寧靜安穩，卻不是他想過的日子。「跟親戚們見面之後覺得，（我們）生活的世界完全不一樣。他們一輩子在岐阜縣，沒有出去過。他們理解不了我現在做的事情。我也不能理解他們一輩子住在這裡，一輩子做同樣的事情，我受不了。但是這沒有好不好，是個人的選擇。」

離開時和堂弟說再見，亮叔說：「估計我說讓你來中國玩，你也不會來。」

堂弟笑道：「我會來的。」

「絕對不會。」亮叔肯定地說。

時間、地理環境等現實因素，其實並不會讓人產生距離，但是截然不同的生活方式和思想變化，卻會讓人們漸行漸遠。就像大部份人只認識搞笑的導演竹內亮一樣，在家鄉生活的家人們，也不了解亮叔現在做的事、他在中國的知名度，以及他的夢想和成就。

亮叔的絕秘「黑歷史」

幾天後，亮叔一個人回到東京，繼續投入忙碌的工作。如今業務增加了，公司卻人手不足，他每每都要親自前往日本，和當地公司洽談合作項目。這天他就有三四個會議，其中包括老客戶松下電器。

「剛開始做節目時，去日本企業拉贊助，跟現在完全不一樣。那時候沒有人理我，因為大家都不知道嘛，『你是誰啊？你幹嘛？』那種態度很冷漠。但是只有松下，從一開始就一直尊重我們。他們贊同我們的想法，所以真的很感謝他們。」亮叔感激地說：「真的非常好說話，所以我特別喜歡他們。」

忙了一天，早餐、午餐都來不及吃。直到下午四點會議結束，亮叔才到便利店買了兩個三角飯糰，站在店門口吃了起來，邊吃邊感慨：「不好吃。」隨即想起自己的一舉一動都會被鏡頭記錄，又說：「不行，以後要拉便利店贊助的時候會麻煩。」於是他在金錢面前屈服了，對著鏡頭說：「挺好吃的，便利店的飯糰這麼好吃！」

晚上，節目組見到了亮叔年輕時的好朋友：製作公司董事長磯村直彥、不動產公司董事藤森何意、電視節目導演菅野誠。亮叔說：「他們是我學電影時的同學，是我真正的好『閨蜜』。」然而，四個男人一桌酒，不用說，這就是一次「吐槽大會」。

「關於竹內亮的過去，有什麼好玩的事情嗎？」攝影師問。

「他喜歡穿背心，喜歡穿甚平（日本傳統家居服，現在也被人當成

睡衣穿）。穿著甚平揹著單肩包，或者穿著背心就去聯誼。」亮叔的好友說。

「我當時還覺得這樣是最帥的打扮呢！」亮叔的直男打扮讓人不忍直視。

「以前在學校是那種優秀的學生嗎？」攝影師問。

亮叔在朋友們開口前便說：「多誇我、多誇我。」

不過他們的回應是：「印象中就沒有在學校裡存在過，給人感覺很輕浮。怎麼說呢，認真是很認真，也有一邊送報紙一邊上學，但是到了晚上就會去六本木 ARK Hills，在那和當時的女朋友約會。」

「那有過多少女朋友呢？」攝影師問。

「五十幾個來著。」這個數字讓節目組萬分驚訝。

亮叔很無奈，「粉絲們都說想要聽聽我以前朋友對我的看法，所以我想你們三個是正經人，應該會說我的好話。」

「那你找錯了，你也完全不是這種人啊！我們完全不正經，完全找錯人了！」一陣笑鬧後，朋友們還是說：「不過他是一邊賺錢一邊上學的，從這點來說，他的起點就和我們不一樣。自己的人生自己負責，比較有責任感。」

只可惜亮叔還沒從讚美中回味過來，朋友又說：「等一下，大家不

要搞錯了，他能成為這樣的人是因為老婆。要是沒有他老婆——引導的話，他馬上就會去做些離譜的事了。」

仔細想想，要是沒有遇到萍姐，要是沒有來中國，要是沒有開拍《我住》，現在的亮叔，大概還在東京，過著為日本電視台拍傳統紀錄片、喝酒、追女孩子的日子吧。

要一直拍下去，直到生命結束的那一天

日本的行程告一段落，攝影師好奇地問亮叔：「你不住在這裡的理由是什麼？」

亮叔有點意外，想了想，說：「日本沒意思，沒有變化。第二個理由是，中國非常有意思，因為變化很大、非常快。我是一個好奇心很強的人，變化越大就覺得越有意思、越開心的那種人。」

「你對現在的生活算是滿意嗎？」攝影師問。

「滿意，特別滿意。」亮叔說。未來他想繼續擴大公司的規模，「我的目標員工人數是兩百人。我想看到底兩百人的公司是什麼樣子，就是好奇。」

「你打算拍到多少歲才退休？」攝影師問。

「到死為止，或者直到我不能動為止。」亮叔說，「因為我最大的愛好是拍片子。但就算我不能動，也可以做審核、策劃什麼的。」

從日本回南京後不久，中日兩國的新冠肺炎疫情開始越來越嚴重。眼看日本年輕人對防疫絲毫不在意，為加強人們的防護意識，亮叔製作了一條介紹南京抗疫大小事的視頻《南京抗疫現場》。為了追求真實性，拍攝時同樣沒有台本，一路上能拍到什麼，需要亮叔和節目組隨בי「發現」。他還製作了 YouTube 節目《亮叔 in 南京》，向日本觀眾介紹中國熱門話題，把中國好玩有趣的東西傳達給日本年輕人，「但不知道點擊量多不多，估計有幾百吧。」

沒想到，《南京抗疫現場》在一夜之間登上日本雅虎網站首頁，更受到日本各大電視台轉載，在中國也引起不少反響。其後視頻推出了英文、韓文等不同語言的版本，被各國媒體授權轉載，亮叔成為了「網絡

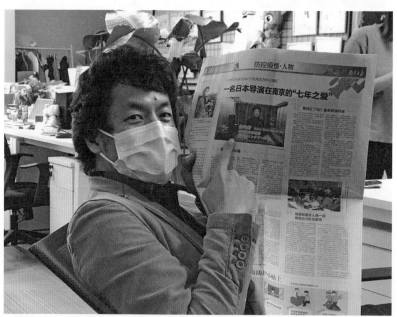

紅人」，在一年裡接受了三百多個媒體採訪。白天回到公司，電視台的人已經等著他了，之後一個訪問接著一個，兩點才吃上午飯，吃了幾口就又有媒體來了，直到晚上才好不容易能喘口氣。

　　攝影師說：「累了啊？每天重複做同一個事情，做好幾遍。」

　　「累了。從前天到現在接受了十幾個媒體的採訪，一直說同一個內

容，但是是很高興的事情。」亮叔說。

他沒有將成功歸功於自己。每次在接受媒體採訪時，他都會說：「我沒想到會在中國這麼火，因為我只是拍了自己的日常生活，對於中國人來講應該只是很普通的事而已。我只是拍了身邊的故事，應該被點讚的是八百五十萬南京人。」

後來，和之夢推出了《好久不見，武漢》，還有二〇二一年的《後疫情時代》，讓全國人民認識了這位來自日本卻心繫中國的導演。如今亮叔的微博粉絲數已經多達四百四十萬了。

「亮叔你這種情況在娛樂圈有一個詞，叫『出道即巔峰』。」和之夢同事笑道。他們覺得突然走紅，亮叔肯定會飄飄然。

「不會膨脹，這個不會的。如果我是二十七八歲的話，肯定膨脹，必須得膨脹。但是現在四十多歲了，還是要考慮公司的事情、公司的發展。」他想的是如何讓更多人認識和之夢的節目，如何拍攝更多好作品，加深中國人和日本人對彼此的了解。

我住在這裡的理由是什麼

曾經一次次「半途而廢」的亮叔，是為什麼一直住在了南京呢？

「第一百集的時候，我說過《我住在這裡的理由》就是我住在這裡的理由，為了做這個節目而在南京。但現在變了，我現在在南京的理由太多了，有朋友、有同事、有公司，還有工作夥伴，還有很多網友，還有家人。這個就是我住在這裡的理由。」

拍攝紀錄片辛苦又不賺錢，和之夢一路走來，幾度資金緊缺，每每都是依靠粉絲的支持渡過難關，讓亮叔和萍姐對粉絲們由衷感激。由於知名度提高了，《我住》得到更多關注，也讓他們十分開心。

有的人會問，《我住》已經拍了兩百多期，還有什麼可以拍的嗎？該結束了吧？

但是對於亮叔來說，「我們不能不拍啊，還有素材啊。就算馬上沒有了，我們也會想辦法繼續做下去，因為我們的初衷就是想把日本文化傳達給中國人，把中國文化傳達給日本人。我們想做這個節目的初衷，

一點兒都沒有變。所以我們到倒閉為止,或者到員工沒了為止,或者到沒有粉絲為止,我們會一直做下去。」

每集最多不超過三十分鐘的紀錄片,看似如日常生活一樣的平淡,卻影響深遠。曾經有粉絲留言,說:「如果以後我成功了,有人問我怎麼開始學的日語,我會說因為我喜歡上了一個叫《我住在這裡的理由》的紀錄片。」

而《我住》只是一個開始,往後還會有更多紀錄片,展現亮叔對中國和日本的觀察,訴說著他對兩國人民的情誼。

萍姐問亮叔:「那第二百集的時候,說一下,我住在這裡的理由是什麼?」

「我住在這裡的理由啊……」亮叔看著萍姐,說:「就是你啊。」

萍姐開心地笑了。

「從我認識他到現在已經十幾年了，他一直都喜歡紀錄片，估計他也會一直喜歡下去，不會變。」

他認準了一個事情，就一定要把它做到極致，不管什麼事情都是這樣。在工作上，他是典型的日本人，特別注重細節、很講究。比如視頻的節奏，他覺得多了一秒，節奏就會完全不一樣，就會要求把多了的一秒剪掉；一些能表現主人公細節的特質，他也會要求一定要加進去。至於在生活上他反而什麼都無所謂，丟三落四，感覺像是兩個人一樣。

但是，不管是工作還是生活，不管遇到什麼人，他都會平等地對待，不會因為對方身份很高他就很卑微，也不會因為對方是普通人就很高傲，他對誰的態度都是一樣的。這一點說起來簡單，可是我覺得，能做到的人應該是不多的。包括我自己，有時候也會對某一類人有先入為主的想法，他好像是沒有的。

他是創作型的人，有什麼想法就想馬上實現，動不動就說：「我有一個想法……我想這樣做。」這時我就會覺得：天啊，又來了！有時我會覺得他的一些想法不切實際、成本太高，或者時機不對，會考慮得多一些，但要是他很堅持，解釋半天也不聽的話，我就會很抓狂。這就像是他一直在往前衝，而我要拽住他。因為如果我不拽著他，我們都往前衝的話，估計公司早就倒閉了。但是要是沒有他的衝勁，可能公司也不會有什麼發展，這也是一種互補吧。

為中國搖滾樂作
出更多貢獻 ——

樂隊鼓手
Hayato

中國讓我變成一個搖滾明星，
我得感謝中國的搖滾樂，
應該多給反饋、得還情。

**Personal
Profile**

住在北京、走遍全中國的樂隊鼓手

家鄉：日本岡山

職業：樂隊鼓手

合作樂隊：新褲子、海龜先生、咖喱 3000 等

性格特質：潔癖

愛好：吃美食、拍攝美食、旅遊、在家裡浪漫地喝紅酒

理想對象類型：接受範圍比較廣，但是性格強勢、完全不

讓步的女性不行

住在這裡的理由：為中國搖滾樂作出更多貢獻

10

吃飯的時候，亮叔問瘦削的 Hayato：「你怎麼保持身材？」

「因為我平時晚上不怎麼吃主食。」Hayato 說。

「沒有運動嗎？」亮叔問。

「運動……」Hayato 做起敲鼓的動作。

打鼓是個體力活，因此就算沒有運動、愛吃美食，Hayato 依然身材精瘦，雙臂有力。微博上甚至還有人留言說：「希望 Hayato 今年能長胖。」

　　二〇一九年的夏天，是屬於樂隊的夏天。內地音樂綜藝節目《樂隊的夏天》自五月底起播出，節目囊括了搖滾、金屬、朋克、民謠等不同音樂風格的三十一支優秀樂隊，以表演的形式參與晉級比賽，角逐「中國樂隊的 HOT5」。隨著節目走紅，參與的樂隊紛紛受到樂迷關注，擁有了更高人氣。其中有一位鼓手，因為同時出現在兩支樂隊：「海龜先生」和「新褲子」裡，知名度隨之暴漲。這位就是來自日本的鼓手 Hayato（木藤隼人）。

　　Hayato 可以說是《我住》中國篇裡人氣最高的主人公之一。雖然作為鼓手，他總是出現在不太會被觀眾注意到的舞台後方，但是只要激烈的鼓聲出現在音樂裡，戴著頭箍、隨著音樂節奏帥氣地甩著及肩頭髮的 Hayato，絕對能吸引你的注意力。

　　憑藉帥氣的長相和高超的打鼓技巧，使他在以前從不聽搖滾的年輕

10 樂隊鼓手　Hayato

人間也很受歡迎，出門總能遇到粉絲興奮地找他合照，人氣很高。亮叔和節目組每每抵達 Hayato 和樂隊的演出場地，都能看到大批女粉絲，令亮叔十分羨慕。

亮叔問她們：「你為什麼喜歡 Hayato？」

女粉絲說：「我覺得他打鼓打得挺好的，而且長得帥啊！」

另一個女粉絲說：「超級愛！我覺得他是一個非常敬業的鼓手。」

她們對著鏡頭大喊：「Hayato 最帥！」「Hayato 超帥！」

為了學中文而來中國

亮叔問 Hayato：「在出演《樂隊的夏天》之後，有什麼改變嗎？」

「最大的改變，是關注度比以前提高了很多。比如說我的微博，在出演前粉絲數大概有三萬人，現在（二〇一九年）的粉絲數已經有十萬八千人左右了。在這一兩個月裡突然增加了。還有，變得經常會在馬路上被人搭話。」現在 Hayato 的微博粉絲人數已經超過三十萬了。

「真好啊，你肯定賺了很多錢吧？」亮叔問。

「公司可能賺了。」Hayato 淡淡地笑笑。

「你的工資是固定的嗎？」亮叔問。

「固定的，所以跟我沒關係。」Hayato 是個跟普通人一樣的「打工仔」。「但是因為演出多了，所以可能⋯⋯（做手升高的動作）。」

「賺的還是多了。」亮叔說，「漲價了嗎？」

「漲了一點點。」Hayato 謙虛地說。

當然，作為一名職業鼓手，帥氣的長相只是錦上添花，Hayato 扎實的打鼓技術才是他立身的根本。他同時擔任幾個樂隊的鼓手，與很多中國樂隊和音樂人合作，面對風格迥異的樂隊也能保持高水平發揮，體現出極高的音樂造詣。

不過，Hayato 一開始並不是為了打鼓而來中國的。在二〇〇〇年左右，十八歲的他聽從舅舅的建議，來中國留學。「因為他覺得我學習特別不好，他說：『以後中國一定會（發展）起來，你要好好學中文，這樣將來有工作機會。不然你在日本不行。』」

亮叔笑了，「可是十八年前其實（中國）還沒發展吧？」

Hayato 點點頭，「但他是做貿易的，所以很早很早就知道中國的發展（前景）。」

他來到北京學習中文，後來在一次表演時，機緣巧合地被紅極一時的瘦人樂隊主唱發掘，邀請他加入樂隊擔任鼓手，Hayato 從此走進了中國的音樂界。由於在中國留學、工作，生活了很長時間，他的中文說得非常流利，甚至比不少中國人還要純正。儘管如此，拍攝期間除非精神很好，不然他很少主動開口，表情也不多，偶爾會勾起嘴角笑笑。但是只要亮叔和其他人提問，他都有問必答，十分坦誠。

跟著「著名美食家」尋找地道美食

這天，Hayato 和海龜先生一起來到貴州省貴陽市參加一個音樂節。正式演出前一天，樂隊先到演出場地綵排。期間亮叔發現了一個有趣的細節：Hayato 會拿膠帶，把兩張疊起來的紙巾貼在鼓面上。

綵排結束後，他問 Hayato：「我不太清楚剛才那個餐巾紙有什麼效果，制音（阻止鼓面震動）嗎？」

「對，制音。」Hayato 一邊收拾鼓棍一邊說：「因為有時候它的聲音特別長，在我不需要聲音那麼長的時候，把它（膠帶）貼上，它（鼓聲）就短了。」原來這是鼓手都會的小技巧。

離開演出場地後，樂隊一行人開始商量晚上吃什麼當地美食。而最後作出決定的，居然是隊裡唯一的外國人。

「可以吃火鍋類的吧，各種火鍋。豆豉火鍋也挺好吃的，雖然臭。」Hayato 積極發言。

「為什麼大家都在問他呢？」亮叔疑惑。

「因為我是著名美食家。」Hayato 笑了。

「而且他可以找到當地最正宗的小吃店。不是旅遊的時候大家會吃的那種，他可以找到本地人愛吃的店。」一旁的經紀人說。

Hayato 熱愛美食，還熱衷於拍攝美食。他的微博大多都是美食照片，而且經常是在深夜時分、大家臨睡前才發佈。Hayato 認為，拍攝美

食是他的主業，業餘時間才是和朋友們一起打鼓玩音樂。

「著名美食家」最後帶大家來到貴陽一家特色的豆豉火鍋店。眾人坐下，Hayato 便自動拿起菜單和筆開始點菜。

亮叔愕然，「啊？你來點嗎？」

Hayato 盯著菜單，點點頭。「我來點。」

其他人都聽他的意見，因為他們相信他「美食家的直覺」。樂隊貝斯手蔣晗說：「我們樂隊就是他一個日本人帶著我們幾個中國人在中國到處吃。」

菜上桌後，Hayato 舉起相機拍拍拍，然後馬上發微博。這一天，他們吃的是湯底紅彤彤、聞起來有股異香的豆豉火鍋，十分重口味。同樣是日本人，Hayato 吃得津津有味，亮叔卻覺得這是「絕對不能吃」的超辣「懲罰」。

晚風徐徐，Hayato 和樂隊的夥伴們在街邊大排檔大吃火鍋，吃到最後，還盛了幾勺融匯所有精華的湯汁澆在白飯上拌著吃。亮叔驚恐地看

著他拌飯，問：「好吃嗎？」

「絕對好吃！煮了這麼多東西。」Hayato 吃了一口飯，滿足地咀嚼著，「太好吃了！」

亮叔嘆道：「你比中國人還中國人。」

酒足飯飽，亮叔問他們，覺得《樂隊的夏天》有沒有給他們的生活帶來什麼變化。蔣晗說：「我們沒什麼變化，但是出去別人對我們有點變化。也會變得忙一些。」

「沒有覺得『我很厲害啊』什麼的？」亮叔問。

蔣晗搖搖頭，「因為我本來就覺得我很厲害。」

Hayato 和亮叔笑了。亮叔指著 Hayato，說：「他剛才也跟我說了，沒有什麼變化，很淡定。」

蔣晗認同，「對啊，因為他也本來就很厲害。」

「對！」Hayato 哈哈大笑，自信地說。

為台上的五十分鐘累積充足的力量

第二天白天，Hayato 又坐車出門了。在車上，他跟亮叔說前一天晚上還在酒店房間的浴缸裡邊喝紅酒邊泡澡，放鬆身心，十分享受。

「每天喝酒嗎？」亮叔問。

「差不多每天，因為我經常失眠。」Hayato 說。

「為什麼失眠？壓力大嗎？」亮叔問。

「壓力可能比較大，主要是工作太密（集）了。」Hayato 說，「節目剛剛結束嘛，會有各種大大小小的商演。」

「這是肯定的，有可能今年是你人生中最忙的一年吧？目前來看。」亮叔笑道。

「對，而且是兩個樂隊。」Hayato 也笑了。

因為新褲子和海龜先生都在《樂隊的夏天》裡取得了很高的人氣，同時兼任兩支樂隊鼓手的 Hayato，工作行程滿滿當當，每天奔波於全國各地，過著「空中飛人」的生活。從他給出的演出時間表可以看到，從九月三十日到十月六日的七天裡，他每天都要到一個新的城市演出，南京、廣州、昆明、桂林、上海……

「這怎麼去啊？」亮叔說。

「一直在路上。」Hayato 笑笑，他已經逐漸適應繁重的工作和緊密的行程，也會忙裡偷閒，抽時間在演出的城市旅遊和品嚐美食，釋放壓力。

這天他一早出門，便是去了青岩古鎮閒逛。他喜歡看有年代感的東西，像是古建築、古城風景。「以前沒有那麼忙的時候，為了吃美食，會特意多留兩天，然後一直吃一直吃。除了音樂，唯一的愛好就是吃，或者旅遊。」

雖然他總說打鼓是副業，但是距離晚上演出還剩兩小時的時候，他回到酒店，認真地為演出做準備——換演出時的服裝：一件大露背背心；佩戴各種裝飾品：鉚釘手環、鉚釘頸圈，頸圈上吊著一條粗鐵鏈。

亮叔開玩笑地說：「狗狗的感覺。」

誰知 Hayato 說：「這是狗用的。這個並不是人用的，是在寵物店買

的。」他以前演出的時候，還曾像小狗一樣蹲著，讓人牽著鐵鏈，後來被經紀人阻止，只好遺憾地放棄了這樣的表演。

換好衣服、梳妝打扮好，Hayato 便和其他人一起前往演出會場。

晚上八點，終於輪到樂隊上台了。當天一共有九首歌，將近五十分鐘的表演，Hayato 打鼓的樣子瀟灑帥氣，讓粉絲們更加瘋狂。連亮叔也在看了一場演出後秒變「迷叔」，不停地說：「真是太帥了！」

「我們究竟能走到哪一步」

因為長相帥氣，他的女性粉絲也是最多的。演出前就一直有人喊：「Hayato 我愛你！」演出後，粉絲們也久久沒有離開，等待樂隊坐旅遊巴離開場地時夾道歡送，樂隊眾人朝他們揮手道別。

亮叔問吉他手黃巍：「你們樂隊最受女生歡迎的人是誰？」

「肯定是 Hayato！」黃巍笑著指向 Hayato，「而且他不光受女生歡迎，還受男生歡迎。」經紀人也在旁邊說：「男女通吃。」黃巍大笑補充：「老少咸宜。」

粉絲們的愛熱情又激烈，眾人回酒店的路上，就有粉絲的車一直追在旅遊巴後面，讓沒見過這種場面的亮叔和攝影師嚇了一跳。

「先去派出所停一下。」開著玩笑的 Hayato，卻在紅燈停車時舉起

與海龜先生成員（左一黃巍、左二李紅旗、右一蔣晗）

手機，向跟車的人示意，然後轉身坐好，喃喃自語：「能看到嗎？」

「你給他們看了什麼？」亮叔問。

Hayato把手機朝向鏡頭，上面是四個大字：注意安全。

「你覺得他看見了嗎？」他還在糾結。

Hayato對粉絲很好，出門遇到粉絲詢問可否合照，總會點頭答應；會擔心跟車的粉絲的安全；在貴陽時，他還約了幾個購買樂隊周邊產品的粉絲，把商品親手交給他們，一一合影留念。

亮叔問：「這樣跟粉絲直接接觸不覺得危險嗎？也不是危險，不會有跟蹤狂之類的嗎？」

「偶爾會碰到感覺比較危險的人⋯⋯」Hayato皺眉想了想，說最可怕的一次，是樂隊明明沒有公開住宿的酒店，他的房間裡卻莫名其妙冒出來了一個人，「大概是一直跟著我，知道了酒店位置，然後跟前台說：『我是某某的朋友。』得到了房卡，進了房間。」

「太嚇人了！這已經是犯罪了吧？」亮叔十分震驚。

不過只要粉絲不做出過分的舉動，相信他仍會繼續和他們交流，畢竟一支支樂隊正是由於粉絲的喜愛和支持，才走到了今天。

「最關鍵的還是能不能持續這個狀態吧，（在）這個熱度過了之後⋯⋯」雖然人氣大漲，但無論是Hayato還是樂隊其他人，都沒有因此而飄飄然，他們感謝粉絲的喜愛，同時十分冷靜，其實是有原因的。

「我以前就聽說過很多樂手們的故事，看著他們一路跌宕起伏；也有到了現在這個歲數的關係，看著現在的人氣，反而只會冷靜地去思考『我們究竟能走到哪一步』這樣的問題。所以，雖然現在會在微博上看見很多『好棒』、『好喜歡你』的留言，也只會一邊思考著不知道一兩年後還是不是這個狀態，一邊回覆留言。」Hayato說，「越是這個時候，越不能得瑟。」

雖然是外國人，也沒有正式加入這些樂隊，但是Hayato和其他音樂人一樣，經歷見證了各個樂隊發展的風風雨雨。十幾年的飄泊，體驗過熱烈追捧，也感受過沉到谷底的滋味，賺了點錢，也曾經窮得吃不上飯。如今將近「四十而不惑」的他，為人處事漸漸變得沉穩。

「彭磊（新褲子樂隊主唱）也在節目裡說過⋯⋯」他歪頭想了想，「是彭磊？還是龐寬？說：『我們要的是留下。』」

對於 Hayato、海龜先生或者新褲子樂隊裡的這些音樂人來說，綜藝節目帶來的熱度不會給他們帶來改變，因為他們經歷了太多起起落落，已經學會處之泰然。

「我追求的是『唯一』，而不是『第一』」

四個小時後，凌晨時分，Hayato 收拾好行李，離開了酒店。他要前往安徽省蕪湖市，參與樂隊新褲子的演出。

「你睡了幾個小時？」坐在車上，亮叔問身旁半夢半醒的 Hayato。

戴著口罩的他迷迷糊糊地說：「快一點的時候睡著了，然後鬧鐘定的三點五十。」

搭車到機場、搭飛機，再搭車前往新的酒店，Hayato 一路上昏睡不醒。他直言，越是接近四十歲，就越會思考整天舟車勞頓、高度繁忙的生活還能過多久。「其實現在已經是一邊覺得很辛苦，一邊堅持。雖然還能撐住，但是很辛苦，不知道能撐到什麼時候。」

密集的演出，對他的體力和精神都是很大的考驗。前一天晚上演出後，他回到後台，還蹲在地上發了一陣呆，才慢慢走回供樂手休息的帳篷。

亮叔（右一）、Hayato（右二）與新褲子樂隊合影

我住在這裡的 N 個理由

令疲憊的他煥發生機的是蕪湖的美食。Hayato 從前一天晚上演出開始前就沒有吃飯，到達蕪湖後，他立刻叫了當地的美食外賣：蒸飯，以及燒賣、豆腐花。他把一個個外賣盒拿出來、打開；飯盒蓋子用來放從膠袋裡拿出來的大燒賣，仔細地排成一行；杯裝的豆腐花插上粗吸管。擺好盤後，還嗦嗦手指嚐嚐味道。

看著滿桌地道美食，亮叔道：「完全是中國人。」

Hayato 習慣幫身邊的人準備吃的，拆飯盒、準備筷子等做得十分熟練，他說：「可能受了家裡的影響吧，我家裡就是⋯⋯喜歡招待客人，尤其是我姥姥，有人來了她就會做各種準備，一會兒問：『你吃這個嗎？』再過一會兒再問別的。」

Hayato 的童年時光大多是和熱情好客的外婆一起度過的，但是因為忙碌演出行程，他已經許久沒有回過日本了。

「我姥姥⋯⋯快差不多了。她一天比一天（衰弱）。我們經常視頻聊天，我能感覺到她每天變得更⋯⋯衰弱的樣子。所以，我每天會想，萬一，明天（姥姥）死了，萬一後天⋯⋯每天會想這些。」Hayato 強作鎮定地跟亮叔訴說著自己對外婆的擔憂。

「你要回去嗎？」亮叔問。

「回不去，因為工作太忙了。」Hayato 說，「也是一種煩惱吧。」

過度疲累的生活，似乎令他這天早上分外感觸，不過一旦抵達演出場地，他就會敬業地為晚上的演出作準備，仔細檢查每一個鼓的情況。這只是他連續工作的其中一天，但是對於當地的粉絲來說，卻是終於能看到偶像的特殊日子。因此，Hayato 絕不允許自己因為私人原因而鬆懈。他在每一場表演都拼盡全力，投入忘我，燃燒所有的激情，將最好的一面展示給觀眾。

「我追求的是『唯一』，而不是『第一』。就是我想給人驚喜，而不僅僅是收到掌聲，想要讓他們感覺看到我就傻掉了。」Hayato 說。

那麼，和他合作的音樂人，對他又有怎樣的評價呢？

海龜先生的主唱李紅旗說，當初邀請 Hayato 成為鼓手，是由於他是他們認識的人裡打得最好的一個，「要找就找最好的嘛。」黃巍很喜

歡學女粉絲那樣尖聲喊著「嗶，Hayato！Hayato 我愛你！」不過他也認真地說：「能跟這樣優秀的樂手一起合作，我非常榮幸。這是實話。我對他評價很高。」蔣晗則裝著一臉不耐煩地嚷嚷：「煩死了！兩個樂隊都是他，到哪兒都能看到他！每次演出排練，回過頭都是他。」

至於 Hayato 在二〇一二年經由朋友介紹而加入的新褲子樂隊，主唱兼吉他手彭磊對他的評價是：「他比較無聊。」

「無聊嗎？」亮叔疑惑。

主唱兼鍵盤手龐寬笑道：「你要是兩年前拍他，肯定特別好。」

彭磊玩笑地補充：「每天都有不同的姑娘。」眾人大笑，彭磊接著說道：「現在不行了，比較老實了，不敢了。」

亮叔曾經問 Hayato：「你打算結婚嗎？」

Hayato 皺眉，搖搖頭，「目前沒有。也不想（結婚）。」大概每一個音樂男神都是一樣，是不需要結婚的。

只有不斷練習，才能做出帥氣的動作

演出結束了，Hayato 回到北京，難得地休息一天。他的休閒活動是：去排練室打鼓。

他帶節目組來到他加入的另一支樂隊：「咖喱 3000」的排練室。不忙的時候，他都會在這裡教學生打鼓。亮叔當然不會錯過學習打鼓的機會。Hayato 從拿鼓棍的方式教起：以拇指、食指捏著鼓棍，其餘三根手虛握著就好，不要整隻手用勁握著鼓棍，這樣打起來就不靈活了。然後開始學敲鼓：重點是踩底鼓的同時帥氣地甩頭髮。可惜的是，雖然是由 Hayato 親自指導，但是笨手笨腳的亮叔還是學不會如何帥氣地打鼓。

亮叔看著 Hayato 邊轉鼓棍邊敲鼓，特別羨慕，想讓他教自己簡單又帥氣的動作。Hayato 想了想，說：「想帥的話，還是得好好練吧。必須得有付出，才能有女粉絲。」舞台上的帥氣都是辛苦練習的汗水造就的。

Hayato 精湛的技藝，和他的家庭背景以及他從小的努力分不開。他

第一次打鼓是在兩歲的時候，「我親爸是鼓手，他也是作為業餘愛好。他跟我媽以前是一個樂隊的，玩樂隊的時候懷了我。」

小時候，Hayato 對學樂器並沒有興趣，在父親強迫下，他更一度非常討厭打鼓。「我九歲、十歲的時候，父母離婚了。我一離開我爸，就各種嘗試放棄（打鼓）。我媽也同意了，可以不學（打鼓）了。」

直到初中，搖滾樂在校園流行起來。當時流行視覺系樂隊，初三的時候，幾個想組樂隊、參加學校表演的同學，找到了 Hayato。「我不知道他們從哪兒聽說我之前打過鼓，他們問：『你能不能幫我們打一場？』我試了一場，那天感覺跟之前被逼著學的時候完全不一樣，特別興奮、特別高興。然後受了刺激，之後就停不下來了。」

一次偶然的登台機會，讓 Hayato 感受到了舞台的魅力，自此愛上了打鼓，下定決心認真學習。現在，曾經放棄打鼓的 Hayato，開始把打鼓的樂趣不斷傳遞給年輕人。

每天只有一碗米飯和醬油

眼看教會亮叔打鼓無望，大方的 Hayato 決定請亮叔去吃他在北京最愛的日本料理。喝了一口啤酒後，和亮叔一樣「啊」地嘆了一聲的 Hayato，這時倒有點日本人的樣子了。

其實本來這天他是有工作安排的，只是臨時取消了。「我一般閒了，反倒特別焦慮，所以這樣（忙碌的生活）挺好。」

亮叔笑道，「因為你曾經窮過。」

「以前在瘦人樂隊的時候，特別窮。最窮最窮的時候，一天只有一碗米飯和醬油。早上先不吃，中午吃一半，晚上再吃一半。」Hayato 說，真正依靠打鼓過日子的，也只有這幾年而已。可能因為當年吃不飽的記憶太深刻，現在的他才會對美食那麼執著。

亮叔笑道：「現在有錢了，發財了。」

「隨便（吃），隨便（吃）。」Hayato 豪爽地說。

「今天請我吧，可以嗎？」亮叔趁機謀求福利。

「沒問題！還用問嗎？隨便（吃）。」Hayato 特別大方。

最後 Hayato 果真一個人去了付款，「我說好的。男人說好的事情必須做到。」

人氣鼓手「一塵不染」的家

吃飽喝足之後，Hayato 帶節目組回到了他在北京的家。只是，想進入他的家門並不容易。節目組要脫鞋，換好拖鞋，才能入內，連帶出去的行李箱，Hayato 都要拿抹布仔細擦乾淨，才能拿進家裡。和他打鼓時給人的狂熱印象不同，回到家裡的 Hayato 是一個「超級潔癖」。

「地氈上最好不要穿拖鞋。」節目組拍攝時，Hayato 忽然客氣地開口，「地氈是最乾淨的，所以我每次都脫鞋。」

於是，正站在地氈上拍攝牆壁上各種與音樂有關的海報和裝飾的攝影師；與正攤坐在深灰色布沙發上，腳踩著地氈的亮叔，忙不迭地脫起鞋來。

差不多每天都要喝紅酒的 Hayato，家裡當然常備紅酒。「每次都一箱一箱的買。夏天的話，我會先放進冰箱裡，就可以喝冰的。」

「那來一杯吧。」亮叔說。

在沒有演出的日子裡，Hayato 最喜歡一個人在屋子裡喝酒，享受難得的片刻清閒。他關上客廳的燈，只開了一盞小射燈，茶几上點起了的

Hayato 邀亮叔在家中喝紅酒

燭火，在音響播放的悠閒音樂聲中，和亮叔一起喝著他最愛的紅酒。

「好浪漫啊。」亮叔感嘆。

「大叔跟大叔的浪漫。」Hayato 笑道。

喝了一口酒，沉醉在醺然氣氛中的亮叔說：「這樣直接就能讓女孩淪陷。」

在迷人的燭光中，Hayato 和亮叔分享了他的夢想，「成為一個在中國搖滾歷史上比較關鍵的人物」。

「不想變成突然出現，火過一陣子，又消失了（的人）。我不希望自己是這樣的人。」縈繞在 Hayato 腦海的，始終是「能否一直留下來」。在他看來，「人最火的時候，你幹什麼都行，有人支持，所以其實這個（人氣大漲）不是特別重要。我年輕的時候，剛去瘦人樂隊的時候，也是這樣的……可以說是迷失了自己。」

因為得意忘形過，他現在才會越發冷靜。那麼，現在對於 Hayato 來說，他住在中國的理由是什麼呢？

「雖然我已經學過語言了，（但是有）不同語系、文化、習慣的人會喜歡你……這種跨界的感覺，我覺得是很浪漫、很厲害的。中國讓我變成一個搖滾明星，我得感謝中國的搖滾樂，應該多給反饋、得還情，所以我還是比較願意為中國的搖滾樂做貢獻，留下更多的東西。」

採訪中

這也是他一直留在中國的意義。

　　身為外國人在中國做音樂本來就不容易，十幾年來，Hayato 和不同樂隊排練磨合，體驗人生的起落，漸漸走出了自己的路，得到音樂夥伴與樂迷的喜愛和佩服。為了自己的夢想、人生的意義、對粉絲的感謝、對家人的思念⋯⋯他滿懷著各種心情，站在舞台上。今天，Hayato 也在用盡全力地打鼓。

「他看起來挺冷漠的，但是真正交流的時候，真的挺平易近人的。」

Hayato 已經完全融入中國社會了，這種人挺少見的。就算像他一樣待了十幾年，但還是沒融入中國社會的人也挺多的，《我住》其他所有的主人公，都沒有像他一樣那麼的融入中國社會，Hayato 的朋友、工作夥伴全是中國人，這讓我很佩服，他很厲害。

我現在基本上也沒有跟日本人交流，工作、生活都是跟中國人在一起，已經沒有「中國人」、「日本人」的概念了，我的概念只是「朋友」、「夥伴」而已，日本人和中國人完全是一樣的。Hayato 估計也是和我一樣的狀態。

他的樂隊在中國非常火，那麼有名，大家都知道，但是他很低調。Hayato 現在在日本。前段時間我打電話跟他聊過，他特別難受，因為工作都在中國，朋友也都在中國，在日本什麼都做不了，他特別希望能夠早日回到中國。

點亮演唱會的精彩 ——

舞台燈光師
早川綾子

雖然我不是日本一流的燈光師，
但我想盡自己的能力，
讓一些沒看過演唱會的人
也能看到一場像樣的演唱會。

Personal
Profile

住在北京、長年在全國各地奔波的舞台燈光師

家鄉：日本東京

職業：舞台演光師

曾合作歌手：李志、趙雷、謝春花等

住在這裡的理由：家人和事業

11

在車上，後座的亮叔和早川一直用普通話交流。

前排早川的同事不禁問：「早川老師，為什麼兩個日本人要用中國話對話？」

「因為這個是中國的節目。」

「對啊，所以有點尷尬啊。」亮叔和早川同時回應。

早川的同事點點頭，一本正經地跟旁邊的同伴說，「那我們用英文說話。」

「OK, yeah... yeah.」

「Yeah... yeah... yeah.」

眾人大笑。

二〇一八年，四川成都，首屆「仙人掌音樂節」現場。

這是一個被不少搖滾樂迷視作「圓夢」的音樂盛事，每年都匯聚了大量搖滾樂隊和音樂人參與表演。節目組拍攝時正值內地著名音樂人朴樹的演出。朴樹演唱了他的代表作之一《平凡之路》。樂迷們熟悉的旋律，伴隨著躍動的燈光，令這首「平凡」的歌變得萬般絢麗，場內氣氛熱烈。

在狂熱的氣氛中，一頭短髮、一身休閒打扮的早川綾子，依舊認真地工作著。她盯著樂譜，聽著場上的音樂，根據不同的曲風和旋律，準確地撥弄身前操控台上的一個個按鍵。隨著她利落的手法，一盞盞燈光在最適合的時機閃亮，場館的氛圍隨之不停變化，令樂迷更加興奮，投入在激昂的演奏中；或讓他們逐漸平靜下來，融入抒情的音樂裡。

這不僅是音樂人的舞台，也是早川綾子，一位來自日本的燈光師的

舞台。一直用燈光活躍演唱會氣氛的她，恍如一位魔法師。

演唱會結束後，在場的觀眾，甚至亮叔，都還沉浸在剛才的精彩演出中，而早川唯一的想法卻是：「演唱會能順利結束真的太好了！」她說：「先回後台吧。」

亮叔失笑，「你好淡定啊。」

早川笑了，「因為這些事每天都做啊……就很平常。」

熱火朝天的音樂節現場，於她而言只是每天重複的工作，她早就習以為常了。

來中國十多年的女性燈光師

早川住在北京，不過為了記錄她的工作與生活，亮叔、冬冬和節目組從南京出發，去四川成都，再前往山東曲阜、萊蕪，最後才到北京。身為舞台燈光師的早川，工作時需要配合不同歌手的演唱會舞台，前往中國各地。在拍攝期間，她便要跟隨內地著名民謠歌手李志，在十九天裡於山東十七個城市巡演。

這是李志「叁叁肆」計劃的一部份——帶著自己的團隊，用十二年，在全國三百三十四個地級市開演唱會，給去不了大城市的人帶來真正的音樂和高質素的現場演出。在「山東站」之前，早川已經跟著李志和團隊走過了中國很多城市。

「我們有好多人……二十……他的樂隊就有十二人，然後還有像我這樣的燈光、VJ師、音響的人員……」早川與亮叔、冬冬等人在山東曲阜的酒店碰面。她說，應節目組要求，沒有整理房間。於是打開房門，偌大的五星級酒店房間裡一片凌亂——電視開著，桌上是兩台筆記本電腦和一堆電線，電腦裡的畫面是燈光控制台，而電視呈現的正是模擬的燈光效果。

眼尖的冬冬卻從一堆雜物裡看到了一包煙，「你抽中南海？厲害厲害。」

早川靦覥地笑了，「這也沒什麼。」她是《我住》裡少數「煙不離手」的女主人公。

「你完全就是中國化了吧？來中國多久啊？」冬冬問。中南海香煙是北京特產，品牌名稱源於其在一九七六年前一直給中南海的國家領導人供應香煙。

「我是二〇〇三年來的。」至今將近二十年了，所以早川的普通話說得頗為流利。「一開始完全沒打算來中國……但在日本感覺特別壓抑嘛，受不了那種有很多規則的（生活）。」

早川高中的時候非常喜歡參加搖滾音樂會，因此對舞台美術很感興趣。然而，要在日本學習舞台美術專業，必須先考入美術大學，可是早川的素描技術「一點希望都沒有」，只能退而求其次，選擇了同樣是舞台幕後工作的燈光專業。畢業後，她投身燈光行業，一做便是八年，期間一直希望成為獨立的演唱會燈光師。但是日本注重論資排輩，理想遲遲未能實現，讓她萌生了去國外闖一闖的想法。

一開始她想去泰國，就在這時，有一個朋友告訴她：「我有一個認識的人在中國做這個行業，你要不要過去看一下？」於是二十七歲的早川來到了中國。不曾想，一見到那位日本前輩，對方就安排她負責一場規模上萬人的演唱會，這還是她第一次獨立負責如此大型的燈光工作。

「我本來想著過來玩的。當時像我這樣的人，在日本絕對不可能做那麼大的演唱會，自己單獨操作的機會絕對是沒有的，我特別緊張。我

11 舞台燈光師　早川綾子

做了一場，之後說：『巡演定了。』接著第二場定了，第三場定了，第四場定了⋯⋯然後我就回不去了。」早川說著說著就笑了。

遇上伯樂，於是千里馬有了舞台

工作認真負責，使早川漸漸在中國的舞台界有了名氣。她給趙雷、陳粒、謝春光等民歌歌手都做過燈光。二〇一五年，李志找她做燈光。兩人第一次見面，李志卻沒有提出任何對於燈光的要求，而是說了一番話，讓早川至今仍然印象深刻。

「他跟我說的是：『你為了做好工作，需要什麼東西？』我說我要的是提前定一下曲目，現場版的音樂也是需要的，歌詞也是需要的，還有樂隊的站位是需要的。他說：『這個沒問題，現在已經有這個習慣每次都給。還有沒有別的？』（我說）沒有。『那好吧，如果有什麼需要你肯定要提前說，我都給你。但是事情做完之後，如果你失敗了，或者出了問題了，也別拿這些找藉口。』就是因為什麼什麼東西沒有，所以做不到，別說這些藉口。我一聽這個，就特別喜歡他，和我的想法特別像。」早川笑道。

此時的早川已經在中國待了十二年，見識過大大小小的演唱會舞台。由於國內普遍沒那麼重視舞台效果，主辦方往往只是看中她的日本人身份，覺得聘請來自國外的燈光師能給演唱會撐門面。李志是為數不

多對她提出了要求的人，讓她十分驚喜。與此同時，早川的敬業精神也深深打動了李志，互相欣賞、志同道合的兩人成為了密切的工作夥伴，早川也跟著李志團隊開始了「叁叁肆」全國巡演。

那麼，普遍的演唱會究竟有多不重視燈光師的角色呢？

在亮叔跟著早川和李志團隊開車前往下一個會場時，早川談起了接受拍攝的原因。「平時我都不喜歡拍照，所以看到你們聯繫我，就猶豫了半天，真的是不想被拍⋯⋯但現在在中國這個行業裡面，很多人都不重視燈光。」

「為什麼呢？」亮叔問。

「為什麼？」早川傾身向前，問坐在前排的團隊成員：「為什麼呢？」

其中一人說：「因為他們這個行業跟另外一個行業一樣，就是音響行業。我們以前會遇到很多演出，他們音響行業會說：『響了嗎？』我們會說：『響了。』『OK，響了就行。』然後燈光那邊會說：『亮了嗎？』『亮了。』『亮了就行。』所以說，他們沒有重視。」

「所以我想的是，首先讓觀眾重視，之後就會對票房有影響，票房上升之後，舉辦方才會重視燈光的問題。」早川認真地說。

燈亮了就行，效果如何無所謂，這是舞台行業的常態。早川想讓更多人認識到舞台燈光的重要，從而讓演唱會主辦方重視舞台藝術，才能令更多觀眾看到精彩的表演，於是一直居於幕後的她，再三思考後，還是接受了拍攝。因此，節目組有幸記錄了她從設計舞台燈光到完成正式公演的整個工作過程。

燈光師的一天

為了盡快趕到下一個城市：萊蕪，早川的午飯只能在高速公路的休息站解決。團隊幾乎每天都在奔波，開車輾轉於各個地方。不過到達目的地後，他們再次住進了當地著名的高級酒店。

「你們住的賓館每次都是這麼好的嗎？」亮叔感嘆。

「對的，這是李志訂的……他說是為了做好工作，要好的環境休息。」早川一邊迅速地整理行李和房間，一邊說。

「我們員工看到的話會罵我。」每次拍攝都帶員工住便宜的快捷酒店的亮叔十分羨慕。

提供最好的住宿條件，是因為團隊的工作時間長、壓力大。在這些沒有專業演唱會場地的小城市裡，每個場館的環境、設備都不一樣，怎樣於有限的時間內隨機應變，以有限的設備打造完美的舞台和最好的燈光效果，向粉絲們展現專業而高質素的表演，對早川來說是非常大的挑戰。

剛把行李放好，她就去了這次演出的會場。由於要仔細檢查燈光設備，她每次都是團隊中最早去現場查看的人。

但是一進入場館，她就嘆了一口氣，「想錯了想錯了，我想的不是這個。」

場館是一個大會堂，就像學校禮堂，或者機構開大型會議的時候會用到的場地，顯然不是舉行演唱會的理想地點。同時，這意味著早川要推翻之前定下的方案。「打擊挺大的。」她喃喃地說，「還要重新做。」

由於之前的演唱會會場在酒店裡面，基本上沒有照明設備，他們便用自帶的器材。但是這次的會場已經安裝了舞台燈光，必須使用場內的

設備，所以早川得重新設計一套燈光方案。面對晴天霹靂般的打擊，她很快振作起來，從供電系統開始，到燈光、地板等細節，一一檢查確認。

　　早川的檢查很仔細，因為舞台上的小細節隨時可能會對燈光效果產生影響。比如這次，她發現舞台的地板太光滑，一旦打了燈，就會反射燈光，難以達至她期望的昏暗的舞台效果。她甚至提出買地毯鋪在舞台上，「但是好像不太現實，已經放棄了。」只能靠調整燈光來解決問題。

　　不過對於跟著早川跑來跑去的亮叔來說，就只有一個發現：「（禮堂）裡面竟然沒有空調，太熱了！」

「我們是安裝（設備的），就不給開。」早川說，「還要待一晚上。」

亮叔驚訝，「真的啊？一晚上都沒有空調的情況下。」

早川點點頭，「對。但這個還好啦，室內嘛。如果是室外演唱會的話，有蚊子有什麼，又下雨又颱風，也是在一個小帳篷裡工作……」艱苦的條件，早就把她鍛練出免疫力了。

她問亮叔：「你是不是被嚇到了？每次遇到這樣的情況，我都會問自己：『為什麼選擇了這樣的工作？』特別是晚上的時候，更加會這樣想，天氣又熱、蚊子又多。」這大概是她對工作唯一的抱怨。

檢查完會場的情況，早川才趕去餐館與李志和團隊匯合。在路上，她好奇地問冬冬：「在中國和在日本做演員，有很多不一樣的地方吧？」

冬冬坦言：「的確有很多不同。如果都要以日本的做法為標準的話，還挺累人的。感覺日本有點太較真了……雖然這樣也挺好的。」

早川笑了，「但是不會變通，很死板。」

她在日本做燈光師的時候，工作的場所雖然小，可是設備更加完善。「有一些日本的燈光團隊來到中國，如果他們想按照在日本的做法來做，肯定會遇到各種各樣的問題。他們不擅長適應新的環境，比如要改掉一直以來的做法。」

在中國工作十多年，早川早就鍛練出應對各種突發情況的強大心臟，面對惡劣的條件仍然十分淡定，盡力做到最好。她對於舞台燈光的要求一絲不苟，使「叁叁肆」全國巡演的舞台一直深受粉絲們喜愛。

來到餐廳，「假南京人」亮叔終於見到有名的南京人李志。早川一坐下，李志就問：「場地還行嗎？」

早川沉默片刻，點點頭，「還行。」

李志了然地說：「那就是不行了。」

「你看了照片嗎？挺正規的（會場）……自己覺得，有點害怕。」早川靦覥地笑了。

舞台魔術師的心願

愛笑、瞇著眼睛笑的時候十分親切的早川，性格果斷、大方、穩

重、乾脆，既能和以男性為主的舞台團隊打成一片，在工作時也有著女性的細緻平和。至於抽煙的時候，又有一份豪爽的氣派，是個強悍的「大姐姐」。

這樣的特質很受如今的女性欣賞，但在「必須和大家做同樣的事情」的日本社會，一點都不「可愛溫柔」的她就顯得格格不入，這也是她離開日本的最大原因。早川記得，初中的時候，朋友們會自己做餅乾，以可愛的包裝袋裝好，互相交換，「看大家天天那樣玩，肯定是有意思嘛，（但）我也做了之後……這有什麼意思，太麻煩了！明明就是外面買的東西好吃！」

那麼，早川覺得什麼有意思呢？

晚飯後，她回到了沒有空調的會場，安裝和調整照明設備。中途抽煙小休的時候，她跟節目組說：「現在看的舞台是這樣的，一點感覺都沒有。但明天關了燈，樂隊上台了，然後給他們燈光，有了觀眾，那和現在的感覺完全不一樣。我特別喜歡那個感覺，一個地方突然間變成了另外一個地方，要結束了，開個場燈，又回到了現實世界，像個魔術似的。」她彷彿在訴說一個最美好的故事。

「魔術師。」冬冬說。

早川點點頭，眼裡光芒閃爍，「魔術，真的是像魔術。」

一支煙的時間過去，「魔術師」回到會場，一直工作到深夜。終於結束工作的時候已經是將近凌晨兩點，亮叔和冬冬早就攤在場館裡的坐椅上睡著了。

回酒店的路上，亮叔感嘆早川的工作特別辛苦，她卻笑著說習慣了。

「每天都這樣子？」亮叔問。

「每天都這樣子。」早川笑道。

「我一天就受不了。」亮叔早就被這奔波勞碌的一天折磨得筋疲力盡。

「從客觀看越來越受不了了，」早川大笑，「主觀就覺得習慣了。我的工作一直是這樣，沒什麼新的感受。（不過）給外人一一解釋自己的工作時（就感覺）越說越難受。」

工作的辛酸是不能提及的，不說的時候，咬咬牙就過去了，一旦跟

人訴說、停下來回想，才發現走過了多麼艱辛的路。可是早川並沒有過多抱怨，因為她心中有更遠大的追求。

在她看來，根據不同的場地和設備設計燈光，「就好像是突然讓你去陌生人的家裡，打開冰箱，用裡面剩下的食材，做一整套系列菜出來一樣。」

亮叔笑道，「這個比喻真好。」

「而且要在很短的時間內，做出一百個人分量的菜，而廚房裡都是一些家庭用的廚具，只有一些小的平底鍋之類的，所以現在我只能捨棄一些細節。我現在考慮的是，讓這套『系列菜』看起來像點樣兒。」現在的她，只想在有限的情況下努力做出讓觀眾們感動的燈光表演。

「雖然我不是日本一流水平的燈光師，但我想盡自己的能力，讓一些沒看過演唱會的人也能看到一場像樣的演唱會……如果有的人的眼光很高，可以去日本看一下，在日本有很多很厲害的燈光師。（現在我做的）算是一個『入門篇』吧，我們拚命為粉絲準備一個『入門篇』。」

「這種想法真的很棒。」亮叔說。

為了萬無一失而付出加倍努力

第二天，演唱會將在晚上開始，早川又是早早來到場館工作。在一天之內，她利用場地的燈光和團隊自帶的燈光，在這個本來用作開會的會場做了一個演唱會級別的專業燈光系統。

節目組來到時，會場外面已經有不少粉絲排隊等候晚上進場。而這時的早川，還站在會場中央的控制台前，一遍遍地操控燈光，作最後彩排，模擬演唱會期間的燈光效果。

「一直在工作，一直保持這個姿勢沒有變過。」她笑道。

亮叔驚訝，「一直？你不熱嗎？」

「非常熱！我都赤腳工作了。」眾人低頭，看到早川光著腳，「熱得無法忍受。」

看著她不斷調整燈光，彷彿在心裡奏著演唱會的曲目，亮叔問：「現在你的腦子裡一直在放要演奏的歌嗎？要把他們的歌全都記住嗎？」

「也沒記住。」早川有一本寫滿了筆記的歌詞單，「就是他的音樂在哪裡變化，一邊看一邊做（燈光效果）。」

很多燈光師為了方便，會根據現場音樂即興操控燈光。早川則選擇事先做好全部燈光程序，以求在現場能百分之百配合音樂人的演出。這大大加重了她的工作量。比如為了這場演出，她就要製作超過五百種燈光程序，花費大量時間。

冬冬戰戰兢兢地提出了疑問：「我不太了解，也許按專業的角度來看，能一眼看出來，但是一般普通觀眾看的話，（提前準備或即興發揮的分別）應該不會那麼的明顯吧？」

早川卻不這樣想，「我覺得肯定能感覺到的。如果是推錯了那零點五秒、半秒，那感覺就挺（難受的），自己的感覺就不僅僅是半秒，『完了！』的感覺會特別強。李志的歌特別快（她邊說邊示範燈光狂閃），然後突然停（這時大部份燈光熄滅），要是（音樂停下來）燈光還在閃，就時間來說的話，可能多閃了半秒或一秒，但那個氣氛實在是讓人受不了！感覺這樣的話自己要腿軟了。」早川做著腿軟難受的動作，笑著解釋道。

為了避免打斷演唱會節奏和氣氛的尷尬局面出現，她選擇每次提前做好準備，寧願多花時間，也要確保萬無一失。

就這樣，等她做好全部準備工作，離觀眾進場只剩下二十分鐘了。場內做準備的工作人員裡，只剩下她一人。

開場前，她想找個地方抽根煙，休息一下，卻遇到了同樣是工作人員的「粉絲」找她合照。

那是負責會場顯示屏的工作人員，他說：「崇拜早川老師您很長時間了，早川老師做的燈光的確是很有意境。我看她的那個南京跨年演唱會的燈光，做得非常非常好……和整個音樂的意境、契合度是不一樣的。因為國內現在很多視覺燈光的衝擊感非常強，但是和音樂的整體匹配會差點。」

「我覺得她蠻屬害的，」亮叔也說，「在沒有做過演唱會的會場，一個完全是為了開會的會場……現在變成了很好的演唱會會場，魔術

師嘛！」

早川不好意思地笑了，謙虛地說：「還是感謝李志吧，他不帶那麼多器材的話，這裡就還是一個會議的場地嘛。」

無論如何，她默默付出的努力，還是被人看在眼裡，讓人由衷崇敬。

「認認真真地工作，對得起自己的良心」

又是一支煙的時間過去，她來到後台，準備晚上的正式演出。至於晚飯？一盒外賣炒飯足矣。

「太慘了！」亮叔嘆道。

「沒有慘啊，這不挺好的嗎？」早川十分知足。雖然她的工作能走遍全中國，但是對她來說，只有搭車、工作、在酒店休息、工作的過程，沒有閒逛的時間，唯一的不同就是盒飯的味道。「辣一點的呢，是來了四川，甜一點的呢，是來了南方，不給我米飯給我饅頭，這又是什麼地方，只有這樣的差別。」

晚上，演唱會正式開始。會場內人山人海，在後台的早川，配合著樂隊每一首歌的節奏與旋律，施展她的「燈光魔術」。

演唱會尾聲，舞台上投影著參與演唱會的工作人員的名字。李志在台上作最後答謝：「我們多數人來自南京，還有一些來自上海、來自北京，包括我們的燈光師早川綾子，她來自日本，所以我們是一個來自各地的團隊。我們第一次來萊蕪，不知道你們喜歡什麼，我一直跟我們的樂隊說，我們只要把自己的工作做好，認認真真地工作，對得起自己的良心，其他的，說實話，我也無能為力。謝謝你們！」

早川在李志提到自己時，便默默抹起了眼淚。李志說到最後，台下眾人歡呼，掌聲雷動，早川卻抽了一張紙巾，把頭埋進雙手裡，無聲地大哭起來。

演唱會圓滿落幕，結束一天工作的早川點燃了煙，朝鏡頭笑笑，又扭開頭，抽起煙來，平復著一時激動的心情。

一直旁觀的冬冬低聲說道：「花了一天多的時間準備，這樣就結束了。」

後來冬冬問她：「很喜歡工作是嗎？」

「對，我喜歡工作。」早川沒有半點猶豫，「因為沒有這個的話，我沒有別的特點。我也沒有什麼能做的事情，如果不做燈光、不工作的話，那我（好像連）當媽媽也沒有資格，沒有明確的地位。但工作能給我一個（位置），『我是燈光師』，我可以這樣說嘛⋯⋯如果沒有工作的話，就有點太害怕了，沒有安全感，連我是誰都不知道了。」

工作帶給她踏實生活的自信心，燈光師的身份讓她在社會上立足。當她找到了工作的意義，人生也因此變得圓滿。

時隔兩個月的團聚

工作結束，早川終於在兩個月後再次和家人團聚。因為工作的關係，她經常要到外地出差，和家人聚少離多。難得回家，早川的丈夫張勇和兒子張煜曦提前一個半小時就來到了北京機場迎接。張煜曦一見到媽媽，就緊緊拉著她的手，兩人用日語嘰嘰喳喳說著話；張勇接過她的行李，一直陪伴在側。這時的早川，流露出充滿柔情的一面。

亮叔說：「你老公好年輕喔。」

張勇比早川小十二歲，樣子顯得很年輕。早川看了看丈夫，說：「看起來年輕，但裡面是老爺爺，比我老。」

早川和張勇在六年前結婚，後來她懷孕了，為了不給周圍的人添麻煩，加上工作環境和日常生活中很少認識懷孕的女性，結果她直到孩子快出生了還堅持工作。

「當時我不跟別人說我懷孕了，不想讓大家知道……當時都沒想到，有這樣的『東西』出來。」坐車回家時，張勇抱著兒子，早川挨著兩父子，握著兒子的手，笑著說道。

張勇補充，「（懷孕）八九個月還爬那麼高的架子。」

如今，他們在北京郊區租房，和張勇的媽媽住在一起。

早川與丈夫和兒子在一起

燈光師住的房子是怎樣的呢？是不是特別講究燈光？早川的家就跟普通的中國家庭一樣，客廳裡有很多孩子的玩具、日用品，牆上貼滿了小孩子的作業、圖畫，窗邊掛著衣服，不凌亂，反而很有家庭氣氛。然後節目組往上看，天花板上有一個平平無奇、沒有任何花紋的圓形燈罩，十分樸實。

「我心疼啊！孩子太累了。」

張勇的媽媽一直默默支持忙碌的夫妻倆，自己獨立承擔照顧孫子的任務。亮叔問她累不累，她說：「還行，也不累。雖然忙活點，但是挺開心的，還是開心的時候多。」

張媽媽完全不在意早川忙於工作，也不介意要一個人照顧孫子，讓亮叔覺得很難理解。在日本，無論是多麼優秀的女性，只要結了婚、生了孩子，大多只能選擇回歸家庭，就算還能繼續工作，也不可能像早川這樣一出差就是兩個月。亮叔問張媽媽對於兒媳婦忙於工作、無法照顧家庭的看法。誰知道張媽媽的反應出乎了所有人的意料。

「我心疼啊！一看到她整天說（要忙），我都感覺要流淚，我一點沒有幫上忙。」笑著笑著，張媽媽眼中隱隱有了淚光。

「你幫了很多很多忙啊。」亮叔說。這時，孫子張煜曦指著奶奶的臉，說：「你哭了！」

早川忙說：「沒有你，我沒法工作嘛。」

張媽媽帶著哭腔說，「孩子（早川）太累了。」

早川笑著按了按婆婆的肩安慰她，張煜曦仍在一旁天真地喊：「奶奶都哭了！這麼開心你怎麼哭了？」

張媽媽道：「奶奶激動呀。」

「對呀，媽怎麼哭了呢？」早川一邊笑著安慰：「哎呀別哭了。」一邊抽紙巾遞給張媽媽。

張媽媽平復心情後，說：「我感覺就像我自己的女兒一樣，我也沒有女兒，就這一個兒子，我倆（和早川）相處得特別好。」

早川說：「如果是我在日本，想這樣工作，肯定有很多人罵我的，

也沒有人支持我。」

「你看接孩子的時候，有好幾個都是日本人，人家在家都不幹活，穿得漂漂亮亮的。我這媳婦也不打扮，一天光忙著工作，累的……」張媽媽心疼地說著，早川聽得大笑起來。

亮叔問坐在兩人中間、一直沉默的張勇，「那你呢？你覺得像她這種工作很忙的老婆怎麼樣？」

張勇想了想，笑道：「那種天天在家，每次出門都要化一個小時妝的那種，我肯定是受不了的。」

回到家的早川，卸下了「女強人」的氣場，和兒子在床上玩鬧時，臉上洋溢的是工作時沒有的、溫暖柔和的、屬於母親的笑容。

拍攝結束，早川一家在門口送別節目組。在張煜曦催著早川陪他玩的叫聲中，亮叔問她最後一個問題：「你住在這裡的理由是什麼？」

早川想了想，「因為他們，是他們。」她笑了，丈夫和婆婆也看著她微笑，「家人啊！」

「所以以後也（一直）待下去？」亮叔問。

早川點點頭，兒子在一旁拉著媽媽：「快，走啊，去玩。」

亮叔無奈笑道：「好吧，你去吧去吧，跟媽媽一起去玩吧。」

在節目組看來，早川是真正的女強人——為了告訴更多觀眾舞台燈光的重要，不喜歡鏡頭的她接受了採訪；為了獲得社會的尊重，投身比平常人要付出更多努力的工作，甚至因此犧牲了陪伴家人的時間。她曾多次表示自己不是一位合格的母親，然而，她向人們展現了現代母親能帶給孩子的另一種力量：如何獨立自主地開創自己的事業，認真地對待工作，成為一個優秀的人，為更美好的未來作出貢獻。

「她沒有生活。 我拍她的時候， 她一直在工作， 天天工作、 天天出差。 」

她是非常典型的工作狂吧， 雖然有孩子， 但是不像個媽媽。 像她這樣的日本女性特別少， 可能在中國也不算很多。 我能理解她的想法， 日本的女性燈光師發展空間真的很小， 而且燈光行業差不多都是由大公司負責， 所以她現在肯定很高興， 她想做燈光嘛。 她在中國， 發現有很多發展空間， 很開放， 有很多機會， 中國人也不會對女性燈光師有什麼偏見。 （在當年拍攝時， 亮叔也曾表示， 很想讓更多日本人看到早川的故事， 令他們能漸漸改變女性在婚後只能在家裡做主婦的想法。 ）

她是完美融入到中國社會的人， 不過她的工作方式非常像日本人： 一輩子做一件事， 每一個細節都很講究， 非常負責任， 具有匠人精神。 每一場演出， 她都是第一個到演出場地， 然後把所有細節都準備好， 最後一個回去。 估計她的演出很少失敗或者出現突發情況， 因為她已經把所有的 「萬一」 都準備好了。 日本人的性格就是會把所有可能的情況都提前想好， 做好準備， 發生什麼突發情況都能應對， 我很佩服她這樣的精神。

追逐夢想 ——

演員
美濃輪泰史

不是因為我是日本人，
而是因為我是美濃輪
才選擇我，這就是我
所指的「成功」。

**Personal
Profile**

住在北京（片場）的演員

家鄉：日本千葉縣

職業：演員

參與影視作品：《陳真：精武風雲》、《金陵十三釵》、《一
代宗師》、《冰封俠：時空行者》、《香港大營救》、《四十九
日・祭》、《八佰》等。

特長：演繹三種截然不同的死亡方式

住在這裡的理由：為了追逐夢想

12

美濃輪好不容易才結束一天的工作。亮叔問：「你今天累了吧？」

「是累了，一大早就開始工作了。」美濃輪說，「我昨晚都沒怎麼睡著，太興奮了。」

「因為《我住》來了？」亮叔問。

「對，夢想實現了！」美濃輪笑道，「昨晚只睡了一個小時左右。兩點睡的，結果三點就醒了。那之後就沒怎麼睡著了。」

「我們的拍攝比拍電影還緊張是吧？」亮叔問。

「很緊張。」美濃輪說。哪怕是演員，要面對《我住》的鏡頭，展現真實的一面，仍會感到無措。

在見到主人公之前，亮叔跟攝影師聊了起來，「我最近收到了一個邀請，參加演『日本鬼子』的演員工作。」

「你接受了嗎？」攝影師問。

「我拒絕了，因為我不想做。」亮叔直言，「我不太喜歡演『日本鬼子』的日本演員。不太贊同吧，日本演員演『日本鬼子』。我不了解，所以我覺得應該要了解。」

身為日本人，卻總能在銀幕上看到自己的同胞飾演大反派，相信誰都會先入為主地覺得反感。亮叔無法理解他們的選擇，在他看來，這些日本演員飾演的都是壞人，會讓人們對日本人的印象越來越差。但是他認為，自己不應該抱有偏見，於是帶著節目組來到浙江省寧波市象山縣，尋找一位經常在影視作品中飾演「日本鬼子」的日本演員。象山有中國十大影視城之一的象山影視城，而一位來自日本的演員美濃輪泰

我住在這裡的 N 個理由

史，正在此處拍攝。

專業「日本軍人」的演藝經歷

美濃輪晚上十點才結束前一個劇組的拍攝，與節目組見面。他是《我住》的粉絲，於是一看到鏡頭，就一本正經地說：「我住在這裡的理由是……」

「不要說不要說，這是最後的環節！」亮叔急忙阻止，以免節目還沒開始便要「強行結束」。

據說美濃輪是至今為止唯一一位亮叔無法控制的主人公，當演員的他對鏡頭毫不畏懼，經常直視鏡頭，做出各種「搞笑」的古怪動作。走在路上，他會突然說：「有點不知道明天該怎麼辦。要不我……模仿一下北野武吧。」說著就聳起肩膀來。

亮叔大笑，「中國觀眾不知道這個啦……好奇怪的人。」

這類令人摸不著頭腦的「即興劇場」不時出現。不過正常的時候，看到留著短鬚、一身英氣的美濃輪，人們或者會有「我好像在哪兒見過這個人」的感覺。因為他參演了不少著名影視作品，儘管飾演的大多是台詞不多、一臉兇相的日本軍人，比如：《金陵十三釵》裡在教堂前唱

美濃輪泰史

《故鄉》的日本軍人，還有《一代宗師》、《陳真：精武風雲》、《南京！南京！》等。他以前曾在媒體訪問中提及，自己演了三十六次日本軍人，現在這個數字大概早就超過四十了。

拍攝時是二〇二〇年，電影《八佰》上映不久，亮叔隨口一問：「《八佰》你看了嗎？」

「我看過《八佰》。我有參演的。」美濃輪說。

亮叔驚訝：「欸？你也在嗎？」轉向攝影師：「他上了《八佰》！」

「只有一個鏡頭，一秒鐘，就這樣喊了一句：『殺了我吧！』所以（電影）最後面有我的名字。」美濃輪一頓，又說：「但是名字錯了。美濃輪泰史的『泰』被寫成了『太』。名字被寫錯了就算了，本來還有一個我被開槍打死的鏡頭，被剪掉了。太可惜了。」

但當時他沒有說的是，在拍攝這個後來只剩下一秒的被槍斃鏡頭時，他為了在以頭倒地的時候達到最好效果，明明可以扭頭側臉，減少腦袋撞地的衝擊力，卻硬生生地和水泥地面來了個「親密接觸」，結果直接被送往醫院縫針，可以說是非常敬業了。

亮叔又問：「沒有演過好人嗎？」

「有演過，可是都沒有通過審核。」

亮叔毫不留情地大笑，美濃輪道：「他們說：『才沒有這樣的日本人呢！』我演了很多好人，加入八路軍的日本人也演過。」但最後都被「唰唰唰」地剪掉了。

亮叔不放棄地追問：「在播出來的影片裡面，一次好人都沒演過嗎？」

美濃輪想了想，「有嗎？好像沒有吧。也有可能是我不記得了。」畢竟大部份時間裡他都在演壞人，已經是「專業反派」了。

「死過……五十多次吧」

第二天，當節目組見到美濃輪時，就知道他前一天隨口說的「有點不知道明天該怎麼辦」並不是開啟小劇場的即興對白，而是認真的煩惱。這天的他，戴了一個梳了衝天辮的光頭頭套。

亮叔十分愕然，「你這樣若無其事地戴著這個頭套……我都不知道

該作出什麼反應。這是你今天要扮演的角色嗎？」

「不是的，我就是想戴著玩玩而已……為了《我住》的觀眾而戴的。」美濃輪笑道。

他們走去片場，途中，美濃輪成功憑藉奇特的裝扮嚇跑了一個坐在家門口曬太陽的老婆婆，讓眾人哭笑不得。大概演員的天性就是追逐鏡頭，古靈精怪的美濃輪令拍攝過程充滿了樂趣。亮叔感嘆：「不愧是演員，有攝像機在拍就想做點什麼。」

美濃輪笑了，「我還以為只有我是這樣的。我覺得只有我會幹這些傻事。」然後又突然變臉，「『只要有精氣神就沒有辦不到的事。預備！一、二、三……』」

亮叔嚷著沒人看得懂他在演什麼，美濃輪就對鏡頭說：「你們學習一點，了解以後，你們就可以搞笑一點。」

不過，抵達位於荒山野嶺的片場後，美濃輪在一個小小的帳篷裡換好戲服，一出來，就立刻進入拍攝狀態，成了另一個人。

他換的是一身軍服，被亮叔取笑「這就是『日本鬼子』」。美濃輪習以為常：「老樣子，一直都是這身打扮。」

攝影師問：「穿過幾次啊？這種衣服？」

「一百次。」美濃輪說。

「死過幾次？」攝影師又問。

「死過……五十多次吧。」美濃輪大笑。

正在拍攝中的美濃輪

然而，這次拍攝的是奇幻網絡劇，不是一成不變的抗日劇，所以美濃輪特別珍惜。在劇中，他飾演一名探險家，這天要拍的是他陪同兩位主角在山裡尋寶的戲份。他們翻山越嶺，最後在山頂看到遠方的寶藏。

　　情節並不複雜，但是由於各種拍攝原因，像是等待最佳的光線、忘了台詞、不同拍攝角度……同一場戲要反反覆覆拍攝三四十次，同一句台詞得來來回回嘶吼無數遍，連在一旁圍觀的亮叔都會背了，深感拍攝「真的是體力活啊」。

突如其來的工作機會

　　中午，亮叔有幸在劇組免費吃了一頓午飯。他和美濃輪坐在地上，邊吃飯邊聊天。

　　「你不想在辦公室吹著空調工作嗎？」亮叔問。

　　「我以前做過那種工作，但是覺得很無聊。」在二〇一四至二〇一八年間，美濃輪一度嘗試在東京尋找新出路，期間除非有拍攝才來中國。「其實我原本也挺想在日本挑戰一下的，也進了經紀公司，不過一年一次試鏡機會都沒有。我問他們原因，他們說：『你年紀也不小了，已經沒有機會了。』當時我就想，那你這個經紀人是要來幹嘛的？就覺得『那你是靠什麼吃飯的？』『能不能好好工作啊？』」美濃輪無奈笑笑，笑意卻到不了眼底。

　　「你當時怎麼回他們的？」亮叔問。

　　「當時就覺得：『啊這樣啊，知道了。』也沒說啥，最後從那裡辭了，覺得在那裡待著也無濟於事。」

　　演員是吃「青春飯」的工作，哪怕是聞名全球的巨星，隨著年齡增長，在鏡頭前曝光的機會也會越來越少。直到二〇二〇年，因為新冠肺炎疫情影響，留在中國美濃輪反而得到了很多工作機會。

　　「因為疫情，現在日本人很少，大家都回去了，估計留在中國的只有我了。其實本來是有很多候選人的，然後大家發現：『哦，美濃輪不是還在嗎？』『啊，他在他在。』『他不就是日本人嗎？而且也出演了一些作品，就他了吧？』於是很多邀請就集中在我這裡了。」就連現在拍

攝的網劇，劇組的首選原本也不是他，只是想邀請的藝人正在日本，機緣巧合之下，才輪到他出演。

「我大概是第十候補吧？我名字在很後面的，突然就衝到第一了。要是賽馬（來比喻）的話，就是意外贏得一大筆錢的感覺。」美濃輪興奮地說。

「簡直就是『顛峰』。」亮叔這樣評價，讓美濃輪更高興了。

「現在就是我的『顛峰』，現在是『美濃輪的時代』了。」

亮叔直言：「時代並沒有選擇你哦。」美濃輪卻不理會，反覆強調自己的時代來了。

美濃輪的時代是否來了尚未可知，但他明顯忙碌了起來。這天直到晚上，他才能好好吃頓飯。象山近海，街上隨處可見海鮮攤檔，眾人便來到一家海鮮大排檔大快朵頤。

「你這次賺了多少錢？」亮叔邊吃邊問。

「這次差不多是………（大概是普通上班族的年收入）。經紀人拿了百分之三十。」美濃輪說。

亮叔疑惑，「拍攝現場沒看見你的經紀人啊。」

「拍攝現場他不去的，他在北京。」比起不用做什麼就能賺錢的經紀人，「演員不賺錢的，我就是窮人啊。我一年就一個工作而已，比起來上班族掙得更多呢。」他更奉勸觀眾不要考慮以演員為職業，「演員不容易啊。」

「假設有一萬個演員的話，裡面有幾個人會成功呢？」亮叔問。

「一兩個人吧。」美濃輪說，「因為是金字塔的狀態，在底層的人養不活自己，一線演員的話就可以。只能靠運氣了，就像買彩票一樣。」

只要堅持，就能進步

美濃輪的運氣是好還是不好呢？可能他也說不出所以然。雖然現在他有戲可拍，能養活自己，但是他最初的夢想，其實是成為一名武打演員。

中學時代看了成龍的電影，他十分欣賞電影裡誇張而富喜劇效果的

動作，一直憧憬著成為像成龍一樣的動作片演員。二〇〇六年，才二十歲出頭的他，懷揣著夢想，來到了動作電影聖地——香港，後來有機會參與拍攝由劉偉強執導，甄子丹、黃秋生、舒淇等人參演的《陳真：精武風雲》。這是美濃輪第一次參演華語電影。

「我飾演的是一個日本軍人，一句台詞都沒有。」美濃輪說，「因為那是我第一次拍電影，所以有點飄（飄然），我跑去跟導演說：『怎麼我一句台詞都沒有？拜託，我可是想來當武打明星的啊！』那時候我二十六歲。」

亮叔笑道：「太厲害了吧！在大明星面前說這種話。」

「然後我每天都被罵。因為演得不好，完全沒演技。」冷冰冰的現實讓一心大展鴻圖的他志氣消沉，他忍不住向武術指導谷垣健治傾訴。「他被譽為甄子丹的左膀右臂，非常有名，我非常崇拜他。最後那天我跟他說：『我每天都被罵，做什麼都不行，是不是不適合這份工作啊？』」

谷垣健治是這樣回應的：「適不適合不重要，重要的是你是不是真的喜歡這份工作。技術這種東西，只要堅持十年，誰都能掌握，所以要看你的決心。有幹勁的話，就不要管什麼合不合適之類的。」

這番話令美濃輪醍醐灌頂，受益良多，「從他跟我說這些，到現在剛好是十年。」

亮叔聽罷，問道：「也就是說，你不當演員了，就說明你已經不喜歡這份工作了？」

「我覺得是的，應該就是我對演員這份工作完全沒興趣的時候。」美濃輪說。

三種不同的「死亡方式」

顯然，美濃輪至今仍對演員這份工作很感興趣。而十年過去，不管演技如何，至少他在某一項戲劇領域表現得十分出色：展現死亡時的模樣。

片場的倉庫裡，全是水泥建材，髒亂不堪。隨便找個地方坐下，美濃輪便開始展示他的演技：被一槍打中，順勢倒地，漸漸失去生氣；再一槍，掙扎著倒地，死不瞑目；又一槍，瞬間倒地死亡。行雲流水般的「死亡」演繹，讓亮叔大讚：「好厲害、太厲害了！」

美濃輪總結了三種「死亡方式」：漸漸死去、掙扎著死掉、瞬間死亡，「死法」完全不一樣，卻都「死」得逼真自然。「死了」三次後，美濃輪的頭上、衣服上沾滿了水泥灰，他卻毫不在意。

「為什麼有這麼多種『死法』的表演呢？是根據鏡頭的長度來變化嗎？」亮叔好奇。

「是的，另外也會根據導演在現場的要求來演，比如『看起來更痛一些』，或者『不要死那麼快』之類的。」專業的演繹，是要連死去的瞬間也認真看待，仔細考究。

豐富的「死亡」經驗，是從一次次扮演日本軍人的過程中累積的。明明夢想成為武打演員的他，為什麼一而再、再而三，穿上了「日本鬼子」的軍裝呢？

「最初的時候其實我是不想演的，但是他們跟我說，我能演的只有這個角色。」美濃輪出演的第一部抗日影視作品，便是飾演窮兇極惡的日本軍人。「當時我也沒什麼錢了，畢竟還要生活，所以就接受了。」

「最多的時候能拿到多少錢？」亮叔問。

「多的時候，兩個月有二十萬元人民幣左右，一個月就有十萬元了。」美濃輪說。

這類角色的高收入令亮叔震驚，「這就厲害了！在日本的話不可能拿這麼多的，應該連十分之一都沒有吧。」

「我覺得肯定沒有，一天應該也就一千多塊（人民幣）吧。」美濃輪在日本的朋友知道他的收入後都很驚訝。

「這樣的話⋯⋯」亮叔笑了，「確實有點難以拒絕啊。」

美濃輪也笑了，「看到這個片酬，應該都會心動的吧。」

拿著超高薪水，做的卻是沒有什麼技術含量的工作：只要會說日語就夠了，演技不重要。

「導演會問：『你說了嗎？』『說了。』『台詞沒錯嗎？』『沒錯。』整個攝影過程非常迅速，很快就結束了。感覺自己的經驗並沒有增加，到手的錢倒是增加了，存款變多了而已。作為一個演員來說，其實什麼都沒有學到。」

美濃輪甚至自比成人電影（AV）演員，「雖然我也不確定⋯⋯我覺得其實從心底裡想要成為 AV 演員的人，應該不多，更多的人還是因為工資高才去演的。畢竟與此同時要承擔的風險也很多，總歸來講，有社會上的偏見⋯⋯」

「視頻也會一直留下來。」亮叔補充。

「是的，會留一輩子。從這個角度來看，兩者（演 AV 和演『日本鬼子』）並沒有什麼區別。」美濃輪頓了頓，說：「我剛才這個比喻還挺好的吧？」

亮叔說：「真的，不同的是 AV 演員只需要脫就好了，不需要演技，總之先脫衣服就可以了。」

「我是相反，只需要穿上日本軍裝就好。」美濃輪淡淡的笑容背後，卻是內心夢想遭遇殘酷現實後的無奈妥協。

無法拒絕的角色

美濃輪在拍戲時認識了同樣飾演日本軍人的齋藤卓也，兩人成為好友。齋藤在中國的時間更長，已經二十三年了，現在因為體型太壯實，沒辦法再演這類角色。「我的目標是以後當一個中國的喜劇演員。我從小就喜歡模仿各種明星，還有各種人物、各種方言。」

齋藤是一位語言通，不同地方的方言說得維妙維肖；就像美濃輪一樣，他在演繹武打巨星李小龍和成龍的動作時，也分外神似。不過，無論是想成為動作片明星的美濃輪，還是想當喜劇演員的齋藤，來到中國後，都踏上了飾演日本軍人的路。

「你們演日本軍人的時候，有什麼樣的感受？」亮叔問。

「應該說是想開了，演這種角色還是比較特殊的，（想法）和一般的演員不太一樣。」美濃輪說。不一樣的地方在於，其他演員還有選擇的餘地，但「我們不能演其他的角色，演『鬼子』的話就一直都是『鬼子』，其他演員可以演現代戲、古裝戲、喜劇什麼的。」

和眾多在中國的日本演員一樣，儘管他們的中文已經說得不錯，但差不多只有這類日本軍人的角色才會對他們開綠燈。一旦為了留下來繼續演戲、為了生活，接受了這份誘人的工作，就會一直演下去，之後收入漸豐、戲路逐漸固定，就更難摘掉「日本鬼子演員」的標籤，彷彿是逃不了的循環。

可是這類角色代表的是兇殘暴戾，只要一出場，誰都知道是反派。

就算是專門飾演「日本鬼子」的中國演員，也沒那麼心甘情願，更遑論是日本演員了。美濃輪便曾分享，在拍攝某一套戲時，同場飾演女學生的女孩子們，被他們嚇得在拍攝結束後仍然害怕不已。大概在演戲的同時，他的內心感受也很複雜。

亮叔問他們：「你會有拒絕的時候嗎？比如說，讓你們演特別壞的角色，沒有想法，就是惡人。」

可他們卻說：「從來沒有拒絕過，什麼角色都演。」

作為演員，只要有演戲的機會就會爭取，增加曝光率。美濃輪是這樣想的：「證據就在那裡，會一直留在那裡，畢竟已經拍了的戲是刪不掉的，就看你有沒有這個覺悟了。畢竟演不演都是自己選擇的，自己也該有相應的覺悟。如果只是半吊子的態度的話，那還是不要演比較好。」

有這樣的覺悟，大概是由於他也曾經掙扎過、放棄過。美濃輪給亮叔看自己拍攝《四十九日・祭》的片段，即使是普通觀眾，也能發現和他同場的另一位飾演日本軍人的演員表現生動自然，十分出色，大部份時候連鏡頭都朝著那人拍攝。美濃輪與他相比，表情動作都僵硬得多。

美濃輪將他作出兇惡表情的鏡頭定格，亮叔問：「這個鏡頭怎麼樣？」

「完全不行！一點感情也沒有，只是做了一個這樣的表情而已。」美濃輪對自己演技的點評可謂一針見血。

亮叔給他找理由，「你當時是還沒有成為演員的想法嗎？」

美濃輪坦言：「雖然有當演員的想法，但是覺得反正能演的只有『日

本鬼子』的角色,開始有些想要放棄了,感覺不管怎麼努力都是一樣。當時甚至覺得投入感情去詮釋角色這件事有點可笑,覺得成為不了一個好演員也沒什麼,只要現在生活還過得去就行了。我當時也不和導演交流,導演讓我做什麼就做什麼,我從來不表達自己的想法。」

收入高、要求低的工作,非但無法給人帶來成就感,還會令人迷惘沮喪,甚至自我唾棄。飾演日本軍人只是為了維持生活,美濃輪每場戲都聽令而行,沒有自己的思考,如同機械人一樣。讓他發生改變的契機,是一部名為《香港大營救》的電影。在影片裡,美濃輪要飾演日本軍方的一個主要角色,另外還有一位從日本來的演員。拍攝後,導演直接跟美濃輪說:「你的演技完全比不上他。」因為就算不用說台詞,只看表情,就能看出來對方入戲了,而美濃輪只是站在那裡而已。

「我認為你的演技還不夠好。」導演的話猶如晴天霹靂,美濃輪當時就想:為什麼會這樣呢?原因在哪裡?

「我是不是一直以來都只是在濫竽充數?那時候,我才第一次意識到了這個事情,只是為了錢而演戲,也沒有去學習。當時覺得很受打擊,覺得自己不能再這樣下去了:拿著高額的報酬,卻沒有任何演技。從那個時候開始,我慢慢地作出了一些改變。」之後,美濃輪去了美國荷里活進修演技。

「日本鬼子」依賴症

從踏足演藝圈到現在,美濃輪已經在演員的道路上磕磕絆絆地走了十年。

「你中途有沒有想過放棄?像是『只能演鬼子的話我還是不要做演

員了』，有沒有過這類想法？」亮叔問。

「中途……確實會覺得只演『鬼子』的話並沒有什麼出路，但是放棄的話又不知道自己能做什麼，在這兩種想法之間糾結著演了過來。」美濃輪說。

「就像毒品一樣。」亮叔認為，美濃輪有「鬼子」依賴症。

「我也這麼覺得，就像彈珠機和賭博一樣，像是一種依賴症……但是也感覺是該停止的時候了。首先是要拒絕去演『日本鬼子』的角色，這是首先要去做的，然後……」

亮叔打斷他：「你這不還演著嗎？」

美濃輪一愣，「不是不是，我是說從現在開始。」

亮叔笑了，「之前你也說以後不接（這類角色）來著。」

「就在兩個月前也是這麼說來著。」美濃輪也笑了。「但是演『鬼子』掙到的錢，我也不是用在自己身上，我打算用在幫助中國貧困地區的人民身上。」

美濃輪之前去了一趟桂林，參觀位於瑤族少數民族居住地的幾間小學，「他們說，學校需要電視機。當時我就說：『那我買給你們吧。』說實在的，即使我有錢也不知道該用在哪裡，我賺了錢也沒什麼用，因為我沒有孩子、沒有女朋友、沒有媳婦兒，我單身嘛。在北京的生活沒什麼壓力，吃東西、房子的錢，就夠了嘛。錢不用（太多），一個月五千

參觀桂林的瑤族小學

我住在這裡的 N 個理由

塊錢左右就夠了。所以我其他的錢，還是還給中國。如果是這樣的話，我會考慮繼續接『日本鬼子』的角色。」

無論以後還會不會飾演日本軍人，至少美濃輪已經調整了心態，以更認真的態度面對每一個角色。

演戲以外，還是演戲

亮叔來到北京，前往美濃輪的家。在他家樓下停泊電單車和單車的地方，猛地看到一個從頭到腳穿著蜘蛛俠服裝的人，這個「蜘蛛俠」居然是美濃輪。

亮叔大笑，「這個人到底在幹什麼？我還以為是什麼危險人物呢！」

美濃輪對著鏡頭表演蜘蛛俠的經典動作，旁邊有個小女孩看著這個「怪叔叔」皺起了眉，攝影師則逐漸走遠。

亮叔朝小女孩說：「不好意思啊，不要理他就行。」

美濃輪卻說：「我腦子裡有問題，剛從醫院出來。我是神經病。」

「不要這樣說！」亮叔尷尬地嚷道。

來中國之後，美濃輪有了很多改變。「朋友們也會說，去了中國之後我變得更開朗了。在這裡可以不用在意旁人的目光，因為畢竟我原本就是個外人。」

亮叔說：「在中國的話，不管你說些什麼都不會被嘲諷。在日本的話，應該會被用奇怪的眼神看待吧？『這個人在幹什麼？』『頭上的是啥玩意兒啊？』」

美濃輪笑道：「被說過。大家都會說：『這笑話太冷了。』『真的很無聊，趕緊取下來吧。』」

而在演戲以外，美濃輪的生活仍跟拍攝有關。

他的家是標準的單身住宅，大門旁邊是小廚房，然後長方形的空間裡，依次放了冰箱、沙發、餐桌、床。床邊還有一堆健身器材和武術用具，像是日本木刀、日本劍、中式的刀等。桌子上放了各種證件：中學時的學生證、演員證，還有很多特別的道具，比如：長假髮、銀白色的短髮。當他戴著假髮扮演女學生時，裝模作樣的表現，讓亮叔終於受不

了了：「不想拍了，這一集到此結束！」

美濃輪會在空閒時拍攝視頻，放在網上分享，以上這些都是他拍攝時的素材。在 bilibili（嗶哩嗶哩、B 站），他有十三萬粉絲。節目組拍攝期間，他經常會拿著手機拍節目組，作為自己的視頻素材。最後，他更邀請亮叔一起拍了一段搞笑的動作短片，短暫地實現了當動作演員的夢想。

亮叔說：拍攝也差不多了，最後一個問題，你知道吧？」

美濃輪點點頭，笑了。

亮叔問：「你住在這裡的理由是什麼？」

「應該還是因為我喜歡在這邊的生活吧。因為有夢想，為了追逐自己的夢想，所以住在這裡。」美濃輪說。

亮叔問：「你的夢想是什麼呢？」

「我的夢想是做一名成功的演員。」

那麼對美濃輪來說，怎樣才算是「成功」呢？

「我所理解的成功，是不演『鬼子』也能繼續當演員，能勝任『鬼子』以外的任何角色。不是因為我是日本人，而是因為我是美濃輪才選擇我，這就是我所指的『成功』。我現在還是因為日本人的身份而被選擇，所以我還沒有成功，我所認為的成功，就是能讓人覺得『想讓美濃輪來演』。」

在這個世界上，有很多和美濃輪一樣懷揣著夢想，卻在現實生活中苦苦掙扎的人。各行各業都有如同他所說的「金字塔」，站在塔尖的是天才和幸運（當然也很努力）的少數，而大部份人都在塔底奮鬥，抱著終有一天能圓夢的想法，做各種被人看不起的工作。哪怕連他們自己都看不起自己，哪怕曾經自我放棄，但只要有一個機會，只要有一點鼓勵或啟發，他們也能找回希望，努力爬起來，繼續朝夢想前進。

「他是一個非常單純的人， 想得不多， 很樂觀， 無論是在鏡頭前， 或者在拍攝以外的時間裡都是一樣的。 」

美濃輪比較害羞， 在鏡頭前經常開玩笑， 其實是故意用這種方式掩飾他的害羞。

這是我們第一次拍在中國的日本人演員。 在拍攝前， 我一直對這類演員有所誤解， 也沒有好感。 經過拍攝後， 我發現， 他們始終是演員， 有邀約就要接受； 而且雖然他們沒什麼名氣， 但工資的確很高， 有的演員一年拍攝一套電視劇， 收入就足夠一年的生活。 為什麼工資那麼高？ 因為大家都不想演， 工資自然會高， 這也是很正常的。

這些演員都有自己的夢想， 像是美濃輪想在動作片裡演出。 不過目前邀請他的還是抗日劇比較多， 可是不接受這些工作的話， 他永遠也進不了影視圈， 因此為了夢想， 儘管不太願意， 還是會繼續演出。 但另一方面， 很多導演對他們在演技上的要求不高， 能說日語、 演得比較兇就行， 不用有深刻細膩的表現， 是個工具人而已， 沒有把他當作一個演員； 他們也沒有成就感， 這也反映了一個日本演員的矛盾吧。

美麗的風景和
幸福的家庭 ——

攝影師
大川健三

我現在在這裡
只是一個偶然的幸運，
這份幸運是從
人際關係中得來的。

**Personal
Profile**

住在丹巴的攝影師
家鄉：日本
職業：攝影師
住在這裡的理由：最初的原因是攝影，然後在這裡擁有了
幸福的家庭。

13

節目組拍攝時正值汶川大地震十周年紀念日前夕，亮叔問大川先生那時候的經歷。

「當時我在從四姑娘山回丹巴的車子裡。在車裡面雖然沒有什麼強烈搖晃的感覺，但從山上掉下了很多石頭。」他坐在副駕駛座位，石頭正好砸到旁邊，「砸中離副駕駛車窗十厘米左右的地方，千鈞一髮。如果砸到車窗的話就危險了。」

大川先生經歷了命懸一線的緊張時刻，實在是相當驚險。

　　在與主人公見面前，亮叔和節目組搭乘長途客車，由四川成都駛往阿壩藏族羌族自治州的丹巴縣。這是他們唯一的交通工具，車程九小時。

　　一路上盡是青山綠水，中途停靠時，亮叔和來自城市的助手第一次看到綠得透明的河水，興奮地喝了好幾口。那是由海拔四五千米的墨爾多神山山頂上流下來的雪水，所以清澈又涼爽。

　　亮叔要去見一位住在丹巴的日本人。不過讓他覺得更有吸引力的大概是：「美人谷，有藏族美女的地方。」

　　丹巴美人谷位於巴底鄉，是因為這裡的女孩子長得比較漂亮而得名。在《欽定四庫全書》裡，丹巴有「東女國」的名號。很多喜歡中國的日本人都知道美人谷，來過這裡的日本人應該不少，當地的告示牌上也設有日語指示。雖然亮叔期待與美女相遇，不過據當地人說，美人谷

的美女都到外地發展了。

從拍攝照片到選擇移居

下午五點，節目組終於抵達目的地。一開始時很興奮的助手，已經隨著海拔提升暈得迷迷糊糊。亮叔則早就看膩了青山綠水，被漫長的車程折磨得雙眼無神，「所以很厲害啊，一個日本人，住在這裡，什麼都沒有，到底他過的是什麼日子？」

一下車，主人公便在路邊等著他們了──穿著襯衫西褲，戴著帽

子和眼鏡的紳士，摘下帽子，是一頭花白的短髮。這是大川健三，在住著很多藏族人民的丹巴縣裡是唯一一位日本人。

「你住的地方還真夠偏遠啊。」亮叔嘆道。

「如果能在車裡睡著的話就不會覺得很遠的。」大川先生和藹地笑

我住在這裡的 N 個理由

道，「如果對這裡的風景感興趣，一直看的話，就會覺得要很長時間。」

他帶節目組來到當地的藏族餐廳，品嚐藏族人的家常菜以及「本地風味的烏冬」。一坐下，大川先生隨即從背包裡拿出自己的攝影集。

「我本來是來這裡拍山的照片的。」他把攝影集遞給亮叔，「我以前出版過兩本四姑娘山的攝影集，印了一萬五千冊，很早以前就已經賣光了。」

四姑娘山位於小金縣，距離丹巴約三小時車程。一九九一年，還在日本大企業裡上班的大川先生來到四姑娘山旅遊，看到了神秘而美麗的四姑娘山後，深深地迷上了這裡的風景。他認為四姑娘山兼有黃山和阿爾卑斯山的山嶽之美，更有最具中國特色的水墨山水之美，當時就決定將來要住在中國，用自己的後半生來記錄這片山川的美麗。二〇〇〇年，大川先生辭去了非常喜歡的工作，孤身一人來到丹巴，完成自己與四姑娘山的約定。

此後，他一直在四姑娘山拍攝，除了自費出版三本攝影集，也向日本和中國的雜誌投稿。十幾年來，他所拍攝的丹巴和四姑娘山的照片被很多旅遊指南選用，這些照片也得到四川政府高度評價，由於他為宣傳丹巴和四姑娘山作出了傑出貢獻，因此拿到中國給外國人的「外國人永久居留身份證」，可以一直留在這片他深愛的土地上。

為了拍攝理想的照片不顧一切

翻著攝影集，亮叔問大川先生：「你最喜歡的照片是哪一張？」

「我最喜歡的照片啊，這張，全世界只有這裡有這樣的風景。」

大川先生最滿意的照片是《倒溝山和羊滿台海子》，然而這張照片的拍攝過程異常困難。「當時去這裡花了整整三天。冰河期的時候，在海拔四千五百米的地方有很多的冰河，冰河交替或者是融化的時候，就會形成了很多這樣的冰面湖。這些都是可以大概預測到的。」

根據預測的海拔高度，大川先生在山上到處尋找心目中的取景地點。數次守候，花了整整三年，才拍攝到最理想的一幕。

為了拍攝四姑娘山最美麗的一面，他付出了很多正常人難以理解的

努力，比如照片《南壁滑翔傘》裡駕駛滑翔傘的正是大川先生本人，他連續三次上山拍攝，頭兩次失敗收場，第三次終於成功了，可是他卻不慎掉進山谷，摔斷了手臂，為此付出沉重代價。

「你應該還去過不少山區吧？」亮叔問。

大川先生點點頭，「去過不少地方呢。世界上有太多好地方了，當然是走不完的。」

這天，大川先生打算帶節目組去他非常喜歡的一個攝影地點。他用每按一個鍵就會自動播報的老年手機打電話預約車子。半小時車程後，眾人來到了一個幾乎看不到人的村子裡。周圍一片冷清，助手笑言這裡是「沒人谷」。

為了尋找最好的攝影角度，大川先生走進一間民宿的院子裡。

「老闆在不？照相可以不？」他的中文不知是帶有四川口音還是日本口音，讓人聽不太明白。

得到老闆許可，大川先生到處找理想的拍攝角度，「從這個角度拍感覺不錯。」他用膠片相機拍了起來。

「和平是最好的」

　　他拍攝的是距今已有數百年歷史的土司官寨。土司官寨是以前這一片地區的管理者（土司）生活的地方，為碉樓式的建築物。走進官寨遺跡，牆上是極具歷史價值的畫：西藏早期歷史上的古國──象雄古國時期傳下來的女神像。「在嘉絨（指的是墨爾多神山一帶），只有這兒有這幅畫。」大川先生介紹著。

　　畫中的是掌管生命的女神，她左手掌著賦予生命的神藥，右手手持掠奪生命的箭矢。畫面下方是一行藏語，意思是守護著這片土地的山神。

「最高的那座是哨塔嗎？」亮叔問。

「不，那是神殿。」大川先生娓娓道來，「在古時苯教（傳承古象雄文化的宗教）的世界觀中，世界被分為九層，第九層是神住的地方，平民是住在從下面數起的一二三四層，國王應該是第六層。」他抬頭看看官寨頂部，讚嘆不已：「這建築可真漂亮！在丹巴有很多這樣的石塔，最久遠的大概有一千二百年歷史，地震都震不倒。」

據他所說，這些建築都是由石頭建成、用泥來固定而已，卻屹立了千百年而不倒。不過在二〇〇八年的汶川大地震之後，土司官寨的頂部就缺了一個角（辟邪的地方）。

大川先生又讓節目組觀察建築物的窗戶，眾人發現上面突出來的木椿共有九根，「因為九是吉利的數字，Lucky Number！」

他對藏族文化有深入研究，這一趟旅程讓來自城市的節目組增廣見聞。

「你為什麼對藏族文化這麼感興趣呢？」亮叔問。

「我以前拍照的地方主要是喜馬拉雅山一帶，自然而然對當地居民的文化產生了興趣。作為一個日本人也覺得這些文化很有趣。」大川先生一直研究藏族文化，他說，數百年來，無論周圍的環境如何變化，這個村落依然能夠把本身的文化保存下來，那是因為「這裡的領主奉行『和平主義』。古時蒙古南下，（領主）在很早的階段就投降了，然後順從他們，所以才一直保持到現在。」在他看來，「本來就不應該挑起戰爭，無論怎麼說，和平是最好的。」

前半生是為工作拚搏的「企業戰士」

大川先生對藏族文化和美人谷的熱愛，也許緣於童年時埋下的種子。他從小在寺院裡長大，獨特的成長環境給他留下了深刻的印象。十歲時，有人拿了一張西藏布達拉宮的照片給他看，開闊的土地和宏偉的建築讓他十分觸動，從那時起，他就萌生了去中國看看的念頭。

工作後，大川先生在日本一家大型上市公司擔任技術人員，負責開發電腦系統。他的表現十分出色，還獲得過專利和發明獎。這位典型的

工作狂，和其他在上世紀七十年代支撐日本經濟高速發展的人一樣，為了工作，甚至犧牲了自己的日常生活和人際交往。

「拼搏了二十多年，也就是所謂的『企業戰士』。其實，無論是什麼工作，只要你足夠投入，就都會覺得很有趣。你也是這樣吧？現在的工作很有趣吧？」大川先生問亮叔。

「是的，畢竟是自己喜歡做的事情。」亮叔說。

「這才是最重要的。如果足夠投入的話，就會開始覺得結婚什麼的無所謂了，也不會想去吃好吃的東西，不會想去玩了。我不抽煙不喝酒，不玩彈珠遊戲機。」那時大川先生的生命裡單調得只有工作，而唯一的一束光，來自旅行和攝影。

只要一有假期，大川先生就揹著相機去世界各地拍攝高山的照片，在大自然的環境中放鬆緊繃的神經。一九八五年，他有了一個月的休假，終於來到中國，看到了心心念念的布達拉宮。不過大川先生最喜歡的肯定還是四姑娘山。當時的四姑娘山在世界上沒有什麼名氣，大川先生找不到地圖，也不懂當地的語言，只能憑著自己的經驗和直覺，徒步尋找絕境之地。這裡與外界截然不同的歷史、文化和風景深深地吸引著他，他感覺到，這裡將是他後半生的歸宿，於是他下定決心來到丹巴居住。

「你幾歲的時候辭去了日本那邊的工作？」亮叔問。

「五十歲的時候。」大川先生說。

「不是退休年齡吧？」亮叔問。

「不是。為了去海外開始第二人生，有計劃地辭去了工作。辭職的時候我還哭了呢。」大川先生做著掩臉大哭的動作，笑道：「當時去和同事打招呼，說：『今天我就離開公司了。』說著說著眼淚就出來了。」

辭職時完全沒想到自己竟然會哭出來的大川先生，現在回想往事，仍會眼泛淚光，那大概就是他對於過往的道別。隨後他毅然奔向「第二人生」，帶著多年積蓄來到丹巴重新開始。

一見鍾情的愛情故事

在藏區有很多像四姑娘山這樣美麗的高山，為什麼大川先生會鍾情於它呢？

「主要是因為人際關係吧。一直以來我都對這樣的高山地區還有藏族文化很感興趣。我來了四姑娘山很多次，逐漸在這裡交到了一些朋友，與（四姑娘山）管理局也開始有了一點交情。慢慢地，開展工作變得容易起來，我就自然而然地習慣這裡的生活了。一般的話，外國人在這裡是生活不了的。」大川先生說。

語言不通、生活習慣不同、文化差異，外國人在這裡的生活充滿了各種不便。大川先生能在這裡定居，是因為親切的人們接納了他，「我現在在這裡只是一個偶然的幸運，這份幸運是從人際關係中得來的。」

大川先生是丹巴的名人，在菜場買豆腐時，女攤販看到跟在大川先生後面的亮叔，問：「你的家鄉人嗎？」

買肉時，和他相熟的女攤販會問：「回來了，你不是在成都嗎？」又給這位日本人老顧客送了一塊豬肝。

不過對於大川先生來說，最大的幸運，應該是遇到了可以相伴到老的那個人。

二○○○年六月的一個下午，大川先生剛結束拍攝，就在街邊一家餐廳與一位有著柳葉眉、丹鳳眼、性感紅唇的標準丹巴美女相遇。這位美麗的丹巴姑娘邀請飢腸轆轆的大川先生共進晚餐，而大川先生之後總是邀請她擔任攝影模

特，互相吸引的他們，漸漸走到了一起。

「你對你老婆是一見鍾情嗎？」亮叔問。

「是的呢，因為她挺漂亮的。」大川先生靦覥地笑了起來，一臉甜蜜自豪，「畢竟可以做寫真的模特。」

「你當時找她做模特的時候，是類似這樣說的嗎？『明天還可以繼續來嗎？』」亮叔問。

「這你都能知道啊！」大川先生大笑，看來全世界男人追求女孩子的方式都是一樣的。「當時還想著：『如果能順利就好了』呢。」

大川先生的太太

大川先生給節目組展示他在將近二十年前為太太拍的照片。

亮叔稱讚：「這樣看真的是一個美人啊！」

二○○一年情人節，大川先生拿出居留證、勞動許可證和一大堆攝影作品來到她面前，向她「推銷」自己。雖然她的家人難以接受身為日本人的大川先生，但是這位勇敢的姑娘還是堅持嫁給了他。後來他們有了一個兒子，一家三口一直在丹巴過著幸福的生活。而為了保護家人，如今他已不再讓他們出現在鏡頭裡了。

「為了四姑娘山我什麼也不在乎」

那麼，對於大川先生來說，他住在這裡的理由是什麼呢？

「最初的原因是攝影，拍攝獨特的自然環境和了解當地文化，當然我現在也還在努力。同時，幸運的是，我在這裡擁有了家庭，過著普通的家庭生活，換言之，挺幸福的。」大川先生滿足地笑了，「與以前在日本當『企業戰士』的時候相比，這是一種不一樣的幸福。我應該會一

直在這裡生活下去吧，就是這樣。」

他靦覥地笑笑，「沒說出什麼名言來真是不好意思。」

大川先生平實而謙虛，似乎只是一個來丹巴拍攝的普通外國人，只有三本攝影集、他手上的永久居留證，以及當地人的評價中，才能讓人看到一點點他為了這片美麗風景的付出。

在土司官寨附近遇到當地的鄉親時，對方熱情地和大川先生擁抱，感激地說：「我們很早就認識了。通過他對（丹巴美人谷）文化的深度研究，有他的協調以後，對我們這個地方的發展有很大的貢獻。為全人類的和平，他有非常大的貢獻。」

雖然現在大川先生因為得了滑膜炎，已經很難再去最愛的四姑娘山拍照了，但是他依舊在為丹巴和四姑娘山的宣傳與保育而不斷努力。他曾說：「為了四姑娘山我什麼也不在乎。」而他真的用自己的後半生做到了這一點。

「典型的日本爺爺。」

　　大川先生是典型的日本上班族，超級認真、很有禮貌、講究細節，很像日本的大叔那樣，也不怎麼開玩笑，不像我那麼隨意。

　　大川先生很喜歡美人谷，那裡的風景真的很漂亮。之前收到了他的郵件，介紹美人谷各種各樣的風景的照片，他還是一直在拍攝。大川先生就像是一個觀察者，雖然在美人谷待了很久，但是他就像學者一樣，不斷觀察、研究當地的風景和民族文化。雖然老婆是藏族人，但是他沒有融入到中國人的社會，他只是愛上了老婆和那裡的風景而已。

都是緣分 ——

生活藝術家
上條遼太郎

人生就是玩吧⋯⋯
重點還是這一生玩了多少、
享受了多少，
在享受的過程中，
可能才會發現各自的使命。

**Personal
Profile**

住在雲南的生活藝術家
別名：六（Ryo）
家鄉：日本千葉縣
職業：生活藝術家
家庭：妻子上條綾子、大兒子上條和空、二兒子上條結
麻、三兒子上條天夢
生活方式：以自然農法自給自足
大膽舉動：三個兒子都是夫妻二人在家裡自己接生的
住在這裡的理由：都是緣分

14

上條出了一本書，書的封面有個「六」字，冬冬問是什麼意思。

「我叫 Ryo 嘛。有人問你的名字是什麼，我說 Ryo，大家覺得是『六』，所以就叫我『六』。」他把書送給冬冬，還主動給他簽名。

冬冬笑了，「明明沒要簽名。」

綾子說：「中國朋友買了之後都會說：『簽個名吧。』」

上條想了想，「中國人比較喜歡簽名吧？日本人不會要簽名。」

冬冬說：「日本人其實也想要，但是不好意思說。其實很想要的。」

就這樣，冬冬拿到了一本簽名版的《六：一個日本人在大理的耕食與愛情》。

雲南大理。

冬冬和萍姐帶著節目組在一條偏僻的小村落裡兜兜轉轉。這一片全是老舊的磚房，外牆斑駁，還可以看到油漆剝落後裸露的磚牆。在一扇看起來和周圍的農家沒有任何區別的紅色鐵門後面，是住在大理七年的日本人上條遼太郎，和他的妻子綾子，三個年幼的兒子和空、結麻、天夢。

綾子打開門後，馬上說：「麻煩稍微等我一下，孩子哭了，我要去抱一下。」

綁著藍色頭巾，身穿藍色布衣、內搭灰色連帽衫、膚色黝黑、蓄著長鬍子，一副藝術家打扮的上條從房間裡走出來，向眾人問好。抱著小兒子天夢的綾子和節目組道歉說家裡很髒，大兒子和空與二兒子結麻在院子裡跑來跑去。

冬冬舉目四望,眼前是兩幢兩層樓高的矮房子,中間有一個大大的庭院,院牆外有樹林、有農田,遠處是高山,「真的是住在一個很了不得的地方啊!」

日本家庭在中國歸園田居

上條一家是特別了不得的家庭,他們每天都在耕種、釀造、玩音樂中度過。上條多才多藝,家裡吃的、用的東西,大多是自己做的,生活自給自足。節目組一來到,他就帶他們去釀酒。

走進上條家的大廚房,看著他從蒸鍋裡拿出一個大布包,裡面全是蒸熟的米。

「今天打算用十五公斤米來做味噌,用十公斤米來釀酒。」他翻著米,讓空氣進去,和空跟結麻在一旁盯著看。「每次做這個的時候,他們都會來說想吃。」

釀造是等待食物成長的旅程,受食材、手法、溫度、濕度的影響,

每個家庭釀造出來的味道都不太一樣。「我覺得家裡有只存在於這裡的菌類，因此自家製的發酵食品會有自家的味道，我覺得這就是樂趣所在。通過製作發酵食品，菌類也在這裡安了家。這樣房子裡看不見的菌類，也在家裡做著各種工作，處理我跟綾子之間的問題，讓我們過得更幸福；有時候也會讓我們吵架。雖然是看不見的力量，像這樣一邊相信著這種力量一邊生活，感覺還挺神秘的。」

上條家的菌類小精靈十分忙碌，除了要成為味噌，還要變出酒來。上條自學了日本酒的釀造方法：把加了麴黴的熟米放進袋子裡，三天後，酒麴就完成了。待酒麴發酵一個月左右，即可製作清酒。

他開了一瓶自家釀製的酒給眾人品嚐，冬冬試喝後點點頭，稱讚道：「真不錯，比普通日本酒的味道更濃。」

綾子笑道：「聽喜歡酒的日本人這麼說，真開心。」

萍姐好奇地問他們：「為什麼會自己釀酒？是想拿去賣嗎？」

「剛開始是想自己喝。」綾子說。

「因為酒都賣得挺貴的嘛，要是自己買的話。」上條補充，「也可以用來物物交換，自己喝或者拿來招待人都可以，很開心。」他靦腆地笑了。

綾子說：「是作為一種興趣。」

「興趣是工作，生活也是工作。」上條說。這大概是很多人都嚮往的生活態度。

說到興趣，綾子問冬冬喜歡什麼類型的音樂。冬冬想了想，「沒什麼特別喜歡的類型，就是喜歡音樂，喜歡聽音樂。」

於是上條放下手中的工作，從房間一角扶起了一段比他還要高的長木條，「我這裡有一些樂器，會跟孩子們一起（演奏）。這叫迪吉里杜。」

迪吉里杜（Didgeridoo）是一種古老的澳洲樂器，一般是以桉樹（尤加利樹）製成，呈木管狀，通過吹奏產生共振，從而發出聲音。而上條的迪吉里杜是他自己製作的。

除了迪吉里杜，他還自學了其他樂器，像是敲鼓。他偶爾會去做DJ，用自己製作的樂器奏出的音樂，加上電子音，合成動感的電子音

樂。這可能是他與現代社會最接近的一面。

激昂的音樂是上條的好夥伴，在他家的小倉庫，上條一邊榨油，一邊用小音箱播放自己創作的電子音樂，他說：「（聽著）這樣的音樂榨油很快。」配合倒亞麻籽、搖晃亞麻籽的動作所發出的充滿節奏感的聲音，就像是在倉庫裡進行小型演奏會一樣。

「這在日本是難以想像的，在日本不可能有這麼大量的亞麻種子。」上條說。在熱烈的音樂聲中，他展現著另一項技能：榨油。

上條有一台手動榨油機器。冬冬嘗試了一下，感覺特別花力氣，便說：「現在的機器都是用電了吧？」

「對，但是這個亞麻籽油，所有的油，必須要冷榨，不然裡面的營養會被破壞。」上條解釋道。榨完油的亞麻籽還可以磨粉，「磨粉以後我們（拿來）餵雞。特別好吃，雞。」他說著說著便笑了，問冬冬：「有沒有殺過雞？要不要明天……」

「不要吧。」冬冬沒想到話題突然變成殺雞了。

「我家兩年的老雞，差不多不下蛋了。」上條說。

就這樣，他又帶著節目組去看養在院子裡的雞。看著十幾隻毛色各異的雞在院子裡閒逛，「我覺得明天……牠吧，黑色的牠吧（殺了來吃）。牠應該聽得懂。」

餵完雞就去撿雞蛋，雞蛋拿出來的時候還是暖和的。

「雞有的時候在上面生。」上條順著矮牆上了雞棚頂，然後沿著兩層樓高的院牆走到接近屋頂的地方，又撿了一個雞蛋。

上條家的雞特別自由，除了上屋頂下蛋，還會在樹上睡覺。「有一

些農場會切掉牠們的（翅膀），我家肯定沒有，所以牠們會飛的。」撿完雞蛋的上條，就這樣站在矮牆上，自在地跟眾人聊了起來。

遵循自然之道

上條在家附近租了一塊農地耕種，節目組跟著他一起去收割蔬菜。「一般種地是用挖的，這個地五年沒有挖過，一般不拔草。我割草是用鐮刀砍掉，然後放在這裡（旁邊）。」上條拎起地上的枯枝，「其實這個以前都是雜草，然後越來越碎了，就變成肥料。」

「我的地一般不施肥，沒有有機肥，什麼肥料都沒有。」沒有肥料，依靠枯枝敗葉提供養分，上條的田地看起來和一般的農田不一樣。「這個農法的話，一般分不出來，不知道哪裡有菜。」結果攝影師一不小心，就踩到了混雜在一片枯葉間的菠菜。

節目組還在田地裡看到被老鼠咬了一口的番茄，「一般都會放老鼠藥，不過貓之類的會一起被毒死，所以老鼠都往我們家跑。」

上條奉行的是「自然農法」，強調不施肥、不撒農藥、不挖地，尊重並順應植物自然的生長規律，與自然一起耕作，可以說是人與自然和諧相處的最高境界。

尊重自然的安排，包括順應季節來耕作，吃當季的蔬菜。

「冬天的話，基本上不要吃夏天的菜，夏天的菜一般是涼性的。現在有很多女孩不能懷孕啊這些問題，可能是（因為）現在在超市裡我們可以買到各個季節的菜。夏天的菜是有顏色的、好看的，冬天的菜就都是綠色的，不怎麼好看，所以一般做菜的人喜歡用夏天的菜，因為看起來好吃。不是完全不要吃，吃得少一點，冬天吃那種涼性的，身體會越來越冷。」這是來自上條的忠告。

帶著從田地裡採摘的新鮮蔬菜，上條一家開始製作晚飯。放了自己醃製的梅乾的飯糰，用剛撿回來的新鮮雞蛋做的煮雞蛋，韭菜、洋蔥、蘿蔔做的餅，每天都喝的味噌湯和醬料辣油也是自己熬煮的。把菜一一放在寬敞庭院裡的正方形大桌上，配上自己釀造的清酒，在大理的藍天白雲之下，這頓飯吃得溫馨而愜意，令住在城

市裡的節目組既新奇又享受。

　　吃飯的時候，孩子們積極地幫忙夾菜盛湯，哪怕動作笨拙，夫妻倆也不在意。

　　「我會要求他們要好好吃飯，比起別的家庭可能會嚴格一點，會讓他們坐好、背挺直，好好吃飯。雖然這麼說，我自己的餐桌禮儀也沒有很好。」上條表示，「幸運的是，我從十八歲開始就沒在公司工作了，所以不像日本社會那樣，那麼注重上下級關係和禮儀，在日本公司工作的人還是會很注意。」他邊吃邊說。

追求自己喜歡的生活並不是一種逃避

　　上條也是在城市裡長大的孩子，不過隨著年齡增長，他開始嚮往簡單的田園生活。大學期間他在日本各地的農村旅行，學習以自然農法耕種、開拖拉機等農活。工作賺到的錢讓他可以一直四處遊歷，漸漸從環遊日本，擴大到環遊全世界。走過了很多地方，也學到了各種技藝。

　　二十二歲的時候，上條來到中國大理，待了一個月之後，為了能賺些錢繼續住下去，他又去了泰國學習按摩，結果在泰國遇到了人生中最重要的人——綾子。幾個月後，上條回到大理，高興地告訴朋友：我會按摩了，我有女朋友了！

　　那時的綾子也是背包客，有著共同語言的兩人一起開啟了他們的旅途。走到內蒙古時，綾子懷孕了，他們便決定回到大理安家。二〇一二

年，上條夫婦在大理定居，租了一個小院，租金一年一萬元人民幣。他們在這裡養育了三個孩子，幾乎完全依靠自給自足生活，到節目組前往拍攝時，一家五口已經在大理住了七年。在遠離都市的靜謐村莊裡過著與世無爭的生活，就像是置身世外桃源一樣美好，令冬冬打從心底地羨慕。

不過與此同時，也有很多人質疑他們遠離城市、探索自由的生活方式。上條與綾子都沒有在公司工作的經驗，因此有些人會在網絡上留言，認為他們這樣的生活就是在逃避現實，甚至直接質問：「那你的意思是生活在城市裡是錯的嗎？」讓他們感到受傷。

「其實每個人的生活方式都不一樣。」上條解釋道，「我並沒有說我們這種生活方式是好還是壞……雖然我嘴上這麼說不在意了，但是心裡……」

綾子補充：「被這樣說也覺得沒有辦法，因為我們沒有真正步入過社會。如果我們步入過社會，然後放棄，再去選擇這樣的生活方式，那些在社會上拚搏的人或許會更認同我們的想法。像我們這樣沒接觸過社會的人，過著這樣的生活，還過得這麼開心，有些人看不順眼也是很正常的。」

「有一些人在城市裡，生活得很不容易。」上條說。

「說實話我們真的是很幸運的人。父母親也都能體諒理解我們。」綾子說。

面對的是說颱風就颱風，要下雨就下雨，不會跟任何人講情面的大自然，生活帶給他們的磨礪不比這世上其他人少，可是夫妻倆仍然十分感恩，因為他們能夠按照自己的意願，選擇遠離城市自由地生活。

「我們遇到的人都很好。不幸運、不幸福的人實在是太多了，所以我覺得幸運的人，應該努力去追求自己喜歡的生活。如果你是一個幸運的人，請一定要去做自己喜歡的事情。」

與教師專業擦肩而過的固執青年

晚上，眾人在院子裡圍著篝火聊天，綾子問冬冬：「你猜我們的婚禮是在哪裡辦的？是在夏威夷辦的。」說著便讓上條去拿他們的結

婚照，笑得很開心。

不拘小節、隨興而為的上條夫婦，居然有個頗正式的婚禮。

「結婚典禮是在公園辦的，在一個叫 Magic Island 的公園裡，是我們自己決定的地方。有朋友住在夏威夷，他拿了音響之類的器材來，音樂也是我們自己決定之後錄音的，跟別人說這個音樂要在這個時候放。主持人是兩家的哥哥。」綾子說。

「所以結婚儀式其實沒怎麼花錢。禮服也是在日本買的，然後帶過去，整個結婚典禮都是自己安排的。」上條說。

冬冬看著結婚照上梳著髒辮（Dreadlocks）的上條說：「你很適合髒辮啊。」

沒想到這句話引出了上條年輕時的往事，「我從十八歲以後就沒有剪過頭髮。我從十八歲開始旅行，所以有很多人覺得我沒有上大學，但是我是上過大學的，因為我想當老師。」

綾子卻說：「最後讀到四年級的時候，要參加教育實習，去了教育實習的學校後，那邊說：『如果不剪頭髮就不允許參加實習。』結果這個人就放棄了考教師證。無法理解，對吧？他媽媽拚命勸他，說：『那你這四年讀下來是為了什麼啊？』我聽說後，覺得這個人是不是傻啊？白花了多少錢啊！」不過，最後綾子還是笑著說道：「他就是這麼頑固的人。」

在家裡生孩子？！

上條很有主見，十八歲時，他通過在自然中打坐及練習瑜伽，感受到了與自然共存的意義，往後學習農耕、四處遊歷的生活，延續了他追求與自然共存的理想。於是，當妻子懷孕後，他做了一個大膽且令人震驚的決定：自己在家裡接生。

「在我們認識的人中，有自己接生的人，他們生下來的孩子看起來也挺正常的，然後我們就想：我們也可以自己接生吧。畢竟很久以前大家都是這麼做的。不過因為缺乏這方面的知識，所以我給在日本的朋友打了電話，請朋友幫我把在亞馬遜（Amazon）買的書寄到中國來。如果拜托父母的話，他們肯定會擔心的。」

不單是父母會擔心，綾子一開始對於在家生產也抱有懷疑態度。她說：「我本來只是個普通人，當時真的很糾結。」

上條笑道：「說出來了，說出來了。」

綾子繼續說：「在和他相遇之前，我一直認為在醫院生孩子是理所當然的。我其實很膽小，所以特別擔心、特別害怕。為了克服這種情緒，每天都注意飲食，每天做瑜伽，每天散步兩小時，做了各種努力，讓自己有了自信，剩下的就只有去相信一切會順利的。」最後綾子有驚無險地生下了和空。

「生和空的時候很不順利，因為是第一次，不知道會有多痛，也不知道多久才能生下來，有些準備過度，把『生孩子』這件事情看得太特別了。」上條如今雲淡風輕地說著。可是從他拍攝的小兒子出生影片看到，當妻子順利生下孩子後，他便馬上奔向妻子，一臉關切。

有了成功經驗，綾子又在家裡先後生下了二兒子結麻和小兒子天夢。在天夢出生時，上條還讓和空跟結麻在一旁幫忙，通過這個過程讓他們體會生命的意義。

兒子們會好奇地問：「這（臍帶）是一起生出來的嗎？」

剛生產完的綾子便告訴他們，臍帶是用來連接母親和孩子的。

看著他們的接生影片，就會發現，在家生孩子並不是什麼驚天動地的大事，也能更真切地感受到大自然的生生不息，對宇宙萬物的崇敬和感動油然而生。

在成為人父後，上條的想法也有了改變：「以前……雖然現在也是，我一直覺得什麼時候死去都無所謂，但是有了孩子之後，我不能再輕易地抱著這樣的想法去生活。可以說，我找到了別的生存意義吧。」

被放養的三個小娃娃

順應自然的上條，養育孩子的方式也跟一般人不一樣。他的育兒方法就是「放養」，讓孩子們自由成長，積極引導他們參與各種家務農活，讓他們既能學著獨立，也能學會關懷與感恩。

看到結麻在院子裡跑來跑去的時候一頭撞在木椅上，臉上出了血，

卻一聲不吭，剛和他吵了架的和空忙跑過去查看。上條問了問兒子的情況，確定他沒事之後，卻笑了起來。

萍姐不禁問：「爸爸……爸爸不去做點什麼嗎？」

「他沒事的。」上條說，「看著很可愛呀，忍著痛的樣子。」

兒子們從小就會幫父母的忙，才四五歲就能拿著剪刀剪草，收拾樹枝，特別乖巧可愛。

「要從力所能及的事開始，讓他們學會做事。」上條說。

當然，這樣的放養是有風險的。「結麻這根手指被削掉過一次，他（把手指）放進了自行車（單車）的輪子裡，然後老大就騎了，然後（做瞬間削掉的動作）……這個（小指）手指頭少了一點點。那個時候我帶著兩個孩子在這裡，我老婆和三兒子小天在日本，我就決定回日本，帶著他掉的手指，就凍一下，帶上飛機，然後就去了。」上條笑道。

結麻的小拇指已經長出來了，但還是有點歪，「所以彈吉他比較麻煩。」節目組覺得這不僅僅是彈吉他麻不麻煩的問題，上條笑笑說道：「還是可以，應該有辦法。」

有時候兩個小男孩也會在廚房幫忙準備食材，他們樂於做家務，從洗菜到切菜，都做得有模有樣。可看著那麼小的孩子笨拙地使用菜刀，讓身為母親的萍姐特別擔心，「雖然你們應該也是注意看著的，但是這樣讓他們在旁邊幫忙幹活，有時候我們看起來就會覺得很危險。」

三個兒子

「你覺得很危險，但是其實你看，我家的第三個孩子小天，已經知道這個地方或是那個地方危險，像是火啊之類的，他知道什麼是危險的。當然有的時候，他沒能完全注意到，所以還是需要我們幫忙。」上條說。讓年幼的孩子放膽嘗試，也是對他們的尊重，「因為我們尊重他們的獨立性，雖然他們是小孩。對人需要抱有最基本的尊重，也應該有最基本的注意，讓他們自己去做，在他需要幫助的時候去幫，這樣是最好的。」

綾子也說：「還有就是要讓他們理解。只是跟他們說『這樣不行』的話，小孩子是不能理解的，但是大人們都只會說『不行』。不跟他們解釋清楚的話，他們有很多事情還是理解不了的。」

為了讓孩子對身邊的一切有更多了解，上條也會讓他們觀看動物變成食物的全過程。「我覺得應該讓他們知道，動物是怎麼被殺死的。」

在他殺雞時，孩子們圍在一旁聚精會神地看：斬雞頭、燙水拔毛。他們還在一旁玩起了雞頭。

「用水燙過後，就可以用手拔掉，很簡單。」冬冬和孩子們在上條指示下，一起擠在小盆前拔雞毛。「從以前就是這樣操作。」

拔完雞毛後，上條對兒子們說：「吃了是可以長身體的，來給雞道個謝。」

小孩子們齊聲大喊：「謝謝！」

後來，冬冬問上條夫婦對於三個兒子的期許。和大多數家長都不同，他們對孩子「沒有希望，沒有要求」。

「只要能健康地長大就行了。別騙，別偷，有愛，就好了。」他們說。

「我不強迫他們也過這樣的生活，他們自己選，他們想在城市裡生活的話，我覺得還是可以的。但是我希望（就算）在城裡生活，但是他們知道菜是怎麼種、大米是怎麼種的。」讓孩子自然成長，有能力自由選擇未來的方向，為自己負責，是上條給予他們最大的愛和培養。

鄉村裡的世界級盛宴

為了讓兒子們認識外面的世界，感受

多元文化，也為了和好友相聚交流，上條不時在家裡舉行派對。來自世界各地的朋友們聚集在這裡，他們在上條的廚房製作自己的家鄉美食，用自己種的蔬菜製成意大利薄餅，連烤薄餅的泥窯也是自己搭建的。冬冬也在小幫手和空與結麻的幫助下，做了他最拿手的日式咖喱，獲得一致好評。

夜幕降臨，上條家院子裡燃起了篝火，喜歡玩音樂的上條會和彈吉他的外國朋友一起演奏自己創作的動感音樂，小朋友們在院子裡盡情玩耍，其他人或坐或站，談笑風生，誰餓了就自己去廚房盛點飯吃，隨意又悠閒……很難想像這樣的畫面出現在中國一條偏僻的村莊裡。冬冬感嘆：「中國大理變成了一個國際會所。」這是生活在城市裡的人很難感受到的自由與愜意。

偶爾，上條會開著他的「敞篷車」（帶紅色車架的小卡車）到城裡逛市集。因為在當地小有名氣，他經常會遇到這樣的事：「有的人向我們打招呼，但是我們卻不認識他，只能回一句『你好』。」

「重點還是這一生玩了多少、享受了多少」

節目組趁他們難得進城，邀請他們在外面吃飯，以表謝意。這個舉動甚得綾子歡心，「主婦每天都在家做飯，能在外面吃飯感覺好開心。」

冬冬問她，覺得在大理生活最不方便的地方是什麼？

「沒有可以聽我用日語發牢騷的人。」綾子捂著嘴笑道，「我其實是很愛訴說的人，有很女性的一面，很想說話。日本女性不是會經常抱怨老公的嗎？但是中國人感覺不大會這樣。」

萍姐忙道：「會說的、會說的，我也會說。」

綾子說：「日本女性之間會說：『這讓我很生氣！』『我懂。』說完就舒服了。不知道為什麼，但是就是會很爽……我屬於很能忍耐的……」

被抱怨的上條聽著太太的話，笑道：「幹嘛裝得跟大和撫子一樣。」

綾子反問：「我不是嗎？」

「你是怎麼樣的人，我都是知道的。」上條笑著說。

綾子有著日本女性的特質，抱著孩子的她，是一位溫婉的母親。可以想像，如果沒有遇見上條，她可能會在背著背包周遊世界後，便回到日本勉強過起「正常人」的生活，泯然於繁華都市裡。但是和上條相遇相戀後，他帶著她奔向了更加自由而快樂的人生，兩人夫唱婦隨，自給自足，甚至自己生孩子，卻活得肆意瀟灑。

當被問到住在大理的理由時，綾子說：「沒什麼理由⋯⋯不知道是什麼理由。真的沒什麼理由。」

「我們不知道這個理由。」上條也是這樣說。

兩人想了很久，綾子說：「簡單來說，就是喜歡，因為喜歡這裡。」

「其實這個是緣份嘛，緣份是我（用起來）最方便的一個詞。」上條是這樣理解的，「為什麼你住在這兒？為什麼我種地？為什麼我過這樣的生活？為什麼我有三個孩子？為什麼我遇見她？為什麼我遇見你們？為什麼你們來到這裡？都是緣份嘛。這個事說不清，經歷過後才知道的。」

上條有著最自由的靈魂，在山野叢林間如魚得水，彷彿是大自然的孩子。與其說他選擇了中國居住，不如說他是在漫遊的路上正好停留在了大理，一個能讓他與自然共存的地方。那麼未來呢？

綾子說：「等和空十二歲，小學畢業了，就打算離開中國，暫時是這麼打算的。和空和結麻會寫中文，能看懂中文，到了那種不會輕易忘記的程度，然後偶爾回中國的時候，還能找中國的朋友玩。等他們將來

掌握中文後，還想讓他們學英語，所以到時會離開中國。」

冬冬看著這與眾不同的一家人，感慨良多，他問了他們一條從沒問過的問題：「對你們來說，人生是什麼？」

「人生？人生就是玩吧。對我來說，就是玩吧，除了玩沒別的了。」上條說，「不管我說了多少聽上去感覺很認真的話，說了多少自以為是的話，重點還是這一生玩了多少、享受了多少，在享受的過程中，可能才能發現各自的使命……絕對會發現自己的使命、自己該去做的工作。」他轉向太太笑道，「阿部先生的這個問題，問得太深刻了吧。這不是能簡單回答的問題。」話雖如此，上條給出的答案，卻是很多一本正經的人不願承認的真理。

上條的人生，就在耕種、玩音樂、養雞、釀造、煮食、養孩子當中度過，「這些都是我的工作，甚至睡覺也是我的工作，我不認為只有賺錢的事是工作。對我來說，工作就是生活。」

什麼是人生？我們總希望給人生下定義，結果反而給自己帶來許多無形的壓力與折磨。人生哪有答案，生而為人，本就是為了在世上體驗一番，只要好好享受，就達到了最大的使命。

二〇二〇年，上條一家離開了大理，搬到浙江省建德市，山清水秀的富春江畔。孩子們日漸成長，他們每天都要搭渡船，到江的另一邊上學。上條則繼續他的農耕生活。

「種地和做音樂，我應該會做很多年，會越來越有經驗，這是很美的生活。」

「我覺得上條是個哲學家。」

他們的生活其實跟普通中國人是一樣的，去看病也是去當地普通的醫院，買菜也是到普通的菜場。雖然他們一家都是日本人，但是特別融入當地的生活。

我在拍攝之前，覺得上條可能是很隨意的人，以為他是受妻子影響才有了如今的想法。接觸之後才發現，上條非常有影響力，他可以說是改變了綾子的人生。上條非常明白自己想要的是什麼，不管周圍的人說什麼，也會堅持去做。他太強大了，什麼都能自己學，什麼都能自己做，哪怕是在家裡接生。敢想的人很多，但很少人敢做，他不但敢想敢做，而且還做到了，這讓我很吃驚。要我為了達到目的而放棄很多東西，我可能做不到。我覺得他們應該是很有毅力的人。

他們對孩子的教育也很有魄力。其實三個孩子都是日本籍，明明可以帶他們回日本上條件更好的學校，但他們並不想讓孩子接受所謂的「很好的教育」，而是想讓孩子理解生命、接觸大自然。他們的做法猛地一聽確實很奇怪，但是接觸下來，就會發現有他的道理。他們明確知道自己想給孩子怎樣的教育，也能承受別人的非議，心理狀態非常強大，能力也很強。我對他們就只有佩服，真的很佩服。

第二章　為這片土地作出貢獻

為了學生必須要
待在這裡 ——

日語老師
川端敦志

今後請每天非常努力地學習、
努力地參加活動，
如果有一天機會到來，
你們一定能發揮自己的能力。
你們一定要有這樣的自信。

Personal
Profile

住在贛州的日語老師

家鄉：日本東京

職業：日語外教（外國人教師）

就職學校：贛南師範大學

曾獲嘉許：廬山友誼獎（江西省授予外國人教師的最高
獎項）

愛好：彈吉他、養烏龜

喜歡的菜式：麻婆豆腐，是喜歡吃肉的素食者

結婚對象：工作

住在這裡的理由：無論是對於我自己來說，還是對於學
生來說，我都必須待在這裡。

15

早上六點，下著小雨，冬冬和川端老師撐著傘，走在校園裡。

「你幾點起床的？」冬冬問。

「兩點起床的。」川端老師說。

冬冬驚訝，「為什麼起來的那麼早？」

「要做上課的準備。」川端老師每天都會清晨起床，為當天的課堂做最充分的準備。

冬冬和節目組在大學校園裡兜兜轉轉，經過每一間教室，都要趴在門口、窗邊看一看。確定課室後，他敲敲門，門一打開，看到一位戴眼鏡、梳著三七分頭髮、兩鬢斑白、身形微胖的老師，這是在贛南師範大學教授日語的日本人老師川端敦志。

川端老師身後的女學生看到冬冬，驚訝得瞪大了眼；教室裡的學生們頓時起鬨歡呼，十分興奮。這是冬冬第一次感受到了《我住》粉絲們的熱烈歡迎。

贛南師範大學（贛南師大）位於江西省贛州市，創辦於一九五八年，以前叫贛南師範學院，二〇一六年更名為贛南師範大學。節目組也是在這一年來到了贛南師大拍攝。學校有約兩萬名學生，在拍攝時，選修日語專業的學生一共二百七十人，其中不少是江西本地人，也有的來自其他省市，像是川端老師開門時，站在他身後瞪大眼的女學生王荻便

來自北京，因為高考失利而來了這裡。

之前王荻聯繫節目組，說：「我們的外教（外國人教師）是川端敦志老師，他去年還獲得了江西省授予外國人教師的最高獎項：廬山友誼獎。」據說川端老師十分有趣，節目組就決定前來拍攝。

連日本人也感到困難的日語課

川端老師慈眉善目，一副標準的老師模樣：穿著洗得發灰的襯衫、米色西裝褲，脖子上掛著計時器，襯衫口袋裡插著筆。他讓節目組進入教室，然後指著冬冬說：「我來介紹一下，我知道其實不介紹也可以。這位是？」

學生們齊聲大喊：「阿、部、先、生。」

隨後川端老師便對冬冬說：「現在你也到一個組裡，和大家一起學習吧。」

冬冬一愣，「學習嗎？」

川端老師點點頭，冬冬聽話地找個位子坐下，一個日本人學起了日語──和學生們討論起來。

學生們並不能閒聊，因為今天要教日本古典文學作家芥川龍之介

的短篇小說《羅生門》。川端老師在黑板上寫了文章大綱和對學生的提問，讓他們分成三個小組討論，再匯報自己對文章結尾的見解。

即使冬冬是日本人，看著手上的小說，也感到：「內容好難啊！」不過前一刻還在閒聊的學生們，到了下一刻匯報時，卻讓川端老師眼前一亮。

「我在日本教這篇文章的時候，日本學生誰都沒有想到你們所想像的結尾。其實我也不知道真正的答案，但是只要大家覺得說明有道理，就可以了。」在課堂最後，川端老師對學生這樣總結道。

「給他們機會，他們能做很多事情」

下課了，川端老師穿上風衣，把教具等雜物放進塑膠袋裡，一手拎著袋子，趕往下一個場地。節目組抓緊機會了解老師的基本情況。

「老師來中國多久了？」冬冬問。

「來了十三年了。」川端老師到過上海、天津、河南等地的學校任教，而這是他來贛州的第三年。

正聊著天，川端老師卻突然說：「我也沒有想到大家想像的《羅生門》結尾，所以說，一邊教日本文學，一邊學日本文學。」他仍沉浸在上一個課堂裡，興致勃勃地分享自己的感受。

下一節課在走廊上進行。川端老師說「接下來要練習一首叫《船歌組曲》的民謠。」

這一首連日本年輕人也不怎麼知道的民謠，是學生們即將在日語節上表演的節目。他們搬來日本大鼓，其他的人排成幾行，朝著走廊外的操場敲鼓唱歌，邊唱邊配合歌曲做動作。

看完學生們氣勢磅礴的表演，冬冬讚道：「太棒了，很酷啊！」

「其實如果是現場表演，會更酷一些。」川端老師說。這一切都是學生們設計的，他們自己決定唱哪一首歌，自己構思表演動作。「如果老師或者學校不去壓制他們，給他們機會，他們能做很多事情。我不會把我在日本教書的經驗用在這裡，我只是在想能為他們做什麼，怎麼讓他們更有精神。」

川端老師（右四）在天津時

川端老師（中）與學生

　　無論是課堂上的小組討論，還是課外的演出練習，川端老師都給予學生自我發揮的機會，這是他在中國任教十三年所累積的經驗之談。

一周三天不吃午飯的老師

　　午飯時間到了，學生們甚至節目組都去了食堂吃午飯，那麼川端老師呢？他還在工作，給學生們補課。他專注地傾聽學生練習口語，在他們停下來的時候溫和地笑著鼓勵他們繼續。

　　「老師，你不餓嗎？」亮叔問。

　　「餓啊。」川端老師按著肚子，坦然地笑道：「餓了，真的餓了。」

可是餓肚子不重要，在他看來，「如果我們一下課就走，然後跟學生說：『你們要努力。』現在的學生不會聽這樣的話。」因此他堅持每個星期抽三天，利用午飯時間給學生們補課，陪伴他們一起學習。

他會因應學生的程度而使用不同的教學方式，比如在教授基礎班的學生時，會讓學生站起來做課間操，大聲練習最基本的語音：「わ、お、わ、お」。川端老師上課時十分投入，喊著喊著，發現鏡頭湊到眼前，這才意識到正在拍攝，忍不住害羞地笑了起來。學生們一陣大笑。

愛吃肉的素食者

好不容易終於能休息一下了，節目組邀請川端老師去吃午飯。來到麻辣燙店，川端老師選擇的卻都是蔬菜和菌類。為了能以最好的狀態面對學生們，喜歡吃肉的他卻沒有挑一點肉來吃。

冬冬愕然，「不吃肉和上課有關係嗎？」

「據說肉發揮的力量是瞬間力，而不是持續力，我想要持續下去。」川端老師說。

「是因為一天的課很長的意思吧？」冬冬問。

「不只是一天，要持續很多年很多年。」所以，川端老師成為了素食者，確保自己能長期維持良好的狀態。

每天凌晨起床，一大早便回學校上課的川端老師，並不是每天都精神十足。因此他更講究吃飯、喝水、睡覺、運動這四方面的平衡。「根據最新的醫學學說，精神健康和身體健康是同一個東西。不在乎身體健康的人，將產生精神健康的問題。同樣，精神不健康的人，有一天身體也會不健康。」

為了調整自己的狀態，川端老師有時會打坐。「什麼都不做，安靜地坐下來，讓自己靜靜地觀察自己的樣子。這個和宗教沒有關係，我想有很平靜的心靈、頭腦、身體，人就會自然而然地變精神了。」

已經四十多歲的川端老師每天的生活都圍繞著工作，下班回家了也會繼續思考教學上的事情。他沒有結婚，沒怎麼交朋友，休息的時候也很少出去玩，逢年過節大家都放假了，他還是留在學校。他笑言，自己

「跟工作結婚」了。

「這是日本典型的工作狂啊。」亮叔在了解川端老師的日常生活後，只有這樣的感受。他覺得，「你年輕的時候更帥吧，肯定很受女生歡迎對吧？」

「年輕的時候是的。」川端一怔，笑著說：「我年輕的時候有很多問題，不能說，如果說了，估計學生誰都不會接近我了。」

冬冬好奇地說：「只和我們說吧，我知道導演肯定會剪掉的。」

最後節目組只留下了川端老師的一句話：「在日本的小說裡出現的好人，很多都是年輕的時候做很多壞事，然後洗心革面變成好人，所以人不做一些壞事，成為不了好人。」

無論他年輕時有多「壞」，現在能成為專注教學、一心為學生奉獻，連眼神都充滿了慈愛和力量的好老師，當中肯定有不少歷練。

日本人老師對孔子的嚮往

晚上，學生們為節目組準備了一個歡迎會。他們都在日語課上看過《我住》的節目，因此看到節目組後十分興奮。雖然準備時間只有幾小時，但是歡迎會毫不馬虎，以穿蒙古族服裝的女同學跳蒙古舞開場，接著有扳手腕等各種遊戲，還有頒獎禮。主持人穿了日本浴衣和中式旗袍，盛裝打扮。節目精彩、禮堂裡坐滿了學生們，讓節目組十分感動。

冬冬說：「我真的沒有在國內受到這麼熱烈的歡迎，我覺得贛州的朋友特別地熱情。」

而在川端老師的角度，這一場由學生們自己組織籌備的歡迎晚會，對他們自己來說也很有意義：

「也許大家覺得，贛南師範大學不是什麼有名的大學，但是，如果你們每天學習、參加日語興趣組的活動，平時都很努力去練習的話，這樣的活動很快就能組織起來的。誰也不知道機會什麼時候會來，但不是看到了機會再準備。今後請每天非常努力地學習、努力地參加活動，如果有一天機會到來，你們一定能發揮自己的能力。雖然不是在有名的大學學習，但是努力的話，這樣的活動也能很好地舉行。你們一定要有這

樣的自信。」

　　潤物細無聲，川端老師利用每一個機會鍛練學生的能力，鼓勵他們努力學習。他表示，自己來中國的理由有很多，因為喜歡漢字、喜歡吃麻婆豆腐等等，而當中最大的理由，是他對於孔子的教育理念的嚮往。一個人到底需要怎樣的教育？不同的教育方式是否會對人生產生改變？這些都是他一直思考的問題。

「要組織學生們願意去努力的課才行」

　　第二天一大早，川端老師便回到學校，給學生們上排球課。

　　他曾是日本排球名校選手，現在一周三次義務給校內的排球隊進行

訓練。上課時，他發現學生們的步伐凌亂，在跟他們講解的時候，攝影師聽到川端老師的話，聯想起自己擅長的羽毛球，便提出建議。川端老師一聽，欣然接受攝影師的意見，更請他來教學生們羽毛球的步伐。

「真沒想到能得到你的指教，謝謝！」攝影師教完後，川端老師真誠地鞠躬感謝，「今天你們能來看我們訓練實在太好了！」

訓練後，同學們手拉手匆匆趕去上課。節目組在校園裡取景，冬冬和亮叔看到了讓他們十分震撼的畫面：一大早，學校各處都是學生，他們或站或坐，紛紛捧著書晨讀，四面八方都是朗朗讀書聲。

在日本，很多學生在上大學期間都是以打工為主，這樣專注地讀書的人幾乎沒有。根據日本全國大學生活協同組合聯合會在二〇一七年搜集的統計數據顯示，有約一半的日本大學生每天讀書時間是零分鐘。因此，看到贛南師大的學生大清早便在校園裡晨讀，讓冬冬和亮叔十分感慨。

「中國的大學生太用功了。我們應該向他們學習。」冬冬說。

節目組還曾拍到這樣的畫面：川端老師走往教室，學生們跟在他身後，手捧教材，一直跟他對話、問問題，每一雙眼睛都認真地看著老師，閃耀著求知的光芒。

「中國和日本的學生有什麼不同的地方嗎？你覺得現在中國的教育制度怎麼樣？」節目組代微博上的粉絲提問。

川端老師說：「提問的人可能認為日本的教育是很好的教育，但是其實日本的教育存在很多問題。說是好事也是壞事，日本的教育給學生一種肉眼看不見的、要附和別人的壓力，想去國外挑戰的年輕人越來越少，很多年輕人都宅家裡，他們一直接受的教育是，如果不和大家做同樣的事情，就不能在集體中生存下去，要消除自己和別人的不同。」

因此，川端老師在教育學生時，會給他們提供更多機會，讓他們主動挑戰、發揮自己的能力，並利用各種方式，增加他們在日常生活中接觸和運用日語的機會。「我覺得，讓學生記住課本上寫的東西和自己知道的東西，這樣的課很無聊，要組織學生們願意去努力的課才行。我接受你們的採訪，也是因為你們過來，會給學生們一個努力的機會。我認

為這也是教師的工作。」

於是，繼邀請攝影師教學生們羽毛球步伐後，在大一學生的表演課上，川端老師順理成章邀請冬冬指導其中一組學生練習詩歌朗誦，為下周的比賽作準備。可是，冬冬看著膽怯的學生們輕聲細語地「朗誦」，不禁嘆了一口氣，「先把聲音發出來，用喊的也可以。」

冬冬讓學生們反覆練習，又給他們示範如何在聲音裡加入感情。而這時，川端老師卻搬了一套桌椅，坐在教室外面的走廊上，默默觀察著四周分組練習的學生們。

他說，老師應該培養學生主動思考和發揮創意的能力。「如果只考慮眼前的話，我把一些經驗教給他們，讓他們下個星期發表一下，會很省事。但是想到到了大三，這些學生能有多少創造力的時候，我就覺得應該讓他們自己琢磨怎麼去表演。」

不直接指導，而是默默守護，讓學生在自由的環境中自行領悟。那麼，學生們的表現又是如何呢？

後來，被冬冬批評的學生們找到了練習聲音的方法——站在走廊上，朝著外邊大聲朗讀，連站在樓下的節目組也能清晰地聽到他們的聲音。

跟工作結婚的工作狂

在中國待了將近二十年，川端老師所思所想都是如何更好地教育學生。但是鼓勵獨立思考、主動學習的教育方式，有時可能會讓一些人難以接受。面對不同的意見和態度，川端老師坦言他也會感到為難。「比如學生作業寫得不認真、不用心的時候，我覺得：天天這樣上課也沒有用啊，就會很難受。」

有的時候，他甚至想著想著就睡不著了。「那樣的時候我看看書，或者找一找我和對方彼此能妥協的地方。我最近覺得『不一樣』並不是不好的事，大家的想法都不一樣，才有在一起的意義……學生的人生和我的人生是不同的，在日本，老師和學生之間也往往會發生矛盾，這是理所應當的。」

於是他會盡量抽離自己的情緒，更客觀地對待每一天的課堂。川端老師引述「現代管理學之父」彼得・杜拉克（Peter Drucker）的話：學生並不笨，儘管每個老師的教學法、方法、理想不同，但是學生們能感覺到這位老師很努力，也會知道從這位老師身上學到了什麼。「當然不可能人人都擁有和我一樣的目的，這樣也不太現實，但是，我相信學生能理解我是用怎麼樣的心態來教書的。」

學生的眼睛是雪亮的，川端老師尤其受女學生歡迎。

「我覺得川端老師很萌、很可愛。」一位女學生說。

還有一位女學生說起了和川端老師一起吃飯時的趣事：「日本的習慣不是不能剩菜嗎，川端老師就秉著那個精神，把配菜的辣椒和主菜一起吃，因為他想著不能剩。但是他吃了以後又覺得很辣，我們老師就忍不了了。我們就跟他說，其實這個是可以不用吃的。」

冬冬問她們：「你們希望他早點結婚嗎？」

「當然希望啦！」她們說。

聽說外國人教師每兩三年就要換一個新城市，亮叔最初以為，川端老師說自己「跟工作結婚」，只是因為還沒遇到合適的人，直到問他：「準備什麼時候結婚？」

川端老師笑了笑，然後認真地說：「我也許不會結婚。」

亮叔一愣，「終生嗎？」

「終生不會結婚。」川端老師肯定地說。

他解釋，「學生要是有突發的事情需要和我商量，可能會取消和妻子事先約好的事，而且不止是一次兩次，會一直有這樣的情況。」

亮叔聽著聽著猜道：「你是有過這樣的經歷吧？」

川端老師笑了，「是的，結婚之前經歷過。」這是他與前女友的曾經。

「你覺得學生比你自己重要嗎？」冬冬問。

「最終還是自己最重要，學生的幸福與不幸福，和我的幸福與不幸福息息相關。」川端老師說。

「為了學生不結婚，中國有這種老師嗎？」亮叔問攝影師。

「理解不了。」攝影師說。「我們中國人就是希望你能平衡。」

「希望你結婚。」亮叔補充。

刻意營造孤獨的環境

川端老師到過中國很多地方，認識了不同的人，但是他每天都會感到孤獨。而這種孤獨，某程度上是他刻意營造的。

「可能原因在於我的性格，我決定在工作的地方盡量不交朋友，學生也不例外。因為假如在工作上有什麼問題、需要嚴格要求學生的時候，要是對方是朋友，就有點難開口。我認為，很多人會覺得朋友給自己提建議的話會很煩。」川端老師覺得，「我來中國不是為了交朋友而是工作，因此我要和周圍的人保持一定的距離，所以我故意造成一個孤獨的環境。不過我覺得孤獨才能讓我反思。歷史上的聖人：釋迦牟尼、耶穌、蘇格拉底、孔子，連這四個人也曾被弟子背叛，所以我這樣的人被人嫌棄、覺得很孤獨是理所當然的。」

在國外工作和生活，也讓他不斷思考日本的歷史、自己的身份，以及在國外工作的意義。「日本並不是在日本人的群體裡才存在，我覺得『孤獨』給了我一個再學習的機會。」

這天晚上，節目組來到川端老師的教師宿舍。直到這時他們才知

道，川端老師為了教育放棄個人幸福，寧願孤獨地生活的極端想法，與他的童年經歷有關。

「我家有很大一個問題。」川端想了想，然後才說：「我是在一個沒有家的孩子們聚集的學校裡長大的。那裡的孩子中學畢業後，必須自己生存下去，就連高中也去不了。所幸的是，我的學習成績和排球都不錯，得到了高中推薦入學的機會。沒有這些機會的孩子們只能找夜間的工作。」

他看著自己的同伴們因為沒有機會，走向了不同的人生。「在進入社會之前，如果受到了對自己、對社會產生負面認識的教育，人會變成什麼樣，我感覺這樣的事並不完全和我無關。」

因此，當節目組問他住在這裡的理由是什麼的時候，川端想了想，

說：「也許聽起來很傲慢，我覺得我必須要待在這裡。無論是對於我自己來說，還是對於學生來說，我都必須待在這裡。」頓了頓，他笑了，「還有一個理由，我喜歡吃麻婆豆腐。」

「麻婆豆腐？」冬冬問。

「我一直想嚐一嚐中國真正的麻婆豆腐。」川端老師又流露出了可愛的一面。「我會被奇怪的地方所吸引。」這大概是因為日本人對於麻

婆豆腐真的愛得深沉吧。

直到上最後一課之前，仍要朝理想的方向前進

訪問快結束時已經晚上十點了，川端老師卻仍要工作。他每天晚上會在筆記本上寫下當天上課時要反省和保持的地方。比如，他為前一天晚上歡迎會的總結是：

主持：準備、練習都 OK

流程：時間掌握得好

準備：應該感謝三年級

觀眾：能準時開始

收拾：應該讓一年級做

做好總結，川端老師才完成了一天的工作。不過他休息不了幾個小時，就又要起床，為第二天的課堂備課了。

中國有很多日本人老師，但是川端老師絕對是當中特別的一位。為了學生，他選擇與工作結婚，堅持吃素，每周三天不吃午飯給學生補課，每天兩點起床為上課作準備……每一天每一天，他都在用心教導學生，鼓勵他們勇敢嘗試。多年來全心全意為學生奉獻，令他獲得江西省優秀外國人教師的嘉許，但是，對他來說，這遠不如學生們給他寄的信更讓他高興。

川端把獲得的金牌和多年來學生們的信、和學生的合照都放在一起，妥當收藏。現在這些學生不少正在日本發展，以後說不定《我住》裡也會出現他的學生。

當節目組把川端老師的珍藏一一拍下來的時候，老師一直凝視著它們沉思。亮叔問：「你一邊看一邊在想什麼呢？」

川端老師仍然沉默地看著。

亮叔想了想，試探地問：「是根本沒在看嗎？」

川端這才回過神來，「我沒在看，我在想剛才趙小姐（萍姐）說的要讓學生們背書。阿部先生也說了，不能只是讓他們朗讀。」

亮叔說：「我以為他在看這些資料，在懷念嘛，結果不是，在想明

天上課的內容。」

攝影師斷言：「他肯定不是那種人。」

川端老師笑了。

亮叔覺得，中國大學生和日本大學生的學習態度完全不一樣，中國的大學生在上課時認真聽講，下課後積極學習，也許川端老師在日本任教的時候不曾有過這麼大的成就感，才令他分外投入吧？

在節目組於二〇一八年以書面形式回訪時，川端老師表示：「我還沒感覺到真正的成就感，我想實現的工作還沒真正完成，恐怕我一輩子也實現不了。我聽說過，懷有巨大夢想的人在向著夢想前進的途中就結束了人生，我深刻地覺得這番話是真的有道理……說到學習方面，學生開始積極追求課本以外的內容的時候、追求我給他們的課題以外的內容的時候，我才覺得我做老師真好。可能要到在中國上最後一節日語課的那一刻，才會感覺到真正的成就感吧。」

「他超級靦覥！」

　　他是個超級典型的日本人 —— 非常認真的工作狂。通過川端老師能夠學習到日本人的優點。很多日本人來中國後，多多少少會中國化，本來擁有的屬於日本人的美德都慢慢消失了，但是他一直保持，對工作態度認真，對待每一個學生都非常公平，是非常負責任的一個人，就像是上個時代的日本人一樣。

　　川端老師對每一個學生都超級熱情、超級負責任，有這樣的老師肯定好呀！如果是在日本當老師的話，他是不會滿足的，因為要是遇到不負責任、對老師不熱情的學生，那就只有單方面的交流。中國學生對老師非常熱情、尊敬、崇拜，他們能有雙向的交流，他應該很有成就感吧。

是命運的安排——

林冠生態學教授
中村彰宏

其實昆蟲並不只是有害的，
牠們非常重要。
如果沒有昆蟲，
世界會變得非常糟糕。

**Personal
Profile**

住在西雙版納的林冠生態學教授

家鄉：日本神奈川縣

職業：中國科學院西雙版納熱帶植物園研究員

特長：全副武裝地爬樹

住在這裡的理由：是命運的安排

16

亮叔問：「如果你家裡有蟲子，你不會打死牠們嗎？」

Aki 教授說：「蟑螂的話我會打死，想都不用想。」

亮叔笑道：「你這樣不行啊！」

Aki 教授不以為然，「這是兩碼事。」

「這樣啊，」亮叔說，「那蚊子的話殺死就行了？」

「對，要殺死，我才不會讓牠吸我的血！」雖然做著研究昆蟲的工作，在家裡的時候，Aki 教授對「研究對象」仍會毫不留情。

　　西雙版納傣族自治州位於雲南省西南方，其西南與緬甸接壤，東南與老撾相連，地處熱帶邊緣，北邊又有高山阻擋南下的寒流，一年四季氣候溫暖潮濕，成為中國熱帶生態系統保存得最完整的地方，動植物物種十分豐富。這裡其中一個最有名的景點，是「中國科學院西雙版納熱帶植物園」（中科院植物園）。中科院植物園面積約一千一百公頃，距離中緬邊境僅二十多公里，是「集科學研究、物種保存和科普教育為一體的綜合性研究機構和國內外知名的風景名勝區」。不過當亮叔一下車，放眼望去，就只有一個感想：「除了森林之外只有我們。」

　　在這片廣袤的森林裡，有近三十個研究組，「駐守」著數百位來自全球不同國家的研究員和研究生。亮叔和節目組千里迢迢來到，為的就是尋訪當中「林冠生態學研究組」組長、日本人教授中村彰宏（Aki 教授）。

位於雲南省的中科院熱帶植物園

跟著「大變態」去森林玩耍吧

Aki 教授皮膚黝黑、打扮隨意，說話語速很快，笑起來莫名帶有一股邪氣。除了鼻子上架著的細框眼鏡，他看起來實在不像是做學問的人。當有新的志願者來到，他一邊用眼鏡布擦著眼鏡，一邊自我介紹：「你好，我叫『大、變、態』。」

「我總是這樣，比如有人說：『你是教授啊？』的話，我都會說：『不是，我是大變態。』人家就會想，你到底在說什麼？」這樣的自我介紹方式令人震驚，他卻說：「把『變態』的影響力推向全世界吧！」

這位「學者」看起來似乎有點奇怪，讓人不禁對他的研究內容感到好奇。在中科院植物園的網站上，是這樣介紹林冠生態學研究組的主要研究方向：「跨緯度／海拔梯度的群落學；林冠／林下尺度的生態食物

網—物質循環；林冠／林下群落對全球氣候變化的響應……」看不懂嗎？那麼換個簡單點的表達方式：研究住在樹木上的昆蟲生態。

昆蟲是世界上物種最豐富的動物類群之一，上天下地、無處不在，是生物進化史中最重要的動物類群。當中蝴蝶、甲蟲是漂亮的昆蟲，而更多的是屎殼郎、螞蟻、蜉蝣、飛蛾等讓人厭惡甚至害怕的昆蟲，這些都是 Aki 教授的研究對象。

和其他待在實驗室裡的研究人員不一樣，林冠生態學研究員需要到野外觀察、接觸研究對象，因此 Aki 教授工作的地方不是辦公室，而是在森林裡。

和 Aki 教授一起走在路上，要有隨時停下腳步的準備。比如，當看到屎殼郎推著種子過馬路，一輛車輾過，屎殼郎卻安然無恙時，他便停下來盯著蟲子看，開始了他的觀察。

「這個種子的殼非常硬，你摸一下就知道了，這種子就跟石頭一樣硬。牠是怎麼在跟石頭一樣硬的種子上開個洞的呢？應該已經分不開了。」說著就在路邊坐了下來，擺弄手上的蟲子，「你看，完全戳進去了。很厲害吧？好有趣。」

Aki 教授專心地玩著蟲子，突然蟲子掉了，種子和蟲子分開了，「對不起！掉下去了，對不起！」他一個勁地跟蟲子道起歉來。

教授的教室在熱帶雨林裡，他騎著電單車帶亮叔前往上課的地方，

一看到自己的學生，便跟他們大聲打招呼，又魔性地大笑起來。

這天的課程是設置陷阱：製作各種機關以捕捉昆蟲。學生們要把用黏土做成的假青蟲放在森林裡不同的位置，第二天再來觀察有沒有別的動物在「毛蟲」身上留下痕跡。

「其他動物咬上去的時候，大概會知道是假的。雖然咬過之後動物離開了，但是會留下牙齒印，這樣我們就能大概知道是什麼動物咬的。通過這樣的方式，就可以看出一個地區的捕食率是多少。」Aki 教授向節目組講解看似好玩的實驗背後的生態意義——作為「全球假毛蟲計劃中國熱帶雨林團隊」的一員，教授參加了實驗，並作為共同研究者，登上了著名的學術期刊《科學》（Science）雜誌。後來，他又在多本國際級學術雜誌上發表了幾十篇論文，因而從助理教授升為教授。

在課堂上，Aki 教授帶領學生們設置了各式各樣的陷阱：魚墜、巨型彈弓、紗網、自己發明的捕蟲裝置等，輪番上場，為了在捕捉研究昆蟲的同時也不會傷害牠們。

「我們做的事很有趣吧？一點都不學術吧？」他興奮地問。

的確，節目組實在沒辦法把這樣的課堂跟「做學問」聯想在一起。在這裡，連平時大家忌諱的大便，也可以成為陷阱中的誘餌，吸引屎殼郎、蝴蝶、蚊子停駐。

Aki 教授說「用不同生物的糞便可以抓到不同的蟲子……大家都很喜歡吃人的糞便，因為很有營養，很好吃，大家都喜歡。」

至於女性必備的衛生巾則是絕佳的吸水好物。Aki 教授舉起衛生

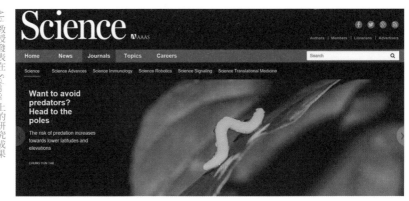

Aki 教授發表在 Science 上的研究成果

巾，自豪地笑道：「只有『變態』才會想到用衛生巾，一般人是無法想像的。這是我的主意，我就想：用這個做實驗不正好嗎？挺好的吧？」

學生們興致勃勃地捕捉昆蟲，Aki 教授卻躺在一旁的草地上休息。「昨晚我女兒發燒了，然後我一整晚都沒睡。」說著笑了起來，「好想在這裡睡一覺，真的好累。」

亮叔站在旁邊，十分感慨：「我是住在城市的人，不敢這麼做（躺在草地上）。我的褲子會髒，衣服也會髒，要考慮各種各樣的問題。他是野生的。」

從日本，到澳洲，再到中國

研究昆蟲的「野生教授」性格隨意灑脫、不拘小節，也許因為每天都跟大自然直接接觸，和蟲子在一起，所以哪怕回到辦公室，仍然保留著在野外的習慣：隨時隨地席地而坐。

在辦公室和學生談事情時，Aki 教授直接坐在茶几前的地上，無視身後的沙發，「這兒坐得舒服。」曲膝擠在沙發和茶几中間的教授，以一種在別人眼中看來一點都不舒服的姿勢坐著。

「我上周在機場的地上睡了兩晚。」他又說。

亮叔問：「因為覺得找賓館麻煩嗎？」

Aki 教授拆開茶几上的零食吃了起來，「因為轉機中間有八個小時的話，住賓館太傻了。」

亮叔不認同，「有八個小時的話我肯定會住賓館的。」

「第二天雲南省給我準備了最高級的酒店。」這時 Aki 教授吃完一口零食，把手隨意地在褲子上擦一擦，然後繼續吃了起來。「感覺我的人生真有趣啊！雖然這話自己說有點奇怪。」

一邊吃零食，一邊不停地拿褲子擦手，一邊東拉西扯，「我以前單身的時候，錢都用在女人身上了，都用在約會上了。」吃完零食，把髒兮兮的手指在褲子上拭乾淨，「沒有存款，不知道之後會怎樣，當天掙當天花，就像蜩蟲一樣。」

亮叔也學著 Aki 教授那樣坐在地上，教授問：「不覺得很舒服嗎？」

亮叔站起來，回到沙發上，「我覺得坐在這裡比較舒服。」

Aki 教授特立獨行的個性，從高中便初見端倪。由於討厭日本的高考，他自神奈川的高中畢業後，便獨自前往澳洲的葛瑞菲斯大學（Griffith University）攻讀生態學，學習通過觀察昆蟲生態來研究環境問題。畢業後，他先後在該校和州立博物館擔任助手，直到二〇一三年手頭上的項目結束，他開始思考往後的工作。

「在日本，我都是在面試的時候被刷掉的，他們大概都覺得我是個怪人，看起來腦子不太正常，還是不要錄用比較好。」教授露出了招牌的古怪笑容，「在不知道該怎麼辦的時候，這裡的人對我說：『那你來這

邊工作不就好了？』所以我就來了。」

在澳洲期間，Aki 教授曾因為一個科研項目而在雲南的原始森林裡住過一段時間。在收到項目組成員的邀請後，他於二〇一三年來到西雙版納，擔任副研究員，四年後當上林冠生態學研究組組長，二〇一九年則成為中科院植物園的研究員，直到現在，每天都過著做昆蟲研究、帶學生的生活。

「西雙版納對於生態學者來說，是個會很想來一次的地方，真的非常有名。我來了這裡之後，比起在澳洲的時候，見到了更多各種各樣的人。」

亮叔發現，在 Aki 教授的研究組裡有好幾位成員都是日本人。教授開玩笑說：「是的，西雙版納一半以上的日本人大概都在這裡。」

中科院植物園匯聚了來自全球的生態學學生和研究人員，每年都有數百計來自三十多個國家研究人員來訪，和近三百名研究生在這裡研究和生活。節目組便曾遇到來自老撾、日本、孟加拉、巴布亞新幾內亞、泰國、柬埔寨等地的學生們。大家都以英語交流，Aki 教授上課時也是說英語，於是來了中國七八年，他的中文仍舊一塌糊塗。

「如果沒有昆蟲，世界會變得非常糟糕」

中午 Aki 教授帶節目組去每天吃午餐的飯堂，三菜一飯，十三元人

民幣，十分便宜。「還挺好吃的吧？我還挺喜歡的。」

亮叔吃了幾口，「這能說是好吃嗎？」

Aki 教授說：「你說什麼啊，太奇怪了！一般這種時候應該說好吃才對吧？一般來說不是這樣的嗎？」

「因為我是很誠實的。」亮叔坦白地說：「一點都不好吃。」

大笑過後，Aki 教授說道：「不管怎麼說，這些菜還是很健康的。」

亮叔忍不住笑了，「你還是很樂觀的。」

「我嗎？不樂觀在這裡活不下去啊。」畢竟他也只有食堂可以選擇。

亮叔直言：「我受不了這種生活。」

可是唯有物資匱乏、人煙罕至的熱帶雨林，才能孕育最豐富的自然生態。活躍開朗的 Aki 教授為了他的昆蟲研究事業，就這樣沉下心來，留在了西雙版納，一待便是好多年。

研究樹木上的昆蟲的人，在全世界都屬少數，那麼，當初他為什麼選擇研究昆蟲呢？

亮叔問 Aki 教授：「是因為小時候喜歡抓昆蟲，所以才走上這條路的嗎？」

「小時候也會抓昆蟲，不過更準確來說，是因為我對環境保護很感興趣。我小時候居住的地方一直在做住宅開發，讓我覺得很討厭。原先想要加入綠色和平組織，但是他們的思考方式非常死板，不會從綜合角度看問題。只知道做保護，我們是活不下去的，人想要活下去，就一定要去殺死一些東西。素食主義者也不可能不殺生。說句玩笑話，『如果不想殺生的話，你就自己去死吧。』真的是這樣。」Aki 教授投入生態學專業的初衷是關心地球的環境問題，「一直以來，我習慣以客觀的角度看待人類發展進程，在此基礎上考慮環境保護的問題，於是就走上了研究者這條道路。」

「當然也有作出一點貢獻的想法。昆蟲並不只是有害的，其實牠們非常重要，沒有昆蟲我們也無法生存。像是授粉活動便必須依靠昆蟲；沒有蒼蠅的話，腐爛的東西就會一直在那裡；沒有屎殼郎的話，大便就一直在那裡。正是因為有這些昆蟲，自然系統才能循環，所以昆蟲是非

常必要的存在。如果沒有昆蟲，世界會變得非常糟糕。」

　　但是在普羅大眾的角度，「昆蟲對人類很重要」是難以理解，或者更確切地說，是難以接受的觀點。亮叔問攝影師：「你喜歡蟲子嗎？」

　　攝影師回答：「我不喜歡。」

　　「你看，大家都不喜歡，大家都討厭。」亮叔指出。

　　「所以我們必須要改變這種想法。」Aki 教授覺得，必須要做些什麼，讓人們對於昆蟲的重要有更多認識。「蟲子並不是可怕的東西，是對我們很有用的東西，為了讓大家覺得牠們很可愛，我們還有很多事情要去做。」

以經年累月的數據來修正人類的主觀判斷

　　第二天早上，一行人再次來到雨林，檢查前一天放置的陷阱。Aki 教授摘了眼鏡，湊到陷阱前，仔細地觀察裡面的飛蛾、蜉蝣、甲蟲。每

一隻比指甲蓋還小的蟲子，也許都代表著生態環境的改變。

「我們發現的新品種大多數都是小蟲子，這會對研究昆蟲的適應性有很大貢獻，所以不能忽視這些小的蟲子，因為好看不好看、很小什麼的，都只是人類的主觀判斷。看起來很可憐什麼的，都是人類的判斷而已。」Aki 教授說。

亮叔十分理解，「我們總是通過外表可不可愛、好不好看來判斷事物，全都是人類主觀的判斷罷了。」

「是的。」無論是人類還是昆蟲，Aki 教授都一視同仁。後來他也說：「大家都會覺得螞蟻應該很笨吧？可是螞蟻明明十分厲害，那麼小的頭腦，只能做一些簡單的事，卻可以聚集起來完成一件大事，比如說築巢，不覺得牠們其實很聰明嗎？」

熱帶雨林裡存在著太多未解之迷，Aki 教授的工作便是通過基礎研究，了解在雨林中生活的昆蟲種類和其中的生態構建。昆蟲適應能力強，品種和數量多，是研究自然生態時理想的研究對象。捕捉昆蟲，並不是為了發現新品種，而是為了採集大量樣本數據，通過研究昆蟲生態，來了解全球生態環境的變化。在野外捕捉的昆蟲，最後會成為標本，並附有標籤，把各種相關資料，像是：品種、出沒地點、高度海拔等信息，一一記錄下來。

來到 Aki 教授的標本室，有比手掌還大的蝴蝶標本，翅膀上的花紋就像蛇頭一樣。「感覺要被吃掉的時候，牠們會這樣（上下）揮舞翅膀，看起來就像蛇的頭在動一樣。」

「蛇頭蝶」猛地一看有點嚇人，亮叔和攝影師說，要是在森林裡遇到這麼大的蝴蝶，肯定害怕得調頭就走。Aki 教授十分不解：「為什麼啊？我倒是非常想遇到。」

「因為非常可怕啊！」亮叔說。

「我無法理解你們的腦回路。」Aki 教授又拿出了另一份標本，「這些是牠們的擬態（物種在演化中獲得與另一物種相似的特徵，以模糊捕食者的認知）。」

「為什麼要模仿別的蝴蝶？」亮叔問。

「因為有的蝴蝶是有毒的，模仿者自己是沒有毒的，牠們模仿有毒蝴蝶的樣子，以防自己被吃掉。很有趣吧？」

教授再拿出一份螞蟻標本，裡面排滿了螞蟻和小小的標籤，讓攝影師嘆道：「密集恐懼症的人看不下去了。」

「每天看著這些會瘋掉的。」Aki教授笑道。

在外人看來，於野外設置陷阱，用各種方式捕捉、研究昆蟲的工作，就像是每天都在玩耍，可是對於研究人員來說，每天如是的生活，就跟我們不停處理文檔、計算數字一樣，也是不斷地重複。為了地球的未來，一個個研究員就這樣把人生最好的青壯年時光，都奉獻給了一隻隻不起眼的小東西。

亮叔問教授：「你覺得蟲子哪裡有趣？」

「哪裡有趣？因為對牠們完全不了解，所以覺得有趣。會有很多新發現……通過研究會發現自己以前的想法其實是錯的，這也很有意思。」在他看來，「這個地球上有七百萬種生物，其中七八成都是昆蟲。昆蟲因為很小隻，所以可以成功在各種地方生存，我覺得很有趣。」

對於Aki教授來說，昆蟲生態學帶給他很多驚喜。他現在更專注於昆蟲基礎學，通過研究昆蟲「在哪裡」、「會去哪裡」、「會不會回來」這三個問題，探索人為因素對生態系統的影響。

「其實大家都知道人類對自然做了不好的事情，但是很多時候，我們不清楚大自然會對此作出什麼樣的反應，當然需要有人去彌補人類的過錯。而我現在集中去做的是採集基礎信息，通過這些數據來證明自然環境會受到什麼影響。可能十年、二十年後才會看到結果吧。」

吃昆蟲可以「拯救世界」？

研究員們每天都和昆蟲打交道，其中一個「交流」方式就是：吃。

西雙版納是傣族自治州，據說傣族有句老話：「綠的都算菜，動的都是肉。」這裡有很多以昆蟲入饌的佳餚。因此，當Aki教授聽說節目組裡有一個「什麼都能吃」的助手時，就決定帶他來挑戰特殊的食物：竹蟲。

他帶節目組到菜場，買了約一斤的新鮮竹蟲。

「雖然說這些是從森林的竹子裡取來的，但抓來賣其實不太好，因為數量越來越少，很多都被抓了。」說著這番話的教授朝鏡頭舉起了一袋白白胖胖、不斷蠕動的蟲子，「很好吃呢！開玩笑的。」

這種讓人看起來頭皮發麻的蟲子，在當地卻是一種很常見的食材。買好竹蟲，交給傣族飯店處理，用水煮過以後再用油炒，就可以上桌了。

Aki 教授吃著蟲子面不改色，那「什麼都能吃」的助手呢？

「完全不知道這是什麼味道。我直接吞了。」助手心有餘悸地說。

Aki 教授很不贊同，「你說什麼？不行，你要好好品嚐才行。你想一下，比如說蝦，和蝦相比，這些蟲子可愛多了吧。」

「不好說……」助手怯怯地反問：「你的良心不會痛嗎？」

「心會不會痛？你吃魚的時候良心會痛嗎？」Aki 教授問。

「你不是在研究這個嗎？」助手問。

「我雖然在研究，但是我已經殺了好多蟲子了，這些蟲子沒關係，因為是食物。」Aki 教授說。

助手鼓起勇氣，再夾了一筷子蟲子。Aki 教授忙說：「你不能直接吞掉，必須咀嚼十次。」

助手面有難色，「十次不行。」

「那五次吧。一、二、三、四、五。」

助手聽話地咀嚼了五次，最後想吐又不好意思，痛苦地吞下去了。

「以昆蟲作為食物，可以拯救世界。」在教授看來，「給牛和豬吃很多飼料，到最後只能得到很少一點肉。但是蟲子的話效率更高，給牠們一點飼料就能得到相應分量的肉了。」

根據科學研究，生產牛肉所需的資源是豬肉、蛋類等食物的十倍，還會製造大量溫室氣體，對環境產生危害，因此，近年來人們重新思考吃昆蟲的可能。雖然 Aki 教授贊成吃蟲子，卻對人們一邊倒批評吃牛肉的風潮抱有疑問。「如果完全不吃牛肉，不就是失去了吃牛肉這一文化的價值了嗎？要維持其中的平衡。完全不吃的話，人生還有什麼樂趣？如果不能吃好吃的東西的話，不如去死。」

亮叔指出，「中國也會在這方面批評日本，經常會在中國的新聞裡看到，說日本人捕殺鯨魚，是野蠻的民族。」

可是 Aki 教授認為，「活著這件事本身就是野蠻的。如果覺得只是不吃鯨魚就不野蠻也太奇怪了。鯨魚的數量太多或者太少都不好，所以只要維持平衡的狀態就好了。怎樣才算是保持平衡的狀態，我們並不清楚，大部份人並不了解鯨魚實際的數量，我們本來就不了解生態。如果知道鯨魚數量很少的話，還是不要捕殺比較好，這樣的想法我可以理解。但是，如果是覺得鯨魚頭腦聰明，所以不要捕殺牠們的話，這也太奇怪了。」

Aki 教授最討厭以人類自我感覺為中心的思考方式，他尊重世上每一個生靈，但這並不代表他反對殺生，正如他所說的，「只知道做保護，我們是活不下去的。」更重要的是取得平衡。對某一物種或某種資源過分掠奪和過於保護，都不是我們與地球相處的最好方式。畢竟怎樣才叫掠奪，怎樣才是保護，往往都是我們的主觀想法。

覺得人類就是世界的中心，和其他動物不一樣，是聰明的，是特別的，是地球的主宰，從而主觀判斷其他生物應該獲得的生存空間和狀態，這是特別狂妄自大的想法。眾生皆平等，地球上並不是只有人類，地球的資源也是所有生靈共享的。在社會發展的同時，我們也要注意對資源的合理運用。因此，像 Aki 教授這樣的生態學者，他們的工作很有

意義——唯有經年累月地採集數據，才可以更有效地判斷生態環境的改變，從而能站在更加客觀的角度，於環境保護和善用資源之間取得適當而合理的平衡。

「泰山」教授的樹上歷險記

亮叔曾問他：「這份工作的魅力是什麼？」

「自由，非常自由。」Aki 教授說，「當然有很多必須要做的事情，只要完成好這些工作，就會很自由。」

比如，他為了更好地研究樹木上的昆蟲，在拍攝前不久才掌握了一門新技術：全副武裝地爬樹。

為了學會爬樹，他還去了馬來西亞一趟，在專門的機構學習。「要採集樹上的樣本的話，就一定要爬上去，想採集樹葉的樣子或是捉蟲子的話。」

亮叔笑道：「感覺搞不清你的職業是什麼了。」

Aki 教授不以為然地笑笑，「姑且還算是個教授。」

他對身旁的學生說：「有時候我們會找專業的攀爬人員來做這類工作，不過為什麼不自己來呢？自己來比拜託別人做更有趣，對吧？」

全副武裝地爬樹的 Aki 教授

教授在吊繩的幫助下順利爬到樹頂，其後卻遇見了爬樹時的大忌：蜂巢，嚇得他不敢動彈。好不容易下來後，已經渾身是汗，「真的很費體力。」

亮叔在旁邊說：「你年紀不小了。」

「你說什麼？」Aki 教授嚷著，「才不是這個原因！」

他做示範時，將爬樹的繩扣連在皮帶上，結果拆除裝備的時候，

順帶把皮帶打開了。尷尬的教授連忙轉身繫皮帶，與眾人一起大笑起來。

這樣的課堂實在太歡樂，亮叔直言：「好像探險俱樂部的課程一樣，完全沒在做學術。」

Aki 教授也認同，「是那種感覺。這些會在周末做，要是工作的時候做這個，看起來就像在玩一樣。」

一份多達五十人的「神秘名單」

在這個遠離塵囂的小型社區裡，人們的娛樂確實不多。這天晚上，Aki 教授邀請節目組參加他和學生們的燒烤聚會。在場的二三十個學生來自世界各地，他們就像家人一樣相處，幾乎每個月都到附近的燒烤店聚餐。

Aki 教授看著興奮的學生們，想起了往事，「我還是獨身的時候，就會從這類聚會開始，和身旁可愛的女生搭訕，一起喝酒，大家都挺開放的。」

亮叔問：「現在不會搭訕了嗎？」

「現在不會了。」Aki 教授說，「但是，以前我寫了一個前女友名單，被我老婆發現了。」

他邪氣地大笑。

「為什麼會有這種東西啊？！」亮叔難以理解。

「因為我是學者，無論是什麼都想記錄下來啊！」Aki 教授笑道。

亮叔覺得，這種怪異的行為，跟是不是學者完全沒有關係，但他更好奇 Aki 教授的妻子發現名單後的反應。

「還好妻子的名字是

Aki 教授和妻子 Pear 及女兒

我住在這裡的 N 個理由

在最後的。」

亮叔問：「名單一共有多少人？」

「五十人。」說完，Aki 教授又哈哈大笑起來。

節目組聽到這個數字十分震驚，莫非當教授的人特別受女性歡迎？

「不受歡迎。」Aki 教授一開口就是金句：「你真是什麼都不懂。追女生跟你的名聲什麼的一點關係都沒有。重要的是，要將自己毫無隱藏地展現出來。你要是說了你的職業、名氣什麼的，人家就會立刻走開。」一番話引得大家讚嘆不已，紛紛說教授果然是情場老手。

Aki 教授離過一次婚，和前妻生的兒子十多歲了，如今在澳洲生活。現任妻子 Pear 是泰國人，兩人育有一個非常可愛的女兒，一家人十分幸福。Pear 和女兒跟著教授住在西雙版納，他們的家每個月的房租才一百五十元人民幣。

亮叔問 Pear，「對他的第一印象是什麼？」

「第一印象就是他看起來非常善良，他是個好人。」Pear 說，「當時他也告訴我了，他有一個兒子。」

亮叔又問：「你們認識的時候她知道你是教授嗎？」Aki 教授轉向太太，Pear 搖搖頭，說：「不知道。」果然，追女生的技巧是：不要透露自己的職業。

在昆蟲世界裡默默努力

Aki 教授沒有半點「教授」應有的模樣，但在他灑脫隨性的背後，恰恰有學者心懷的大愛，對萬事萬物一視同仁；而他語出驚人的話，往往蘊含著值得深思的哲學意義。

他的研究範圍除了中科院植物園，還有園外的原生態熱帶雨林。雨林更加人煙罕至，因此育孕了很多尚未被人類發現的昆蟲新品種。「只是單純想要來這裡看昆蟲的話，一定會覺得大自然果然很有趣啊！應該讓大家感受到大自然充滿著未知和驚喜。」

不過探尋「未知」的路充滿驚險。Aki 教授騎著電單車，帶著亮叔駛過崎嶇不平的泥路，甚至直接淌過河水，「要是在這摔了，

節目效果就出來了。」

穿梭在林間，樹枝樹葉不斷拍打在臉上，亮叔嚇得大叫：「這也太狂野了吧！」

好不容易抵達目的地，Aki 教授等人在深山老林裡如履平地，健步如飛，走著走著節目組便被拋在了後面。當節目組找到他們時，他們正在看在葉子上爬的椿象，後來又撥弄另一片葉子，看停留在上面一隻身長約五厘米的大螞蟻，「森林裡的螞蟻和住宅區還有次生林裡的螞蟻是不一樣的，看到這樣的區別會覺得很有趣。」

節目播出後，曾有觀眾留言：「其實教授還是很教授啊！做研究耐得住寂寞，找得到樂趣，是個做學問的人。」在他上山爬樹的帶領下，昆蟲彷彿變得有趣起來。這大概才是現代學者真正的面貌：找得到研究的趣味，樂觀面對艱難的環境，默默地為全世界作貢獻。

後來節目組在二〇二〇年新冠肺炎疫情期間安排線上回訪，了解生態學者對病毒的看法。當時曾問 Aki 教授：「你認為人和其他生物怎樣能共存呢？」

他的看法是：「現在世界組織在提倡，應該把地球的一半讓出來，留給野生動物和自然環境，這個計劃叫做『半個地球』。地球的一半可以由人類使用，把另一半留給其他生物和自然，我覺得這樣的企劃是一件很厲害的事情。但是要讓人和動物攜手共存、友好相處，是不可能的。人類和人類之間都做不到，就別提動物了。人類闖入不該踏足的領域，開始亂吃不該吃的野生動物的時候，就是這些不明原因的病毒開始蔓延的時候。只要人類繼續這樣，這類事情就還會發生。所以，這次的事情如果能作為一個契機，能讓中國政府或者世界組織有所動作，從中央到地方嚴格禁止野生動物的販賣和食用就好了。」

為了昆蟲研究，他一直在世界各地飛來飛去。現在他也並不想回日本工作，打算暫時留在中國。

「資本主義國家的人對中國都抱有偏見，覺得中國不自由，大家都被監視控制著，不能做自己想做的事。我自己之前也會有這樣的偏見。剛來到這裡的時候，我估計最多只能待一年左右，來了之後發現過得很

舒服，完全沒有問題。雖然 Google 用起來比較麻煩，但是除此之外完全沒有問題。」他又說，「不過我這個人，說實話，去哪裡都可以生活。我是不會抱怨的，也不會抗拒。」

亮叔覺得，對 Aki 教授來說，無論住在哪裡，也不會有住在國外的感覺，因為他是一個地球人，住處就是地球。「不過你看起來應該不太適應日本社會。」

兩人大笑，教授直言：「適應不了，適應不了。」

那他以後會一直住在中國嗎？「應該是吧，只要能解決女兒的上學問題。到了那時候再考慮吧，還不知道將來會變成什麼樣呢。」面對未來，他隨遇而安，「明年會變成什麼樣我也不知道，說不定領導看到了這個節目，會說：『你這個人怎麼這樣子！』然後轉頭就把我給辭了，哈哈哈！」

節目播出後，儘管 Aki 教授嚷著：「感覺好噁心，這人（自己）好噁心啊！」可是還好他保住了職位。

總是不按常理出牌的他，面對「你住在這裡的理由是什麼」這道問題時，也有令人出乎意料的回答：

「這麼說有點不好意思，但是是命運的安排把我送到這裡。在全力以赴做好自己該做的事情之後，自然而然就來了。結果來到以後，我發現自己很喜歡這裡，也很慶幸來到了這裡，一點也不後悔。」

Aki 教授與亮叔

「你有什麼目標和夢想嗎？」亮叔問。

「就兩個字：積累，然後慢慢就知道以後該怎麼辦了。」一陣魔性的大笑後，Aki 教授說：「這是我最真實的想法。」

無論是研究工作還是人生經歷，Aki 教授都在默默積累，期待有一天，累積的成果能給全球生態環境保護，以及在中國的外國人，帶來影響和啟迪。

「Aki 教授太有意思了！」

我跟他特別聊得來，我們是非常好的朋友，最近才見面喝酒了。他特別開放，什麼都敢説，沒有隱瞞，是個單純的人，跟我一樣。而他對這個世界的看法、價值觀等，都跟我很像，所以就算我們的行業完全不一樣，也超級聊得來。

他一直在觀察蟲子嘛，一隻蒼蠅、蚊子，或者蟑螂，牠的生命和我們人類的生命是一樣的，所有的生命都是平等的，所以他對每一個人的看法也超級平等，沒有有色眼鏡。我特別喜歡他的想法，我也反對殺蟲子，比如説一個房間進了蒼蠅，我會把牠趕出去，因為牠也是和人類同等的生命。我一直在拍紀錄片，拍過野外流浪漢，也拍過國家總統，在我的視角來看的話，都是一樣的。

Aki 對中國的看法也蠻客觀的。他的想法是：學者不是為了日本做事情，也不是為了中國做事情，是為了全世界。他研究昆蟲，是為了全世界的環境保護。但是如果他在日本，沒有人會出錢給他做研究，所以願意投資、讓他繼續研究並為人類作貢獻的中國政府很厲害。他在中國的研究環境特別好，學生也特別積極，不像日本的學術環境越來越保守，沒有辦法作出很好的研究了。

改變中國的運動環境 ——

足球教練
千葉康博

雖然來參加比賽
肯定想要獲獎，
但藏在輸贏之下的
努力和責任，
才是最重要的。

**Personal
Profile**

住在上海的足球教練

別名：葉教練

家鄉：日本神奈川縣

職業：足球教練，青少年足球培訓機構「世堡體育」
老闆之一，偶爾兼任足球裁判

住在這裡的理由：為了夢想，改變中國的運動環境

17

亮叔穿著嶄新的球衣球鞋，來到了位於大廈屋頂的球場。

「今天要教竹內先生一個平時絕對掌握不了的技巧。我會簡單明瞭地講解技術，（讓你）一點點學習，在二十分鐘內掌握。」葉教練說。

看著亮叔連熱身動作都做得艱難，葉教練不禁問起亮叔的年齡。

「四十歲，大叔了，真的能學會嗎？」亮叔懷疑地問。

「OK，沒問題！」葉教練充滿信心的態度，讓亮叔也對自己有了信心。

「有沒有聽過牛尾巴？」葉教練問。

亮叔搖搖頭。

「牛尾巴」（Elastico/Flip Flap），據說是「球場魔術師」巴西球星朗拿甸奴（Ronaldo）的絕技，通過一次觸球動作完成兩次變向（例如右腳把球帶往右方，然後於球在空中時瞬間帶向左方），以假動作來迷惑對手，從而突破防守。

「牛尾巴是世界上的球星現在經常做的一個很高級的技巧。」葉教練一邊示範一邊解釋，「用外側撥球，但是撥球的瞬間球不會離開你的腳，（腳）一直貼在球上，挨到外側的瞬間，再用內側勾回來。（這樣就）可以擺脫對手。我們要刻意創造這個狀態。」

亮叔剛開始練習時差點失去平衡摔倒，後來在葉教練的引導下，他逐漸領悟「牛尾巴」的訣竅，還和教練團隊一起踢了一場球。

298

　　葉教練其實是日本人，本名千葉康博，但大家都習慣叫他葉教練。長期運動的他體形精瘦、膚色黝黑，十分幹練。葉教練的中文很不錯，還帶著上海口音，因為他和哥哥千葉將智在十幾年前就來到上海，投入當地的足球培訓市場。

　　在中國，足球是一項讓人又愛又恨的運動。人們喜歡看國際足球比賽，但是國內足球運動的發展卻一直停滯不前。沒有足夠的場地、人們對足球只停留在欣賞階段、沒有形成熱愛足球的文化……種種原因令真正愛踢球的人只屬少數。因為沒人踢球，許多足球培訓機構慘淡收場。然而，這對日本兄弟無懼各種艱辛，在上海創辦了青少年足球培訓機構「世堡體育」（Sporva），參照日本足球培訓體系，以培養興趣為理念，在培訓球員的同時，還培訓教練，見證了一批又一批學員成長，在十年間，累計培訓了超過四千人。

「從今天開始喜歡運動吧！」

　　在世堡的網站上，是這樣闡述他們的創辦理念的：

　　「足球不僅僅是一項單純的運動，我們希望通過足球運動，為孩子們創造更豐富的成長環境與經歷……向孩子傳達在學校或者家裡學習不到的重要的人生道理。」這些道理，包括團隊合作、自我管理、敢於

挑戰、百折不撓。兩兄弟希望通過培訓，讓青少年感受到足球的快樂和意義，獲得不一樣的成長經歷。

亮叔不其然想到自己不愛運動的懶兒子趙純，於是決定帶兒子體驗一下運動的快樂。趙純跟著亮叔來到上海一幢大廈頂樓的天台球場，和他差不多年紀的學員們正呼喊著口號，做基本的傳球訓練。趙純看著他們身手矯健，氣勢洶洶，頓時害怕了，一邊嚷著：「我不進去了，我不想進去了！」一邊沿著樓梯迅速逃跑。

亮叔忙喊：「不是這種，不是參加比賽的，你肯定跟不上他們。」這才把兒子喚了回來。

亮叔看著球場，對攝影師說：「他一看這個水平就（覺得自己）不行了……水平好高啊。」

他帶著怯生生的趙純，出現在葉教練面前，說：「他不喜歡運動，一直感覺不積極。」

葉教練笑道：「OK，那從今天開始喜歡運動吧！」然後板著臉，朝想逃跑的趙純嚴肅地喊：「過來！」

趙純一愣，只好乖乖走到葉教練面前。

葉教練雙手扶著趙純的腦袋，讓小孩子沒辦法躲閃，眼睛只能專注地看著自己，然後認真地說：「準備好了嗎？要開始了，OK？一點點來，感覺不行的話就不做。」

像趙純這樣被父母逼著學足球的孩子大概不是少數，葉教練很有經驗，從不斷打氣開始，一步步細心教授傳球、運球、踢球的技巧。趙純很快便適應了球場的節奏，更加入其他學員，一起踢模擬比賽。期間葉教練一直鼓勵他：「純，很不錯！自信一點！」「你可以的，別慌，對、對、對！」於是趙純堅持到最後，哪怕中途下起了大雨，他和其他孩子淋著雨，渾身濕透，仍奮力踢著球。

　　比賽結束，趙純回到爸爸身邊，小聲地說：「累了。」

　　亮叔揉揉他的頭，動容地說：「辛苦了。」這是他第一次看到兒子這麼拚搏努力的身影。「怎麼樣？好玩嗎？」

　　趙純說：「不知道！」接著便躲開了。

　　學員們離開後，葉教練拉著趙純去撿球。「你基本上不運動嗎？」

　　「嗯。」趙純應了一聲。

　　「但是今天很有趣吧？是不是？今天其實你進的是水平最高的班，你很厲害的，今天很努力了。在水平最高的班能達到這種水平，你是第一個。」趙純一直沉默，葉教練把在球場最角落的球撿起來，「就算不踢足球也可以，去做一些喜歡的運動吧！」

　　雖然趙純沒什麼表示，但後來在更衣室換完衣服，他又跑去球場，一個人踢著球玩，表情十分快樂。

　　亮叔感慨地跟葉教練說：「我以為他肯定會放棄的……他還玩球呢，真的沒想到。他對運動根本不感興趣。作為一個家長來說，今天挺開心的。我沒有看過他主動做運動，玩球啊什麼的。」

　　「運動其實是很簡單的，真的很簡單。」葉教練表示。

　　而在當父親的亮叔看來，「技術什麼的不是重點，重要的是他一直跑到了最後。真的很厲害。」

　　「你這個做爸爸的都做不到。」葉教練說。

　　亮叔直言：「是的，我肯定不行。」轉向趙純，難得地稱讚：「你一直在跑，沒有放棄，真的很厲害。」

　　趙純沒放棄，另一個原因可能是葉教練一直鼓勵他，沒有任何責罵。教練覺得，以嚴厲的態度高高在上地指揮學生沒有用，「罵是沒有

我住在這裡的 N 個理由

用的……我要下來，指導孩子現在要做什麼。如果看得出來（他們）做事的態度的話，我會尊重他。」

他的宗旨是：無論球技如何，都要自由快樂地踢足球。因此，面對每一個學員，他都是這樣循循善誘，鼓勵他們挑戰自我，感受運動的快樂。

「我們要做的是先讓孩子們挑戰，在辛苦的狀態下怎樣克服自己的問題，然後再努力成長。這是我們最要讓家長看到的東西。不一定所有的培訓機構都這麼想。比起培養優秀的球員，我更希望在中國培養越來越多喜歡足球、喜歡運動的孩子。不是踢得好的人才可以繼續，我們想要創造喜歡的人和努力的人可以繼續踢球的環境。」

人的價值是自己創造的

如今致力改善中國足球環境的葉教練，最初也是個為了溫飽而奮鬥的打工族。大學畢業後，他到了一家貿易公司工作，然後被外派到香港。當時他才二十三歲，年紀輕輕，拿著高薪，前途一片光明。一天，去工廠視察時，他遇見了和他年齡相近，卻正在工廠外排隊找工作的年輕農民工，令他十分震撼。

「真的是很窮的人，他們真的很窮很窮。」葉教練至今仍然忘不了當時的情景，「那個男人的強烈眼神，直接擊中我，感覺自己完全被看透了。」有時候，人的蛻變，只是源自於一個眼神、一瞬間的領悟。葉教練驀然發現，自己的生活太安逸了，於是果斷辭職，決定前往上海。

「後來慢慢知道，人的價值不是他人、或者用價格等數據化的東西來決定的。價值是自己創造出來的，無論你做什麼工作。」

那是二〇〇八年，葉教練剛大學畢業一年。當時，他的哥哥千葉將智正在上海發展足球培訓事業。千葉將智曾是職業足球員，二〇〇三年，他效力於上海一支第三級別的足球俱樂部，兩年後退役，留在了上海，利用積蓄開辦青少年課外足球培訓班。

「不過那時候我哥其實不歡迎我。」葉教練娓娓道來，「因為你是一個外派人員，從總公司派到國外了，這麼好的條件，怎麼

會來做這麼大風險的一個挑戰。而且是兄弟兩個，如果搞不好，那父母也會擔心。」

不過葉教練是行動派，他考慮清楚後，沒跟任何人商量，就遞了辭呈。後來才打電話通知父母，「說：『我下個星期離開香港。』就是這樣，全部自己搞定，然後硬要來到上海，一起開始工作。我父母真的暈倒了的樣子。」

亮叔笑了，「那肯定的呀。」

那時，葉教練的父親以為他還在考慮，便勸他說：「你可以請個假，回來日本，我跟你好好談。」

結果葉教練直接通知他：「對不起，我已經離職了。」

突如其來的消息，令父親將近一分鐘說不出話來，「沉默了，完全的沉默了。」

足球事業從派傳單開始

家人的反對，也由於他們或多或少看到了足球運動在中國的發展情況。那時足球學校在中國還不普及，兩兄弟既沒有資金，也沒有人

脈，而培養興趣更甚於成績的理念也不太被渴望「速成」的家長接受，創業初期困難重重。一開始，公司一直虧損，為了招攬客戶，他們做了無數嘗試，其中包括每天去上海各大車站和住宅區派發傳單，或把傳單塞進信箱裡。

「上海幾乎所有比較好的小區的信箱數量，還有門衛的工作態度，那個時候我都知道，比一般的房產公司還熟悉。」葉教練笑道。

在住宅區看守的保安不會讓非住戶入內，因此每次到住宅區派傳單，他都要和保安上演「追逐戰」──假裝打電話，自然地走進去；或者讓同事躲在樹後面把守望風，再用對講機跟他報告保安位置。「他說（壓低聲音）：『現在可以。』我再進去；『門衛來了。』就又假裝打電話，然後出來。」

幸好，冒著被指罵驅趕的風險派發的傳單，吸引了一些學生報名。二〇〇九年起，公司也從只招收在上海的日本青少年，開放至招收中國學員。第二年，他們獲日本機構注資，之後逐漸轉虧為盈，成立了品牌「世堡」。

世堡創辦後，逐漸取得好口碑和關注。二〇一八年，以世界盃為專題的大型紀錄片《足球道路》找到了兄弟二人，參與拍攝其中不到五分鐘的片段，講述他們在中國的足球培訓經歷。在影片裡，家長表示，世堡的特色在於注重對學員的技能鍛鍊，哪怕孩子摔倒了，練習也會繼續，讓他們從而學會自己面對和解決困難，在快樂的運動中成長。

儘管短片播放量超過兩百多萬次，但是葉教練笑著說：「播出以後其實也沒有太大變化，諮詢電話倒是多了一些。」不過，這也側面證明他們多年來的努力被人看在眼裡，得到認可。

直到二〇一九年節目組前往拍攝時，世堡已經有十五名來自世界各地的教練，超過一千七百名學員。直到現在，曾是優秀銷售員的葉教練仍會親自和客戶洽談合作項目，和其他教練一起教學生，凡事親力親為，一點都不像老闆。

世堡辦公室走廊的牆上，貼滿了往年世界盃的海報，辦公室裡坐滿了穿著球衣的教練們。葉教練的位子就在員工座位間，和其他人沒有分別。「不需要老闆的位子，（坐）一起就好了。」

被正氣外表誤導的脆弱宅男

葉教練給人能說會道、善於交際應酬的印象，亮叔以為，他應該很受女性歡迎，但沒想到正好相反。

「大家看起來（覺得）我能喝酒或者受歡迎，但是我本人的性格其

實很宅男。」他不愛出門，休閒時只會在家裡上網，逛日本的網絡討論區；面對女性會緊張，也從未試過跟陌生人搭訕。唯一的例外大概是他的日本太太——他和妻子是偶然在上海一家料理店認識的。

現在，葉教練不但成家立業，還有了一雙可愛的兒女。他非常珍惜與家人相處的時間，極少在外應酬，下了班就會回家和家人一起吃晚餐。不過，他和妻子的相處模式讓人十分意外。原來，這位看似堅強熱血的男子漢，一回到家裡，就會跟太太吐苦水。

「我經常跟她說各種想法，就我一個人在說。」葉教練看著太太說著，太太也看著他一直點頭。「她聽得很累。」

千葉太太笑了，「那倒是沒有。」

葉教練仍在說：「抓住她，跟她說：『你聽我說啊……』然後一直在說。」

亮叔嘆道：「真辛苦。」

千葉太太笑道：「不過我已經習慣了，總之聽他說就可以了。」

「你不回話嗎？」亮叔問。

「已經不回話了。」千葉太太大笑。

千葉太太具有典型日本女性溫婉的氣質，葉教練坐在她身旁，頓時像個孩子一樣，一股腦地傾訴起來。「今天他（亮叔）問我：『你很受歡迎吧？經常出去喝酒吧？』其實我性格超陰暗。」

「是的。」千葉太太盡責地聆聽著。

亮叔驚訝，「但是完全看不出來，看起來很會玩。」

千葉太太點頭稱是，「看起來有很多朋友，其實沒什麼朋友。」

說完她和亮叔都笑了，她轉向葉教練，說：「（這麼說你）不好意

思。」葉教練低頭苦笑。

跟外表看起來完全相反的葉教練，其實不喜歡外出交際。「我工作的地方周圍一直有人在，是要站在旁人面前的工作，在人前出現得夠多了。一個人的時間非常寶貴。」

經驗與精神，遠比輸贏重要

時間寶貴，他卻將大量時間花在培養青少年對足球的興趣上，期望他們真正愛上足球，而不是為了勝利。

拍攝期間，正值「第一屆中國區 U12（年齡在十二歲以下的青少年）少年足球世界挑戰賽」在上海舉行。這場大型足球比賽由 Amazing Sports Lab Japan 主辦，參賽的包括廣州富力、杭州綠城等國內實力較強的職業少年球隊，據說冠軍可以去日本大阪參加決賽。葉教練也帶隊參賽，同時兼任比賽的裁判員。

亮叔正好看到廣州富力的比賽，發現這些小學生們實力強悍。葉教練指出，該球隊的教練正是日本人。

「現在日本人教練很多，在農村也有日本教練。（有些球隊）出的價格很高，一年一千萬日元（約為六十五萬元人民幣）。」

亮叔十分震驚，「是嗎？一定要會中文？」

「不用，會有翻譯。衣食住全包。」

「能拿一千萬，還會配翻譯？太棒了吧！」亮叔說出了所有人的心聲。「這種工作肯定要接啊！」

但要培養一批能夠不斷成長進步的學員並不容易，因為一個運動員能否保持水準，既要視乎個人體能，心態也非常重要。

葉教練這次帶的是一支非職業球隊，名叫 Challenge Team。穿著一身白色運動服的孩子們都來自非職業球隊，卻對足球很感興趣。對他們而言，這是接觸職業足球的第一步。「他們喜歡足球，只是踢得不是非常好而已……相信白色隊的小朋友是人生第一次和職業足球的替補隊對決，而且今後可能沒有這樣的機會。通過今天的經驗，我覺得會影響到未來他們對足球的態度和看法。我覺得我們公司最想通過這樣的平台，

傳達出草根的足球文化。」

比賽結束，在頒獎時，葉教練對獲獎隊伍的小球員們說：「這個只是（球賽的）一部份，好嗎？在日本也一定要加油。」

他很想跟參與比賽的孩子們傳達足球運動的拼搏精神，但就像公司最初面對的艱難處境一樣，在追求「速成」、「勝者為王」的時代，不是每一個人都能領會真正的競技精神。

在比賽還未正式結束的時候，葉教練發現獲得第三名的球隊不見了。一問之下才知道，那些孩子們已經走了，只剩下一個工作人員。

「大家都走掉了？」葉教練難以置信。

「剛剛走。」工作人員抱歉地說。

「我們的頒獎他們不會來參加？」葉教練再問。

訓練時

「Sorry。」對方說。

「OK。」葉教練低頭走開,神色晦暗不明。

在一旁看著的亮叔也感到很意外,「已經回去了嗎?明明還有比賽。日本人不會這樣的吧?就算比賽輸了,也會拚盡全力到最後。」

葉教練同樣很難理解,「日本的話絕對無法想像。就算一邊哭一邊踢,也會非常努力地堅持。雖然來參加比賽肯定想要獲獎,但我更想傳達的是:藏在輸贏之下的努力和責任,才是最重要的。」

「足球相關人員如果不找對方向,中國足球絕對強不了。這才是最重要的,跟踢得好不好、聯賽強不強、是不是職業選手,都沒有關係。」

年復一年,葉教練和哥哥為了推動中國足球朝著更好的方向發展,在上海默默付出自己的努力,希望為一棵棵年輕的幼苗帶來改變。在世堡的網站上,葉教練這樣看待自己的工作:「如果能以自己的愛好為事業,並將足球的快樂與意義分享給更多的中國孩子,那是值得堅持一生的事業……我相信,好的教練才能給孩子帶來啟發,才能讓孩子喜歡足球、在踢球中獲得成長。」

從二○○八年到現在,他所堅持的事業始終沒有改變。因此,當亮叔問他住在這裡的理由是什麼時,他的回答也是:「為了我的夢想。」

「你的夢想是什麼?」亮叔問。

葉教練笑了,「改變中國的運動環境。」

「好大的夢想啊!能實現嗎?」亮叔感到懷疑。

「對,如果不能實現的話,就不敢做了。能實現,我有信心,所以我會的。」葉教練十分堅定。他雙手合十,對著鏡頭,誠懇地說:「相信我。」

亮叔笑道:「說到做到啊。」

「當然,當然,絕對的!」葉教練認真地看待這個在他人眼中「瘋狂」的目標,也許當中有他對自己的信心,也有他對中國年輕球員們的信心。

十年過去,他將繼續努力,堅定地朝著宏大的理想前進。

「他是超級熱情、百分之二百認真的人。」

雖然有的時候太熱情了，也會比較麻煩。我上個月才跟他喝完酒，他會不停地說話，一直說一直說，自己的夢想、自己的目標，但是有的時候蠻羨慕他的。

日本人以冷靜派為主，現在這種非常熱情的人在日本越來越少了，日本年輕人會覺得像他這樣非常熱情的人很老土，一點都不酷，但他能一直保持熱情，非常非常認真地工作，讓我很喜歡。跟他相處很舒服，他的熱情很有感染力。

他想通過自己的平台改變中國的體育環境，這個夢想非常大，也很難。我跟他的想法一樣，中國過於重視應試教育，像是語文、數學等學科，不過體育等科目也應該要重視啊。我也希望以後中國的教育能像葉教練說的那樣，更加重視體育方面，但估計很難。可是，如果有對的目標，哪怕是非常大的目標或夢想，周圍的人都反對或覺得不可能，實現的過程很困難，也是要說出來的，這一點我特別贊同他的看法。只是一直說不可能的話，就永遠都改變不了。

陪伴殘障人士前行 ——

義肢裝具師
菊地雄斗

中國殘障人士的目標
總是超乎我的想像。
我覺得他們真的是很厲害。
我也會覺得，一定要用自己的
技術來回應他們。

Personal Profile

住在石家莊的義肢裝具師

家鄉：日本福島縣

職業：義肢製作工匠、義肢矯形技師

資格認證：日本厚生勞動省認定義肢裝具士（第 4532 號）

個人要求：廁所馬桶必須有馬桶蓋，最好每個地方都能有
溫水坐便器（即溫水馬桶座／溫水廁板）。

住在這裡的理由：努力讓更多中國人能夠享受受到更好的義
肢服務

18

看著亮叔腳上的咖啡色綁帶皮鞋，菊地說：「你穿鞋的方法不太好。」

亮叔問：「哪裡穿得不好啊？」

「這裡（鞋跟）能塞進手指的話，不太好。鞋最原始的功能就是調整平衡。」菊地說。

亮叔問：「就是要再繫得緊一點嗎？」

「正確的方法應該是先這樣穿進去（穿鞋後，腳跟向下敲敲地面），然後再把鞋帶繫好。」菊地邊做動作邊解釋。

亮叔重新穿了一次鞋，然後發現：「真的！完全不一樣！腳感完全不一樣。」

　　亮叔來到健身房時，一位單腿穿了義肢的男孩子正在練習腿部推舉。據說他可以推起兩百公斤以上的重量，所以節目組試著「加碼」：兩個成年男子坐在器械上，他也一樣能推得動。他叫胡玉濤，夢想是代表中國殘疾人自行車隊參加殘奧會自行車比賽。亮叔看著胡玉濤在房間裡走動：「如果穿長褲的話，百分之百看不出來（他穿了義肢）。」但我們的主人公不是這位運動健將，而是在他身旁聚精會地神觀察他行走時的動作，默默幫他調整義肢的人——菊地雄斗，一位住在石家莊的義肢裝具師。

　　河北省省會石家莊並不算是著名的城市，也沒有什麼特別聞名的美食，當亮叔搭車時問司機這裡有什麼特色，司機也只能說出當地最大的產業是鋼鐵和製藥。而菊地的工作場所位於郊區，更是一片荒蕪。所以，他是為什麼會來到這樣的地方工作呢？

從未拍過的特殊職業

菊地大學時攻讀義肢裝具學專業，畢業後一直在日本的義肢製作公司工作。二〇一九年十月，他收到大學同學、在日本留學八年的中國人丁寧寧邀請，隻身從日本來到中國，成為了丁寧寧的工作夥伴。

義肢裝具師顧名思義是為殘障人士製作義肢的匠人。節目組從來沒有拍攝過這個特殊職業，連「假日本人」亮叔也是到了拍攝時才知道，這個職業在日本有官方資格認定。丁寧寧便是第一位取得日本厚生勞動省義肢裝具師資格的中國人，學成歸國後，他在家鄉石家莊開了一間義肢工作室，並邀請菊地加入。因為兩人工作認真仔細、製成品有良好品質，工作室小有名氣，接待的顧客包括登頂珠穆朗瑪峰的殘障人士，以及殘奧會冠軍選手。

這天，菊地要接待的便是中國殘疾人乒乓球隊的隊員：茅經典、趙裔卿。

亮叔和他們閒聊時問道：「參加過奧運會嗎？」

「我參加過兩屆了。」茅經典說。

亮叔隨口一問，「冠軍嗎？」

工作中的菊地

「對。」

亮叔瞪大眼：「奧運冠軍嗎？」

茅經典波瀾不驚地點點頭，她是兩屆殘奧會乒乓球女子單打冠軍。之前她曾在工作室製作假肢試驗用接受腔（Prosthetic Limb Socket，也稱「義肢接受腔」），這天便帶了隊員趙裔卿前來，希望菊地為趙裔卿製作一個新的接受腔。

一般人對義肢的認識是代替殘障人士身體缺損部份的人造肢體，但殘障人士並不是有了義肢便不再煩惱了。不合適的義肢往往會增加他們的殘肢負擔，影響身體的靈活性，甚至會令殘肢皮膚磨損受傷。而對殘疾人運動員來說，義肢適合與否十分關鍵，唯有擁有適合自己殘肢形態的義肢，他們才能在賽場上發揮出百分百的實力。

義肢接受腔是殘障人士的殘肢與義肢的銜接部件，具有承擔體重和懸吊義肢的功能，是一個義肢最重要的部份，哪怕只有一點點的不契合，也會非常影響使用義肢時的舒適程度。因此在製作前，菊地反覆測試、觸摸感受趙裔卿的殘肢，包括放鬆和用力時的狀態、有沒有疼或麻的感覺等；並精確地測量殘肢的各個尺寸，逐一標記。

工作時的菊地認真而嚴謹，他在測量階段花的時間遠比一般的裝具師長，因為他所記錄的數據十分精細。

「為什麼有兩個數據呢？」亮叔指著他在紙上記錄的兩組數字問。

菊地解釋，「一個鬆的、一個緊的。太鬆了的話，肯定不行，太緊的話又會穿不進去。必須要盡量做得穿上不難受。」

測量後，他在殘肢上包了塑膠膜，把骨頭的位置一一畫在塑膠膜上。這又是為什麼呢？原來，如果不按照骨頭的形狀來製作接受腔的話，接受腔在支撐體重時便容易與骨頭碰撞，令使用者疼痛難受，所以接受腔一定要盡量做得與殘肢嚴絲合縫，令殘障人士在穿義肢時更為舒適。

義肢接受腔是如何製成的

當進入製作階段，首先，要用彈性石膏繃為殘肢取形，彈性石膏繃在三到四分鐘就可以凝固。接著倒入石膏漿，等候約半小時，待其凝固後，就可以得到一個與殘障人士腿部跟腱形狀一致的石膏模型。然後照著先前的測量結果計算打磨幅度及精確度，「接下來磨就完事了。」

亮叔看著菊地熟練的動作，問「骨頭的部份要打磨得凹進去一點是吧？」

「是的，要完全按照骨頭的形狀來打磨。」打磨時不能機械式地重覆動作，為了盡量重現殘障人士的腿部形狀，菊地還要反覆測量模型各個部位的尺寸，不斷調整打磨幅度。經過一個多小時的打磨後，再往石膏模型上覆蓋經高溫加工的透明試驗腔板材，通過真空成形、冷卻定形後，一個新的接受腔就完成了。

亮叔舉著剛完成的接受腔邊看邊說：「仔細看的話，會發現有很多凹凸。」

菊地指著義肢關節處，「這一部份是骨頭凸出來的地方。」因為接受腔不能壓迫著骨頭，所以與骨頭接觸的部份會做得稍微寬一點。菊地的接受腔做得特別細緻，有著各種配合使用者殘肢形狀的紋路線條，以求最大程度地提升舒適感。

趙裔卿試用後感到很滿意。他和茅經典練習打球，菊地和丁寧寧便在一旁觀察，再作調整。工作時的菊地特別專注，認真的樣子十分帥

氣。但其實做一個盡量貼合殘障人士殘肢的接受腔並不容易，因此菊地的工作壓力非常大。

「工作中，有沒有遇到過讓你崩潰的時刻？」後來菊地到訪南京和之夢時，被這樣問道。

「比如做一個義肢，從早上開始，將部件一個個依次做好，做到很晚。最後組裝，然後發現不行，就要從頭開始，重新做！夜裡繼續，一個個做⋯⋯」菊地說。

「先睡不行嗎？先休息。」

「因為客人從很遠的地方過來⋯⋯」

殘障人士是容易被社會忽視的群體，不過菊地對待這份工作從不敷衍，因為他的每一次測量調整、每一次打磨定形背後，都背負著來自全國各地殘障人士的期盼，期盼著如同健全人士一樣的生活。

「我感覺特別強烈的是，中國人都是很充滿活力的嘛。來我們這兒的患者，有的是膝蓋不能彎曲的，有的是殘肢很短，或者皮膚的狀態很差。經常碰到情況不是很好的患者，但是大家都想跑起來，或是想去跳舞。」菊地在日本的經驗是，人們面對殘障人士時，會以「站起來」為目標，只要他們能站起來就覺得很不錯了。但是來到中國後，「中國殘障人士的目標總是超乎我的想像。我覺得他們真的很厲害。我也會覺

得，一定要用自己的技術來回應他們。」

他最初決定來中國的原因之一，也是由於聽說了一些殘障人士在中國的情況，「人口比較多，殘障人士也比較多。如果有這麼多人的話，肯定也能積累很多經驗吧，如果自己能因此提高技術水平的話也是件好事。」而後來中國殘障人士的堅毅不屈深深打動了菊地，因此哪怕累得崩潰，他也會盡心盡力把工作做好。

不止三代，四代義肢裝具師的家族榮光

雖然義肢裝具師是個小眾的職業，但原來早在十六世紀，人們已經開始製作義肢了。菊地也不是家族裡第一個投身這個行業的人，他說他是家中第三代義肢裝具師。不過，當菊地、亮叔與菊地父親視頻通話時，亮叔問菊地父親：「我聽說您家是造義肢的世家，一般很少會有人做到第三代吧？」

菊地父親卻糾正：「其實嚴格來說的話，他已經算是第四代了。」

結束和菊地父親的通話後，亮叔說：「第四代……不是第三代啊？」

「我當時沒有說。」菊地這時才坦白。

「為什麼不說呢？」亮叔問。

「就覺得……說第四代的話感覺有點兒誇張。」

這個回答讓亮叔愣了一下，失笑：「這也不是誇張啊，按照實際情況回答就可以了。」

菊地特別謙虛低調，就像每一個匠人一樣，工作時就事論事、兢兢業業，遇到什麼難題就會反覆琢磨，埋頭製作最好的作品。這大概是受到家庭環境影響而培養出來的性格特質。

「我一直非常尊敬父親的工作。我的媽媽平常經常會向我爸爸發火，但是一說到他的工作的時候，她就會說：『你爸爸在做一份很厲害的工作。』『很多殘障人士會從各地專程來找你爸爸做義肢。』我從小就一直聽她這樣說，所以小時候開始就覺得做義肢好厲害。雖然小時候的我不太了解爸爸的工作，但是覺得他很帥氣，從小就有這種感覺。」從事給人帶來幫助的工作，就像戴了無形的英雄光環，這份成就感，使

最初並沒打算選擇和父親一樣的工作的菊地，在長大後投身了這個行業，「希望有一天我也能挺起胸膛說：『也有人專程來找我做義肢呢。』」

然而和父親不同的是，菊地選擇來到中國發展。那麼，既是義肢裝具師，又是父親的菊地爸爸，對於兒子的選擇有什麼想法呢？

菊地父親說：「當時雖然有點兒吃驚，但是也並沒有反對。對他來說，比起一直留在一個地方，我更希望他能去新的地方挑戰。隨著年齡的增長，知識也會過時，從這個方面考慮的話，覺得他應該去新的世界探索一下。從另一方面來說，我很羨慕他。」他甚至沒有讓兒子回福島的打算，「他一直都還挺自由的。」

與股骨髁、腓骨、大轉子的交流

自由的菊地，就在丁寧寧的邀請下來到中國大展拳腳。面對陌生的環境、陌生的語言，他有一個絕佳的學習工具──

「他來中國的第一天就開始看您的節目，所以您是他的偶像。」丁寧寧一見到亮叔就說。

為了更好地理解顧客的需求，菊地一直迫切地要提高自己的中文水平，其中一個方式便是透過看《我住》來學習。他有一本筆記本，「遇到

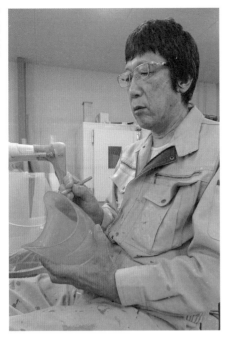

不認識的單詞，我就去查詞典，然後記在本子上。」菊地一邊翻著筆記本一邊說。這可能是《我住》有史以來最認真看節目的觀眾了。

於是亮叔想考考他：「你有記得的嗎？一個也好。讓你印象深刻的單詞。」

「一個嗎？那必須是『辣妹』。」菊地說著，「還有『搭訕』，因為你經常說這些詞。」

眾人大笑，亮叔笑道：「被我帶壞了。」

除了通過《我住》學習「不正經」的中文，菊地也會翻看中文語法參考書，工作時遇到表達不出來的話，就會去問丁寧寧，再一一寫下與日文表述相對應的中文。翻開菊地的筆記本，上面密密麻麻地寫著各種單詞、句子。能看到他的字寫得很漂亮，不過很多字看似認識，節目組卻又看不懂，像是：「股骨髁」、「腓骨」、「大轉子」⋯⋯

亮叔雲裡霧裡：「從來沒有用過這些詞語。」他指著「大轉子」的日文翻譯，「這個詞日本人應該也不知道。」

其實大轉子指的是「股骨頸與身體連接處上外側的方形隆起的地方」，但哪怕看著這樣的解釋，大部份人可能還是摸不著頭腦。但對菊地來說，他運用這些專業用語的時間遠比日常詞彙頻繁得多。

不過再怎麼用心學習，菊地畢竟才來了中國一年多，無論語言還是生活各方面都在努力適應中。「我不是經常看《我住》嘛，看到導演非常享受在中國的生活。我現在面臨的一個最大的難關，是語言障礙⋯⋯感覺自己邁不出第一步。也不知道該如何去享受在中國的生活，跟在日本的時候比起來，我現

在話少了很多。」

在菊地帥氣的外表下，是靦覥沉默、認真細心的性格，但原來這並非他的「真面目」。他坦言，自己在日本時話挺多的，「人家說我的話跟女孩子一樣多。」而來到中國後，「像這種百分百沒有障礙的交流可以說是很久違了。」

也許是難得地「他鄉遇故知」，菊地帶著亮叔來到一家他很喜歡的早餐店吃肉夾饃時，突然聊起了近來很受打擊的一件心事：「前段時間我被女朋友甩了……可能是各種各樣的事情堆在一起了吧。我喝醉酒後會發酒瘋，好像半夜給她打了電話，好像有這樣的事情。這件事情成了導火索，然後她跟我說：『不要再聯繫我了。』我很受打擊。畢竟交往了很長時間，交往了八年。」

亮叔驚訝，「那麼久嗎？」

菊地的同事這時補充：「這個事情發生過後，我們一周之後才知道，因為當時工作特別忙。」

人在中國，還是外國人不多的石家莊，大部份時間和精力都花在努力工作和適應生活上，情場的打擊只能在沉默中獨自消化。菊地說：「我還沒有完全振作起來。因為現在每天都要工作到很晚……有種靠工作來麻痹自己的感覺。」

菊地與丁寧寧（右）

我住在這裡的 N 個理由

來中國生活後唯一的要求是？

雖然情場失意，不過專注於事業的菊地還是很有魅力的。節目組在拍攝前於網上徵集問題時，收到的便是一片「好帥啊！」的回應，讓亮叔十分羨慕；節目播出後的留言裡，也有很多這樣的留言：「被菊地的帥氣蒙住了眼睛」、「主人公帥帥的，又害羞，很吸粉！」那麼，在生活中的菊地，也是一樣地帥氣嗎？

為了對菊地有更多了解，節目組一大早來到他的家。菊地現在和同事合住，他的臥室裡放了一張雙人床、一個簡易的無織布衣櫃、一張小桌子，除此之外，似乎沒有多餘的東西了。

「你房間裡真的什麼都沒有啊。」亮叔嘆道。能引起他注意的只有地上的瑜伽墊和健身器械，以及桌上的蛋白粉。原來菊地晚上會健身，「一直和患者們說要多運動，如果自己不運動的話就沒有說服力。」

生活簡單，但有一樣東西，是他來中國之後也不會改變，或者說是無法「妥協」的：「我來中國生活，唯一的一個要求，就是要把馬桶換成溫水沖洗坐便器（即溫水馬桶座／溫水廁板）。」

亮叔聽罷大笑，「這是一個日本人的習慣：唯一一個條件是必須得裝馬桶蓋。特別日本人。」

「我真的希望各個地方都能有溫水坐便器。」菊地一臉真摯地說。

接著眾人展開了「有味道」的討論。

「那在外面想去洗手間的話你怎麼辦？」亮叔問。

「我基本上都是憋著。」菊地說。

攝影師忍不住開口：「這個（溫水坐便器）也不是必須的啊。」

但亮叔卻很理解，「確實很多在中國的日本人是這樣子的，對日本人來講是必須的。」

「那以前沒有怎麼辦？」攝影師不解地問。

亮叔解釋，「對啊，我這個年代是沒有的，所以我無所謂。九〇後不一樣，他從小時候就一直有馬桶蓋。」

菊地又說：「蹲廁其實我也不習慣。除非情況萬分緊急，不然我是不會用蹲廁的。如果憋不住了，我確定廁所附近沒有人的話，就會借用

無障礙衛生間。」

菊地說得認真，節目組和菊地的室友聽得哈哈大笑。亮叔問他們：「好奇怪吧，日本人。」

菊地的同事理解地說：「唔……就沒辦法，從小習慣吧。」

事實上，這不是菊地唯一奇怪的地方。他在日常生活裡還有些讓人不解的行為，比如拿自動牙刷「手動」刷牙，看得亮叔十分疑惑，「這不是自動的嗎？」

「我剛才已經用自動的（模式）刷過一遍了。自動牙刷配合含有研磨顆粒的牙膏刷牙的話，容易損傷牙齒表面。所以裡面的牙齒，就用自動的刷，外面的牙齒手動刷。」

出門前，菊地把洗好的衣物晾在陽台，但仔細一看：毛巾、毛巾、毛巾……一共有七條。

「每天都用不同的嗎？星期一、星期二、星期三……的那種？」亮叔問。

菊地理所當然地說：「欸，這不是很正常的嗎？」

亮叔指出：「如果每天洗的話，有兩條就夠了呀。」

菊地一愣，「毛巾的話，我還有存貨呢。」說完，將大家都沒注意到的一隻掉在地上的襪子重新撿起來，攔在晾衣架上。

事無巨細，連日常生活都仔細到極致，這就是菊地。也許正因為這樣的日本人特質，他才能在製作假肢的時候，不厭其煩、不覺得枯燥，一心一意把工作做好。

那麼，有著典型日本人性格的菊地，來到中國之後覺得最不能習慣的地方是什麼呢？

「最不能習慣的地方嗎？」他想了想，說：「我真的希望各個地方都能有溫水坐便器。」困擾他的還是永恆的「廁所問題」。

改善殘障人士的生活質素

菊地在二〇〇六年第一次來到中國，當時除了對廁所感到不適應，中國的城市發展也令他十分驚訝：「中國發展得比我想像的還要好很

多。因為來之前我完全不了解中國，對中國還是那種農村的印象。」他來了之後發現，「沒想到有這麼多車、馬路居然這麼寬，和日本完全沒什麼區別嘛。這些都是我剛到中國的時候的印象。」

不過相比起普羅大眾，處於社會邊緣的殘障人士，他們的生活環境還是有很大改善空間。這天，菊地的一位客人、也是《我住》粉絲的楊思雨，前來覆查試驗腔。

「為什麼要做這個（新的試驗腔）呢？她不是原本就有假肢嗎？」亮叔問。

菊地說：「因為尺寸會變。」

「是因為身體在成長嗎？」

「不是，是相反的。因為這裡（指小腿位置）切斷的話，腿不就沒有了嘛，沒有腿的話就沒辦法活動，不活動的話，腿部肌肉就會萎縮。基本上都會慢慢變小。（試驗腔）尺寸不合適的話，有的地方就會碰到骨頭，然後就會出現疼痛感或者傷口之類的，這樣的話就必須要更換新的。」菊地解釋道。

哪怕只是出現了一點點的偏差，也會非常影響義肢的舒適度。「大概是螺絲擰半圈的樣子，沒有一度。」菊地一個個螺絲擰著，調整義肢的各個部件。

亮叔問楊思雨，以前發現義肢不合適時怎麼辦，她說：「以前不

義肢部件

調，不合適就不合適。以前總磨破，磨破以後腿就特別疼，然後就不敢用這邊兒（穿義肢的腿）走路。」

十幾年前因車禍失去右小腿的楊思雨，一直穿著不太契合的義肢，不正確的受力導致血液循環不通暢，殘肢的皮膚狀態也越來越差。菊地給她換了試驗腔，加上這次調整過後，楊思雨的行走狀態有了肉眼可見的區別，不再像以前一樣蹣跚而行，也終於可以重新跑步了。

亮叔問楊思雨跑步時有什麼感覺，本以為會聽到「很興奮」、「很高興」之類的回答，沒想到她卻說：「很累。」頓了頓後補充，「特別累，特別爽！」

「和她一樣情況的人群中，也有走不了路的是嗎？」看著楊思雨平穩地走著路，亮叔問。

「是的。和日本比起來的話，中國這邊的康復訓練做得不太好。有的人無法彎曲膝蓋，反過來也有無法伸直膝蓋的人。」除了技術方面的挑戰，「另外一個比較大的問題，就是制度方面，比如補助金之類的。」據菊地說，在日本，截肢的人可以拿到傷殘證明書，國家會發放補助金，一般患者只需要承擔百分之十的自理費用。而在中國，他認為社會在為殘障人士提供補助金等福利保障方面，仍有很多需要改善的地方，「找我們這樣的公司定製都要自費，所以如果想定期更換義肢的話，就比較困難。」菊地感到惋惜。

「啊，因為經濟條件不允許。」亮叔明白了。

「有很多來找我們的人，之前十年一直在使用同一副義肢，在日本的話，這種情況是無法想像的。在日本，不適合就換，快的話，半年一年的樣子就會換了。」

「換得那麼頻繁啊？」亮叔問。

「所以我反而會覺得為什麼一副義肢可以用十年。」菊地說。

「因為太貴了。」亮叔說。

拍攝期間，另一位來找菊地的客人也和楊思雨的情況相似，之前有十五年一直穿著不合適的接受腔，結果「穿的方式不對，也沒有人去糾正她，只是湊和能走。」

經濟條件的限制、義肢質素參差不齊、康復訓練不到位⋯⋯很多殘障人士在遭遇事故後不敢使用殘肢，穿了義肢也只能勉強走動，生活上的不便和外界異樣的眼光令他們害怕出門，導致殘肢的機能越發退化。菊地與丁寧寧想在可行的範圍內作出一點改變，改善他們的生活質素。為了鼓勵殘障人士積極參與復健，他們想到了一個特別的對策：通過玩電子遊戲來訓練。在工作室樓上是一個寬敞的康復訓練室，裡面有各種器材，還有一個大大的屏幕，讓人玩電子遊戲。他們想利用遊戲，讓殘障人士邁出第一步。

在圍繞著菊地和他的客戶拍攝了幾天後，亮叔有了這樣的感受：「我突然發現，即使我遇到了意外，就算要截肢的話，我也沒以前那麼怕了。失去腿是件非常難以接受的事，但是看見他們的狀態，我還挺意外的。」

「他們也是經歷了很多才走到這一步的。」菊地說，「我覺得我們的工作就是，陪伴他們一起前行。這不僅讓我覺得很自豪，更是這個職業的意義所在。」

如今，隨著公司的知名度提升，越來越多殘障人士來到石家莊找菊地製作義肢。菊地在中國實現了自我價值，也將繼續幫助更多殘障人士改善生活質素。

在拍攝的最後，亮叔說：「我想你應該知道我想問什麼。」

兩人相視一笑，作為《我住》的熱心觀眾，菊地當然知道亮叔的最後一道問題：你住在這裡的理由是什麼？

「是挑戰吧。努力讓更多中國人今後能夠享受到更好的服務。」菊地說，「我個人的話，就是好好學習中文，讓自己可以更主動地和中國人交流。」

「目標呢，有沒有什麼大目標，或者夢想之類的？」亮叔問。

菊地想了想，「還是……現在中國相關的保障制度，我個人覺得目前還存在很多問題。將來如果有機會，可以致力於改善中國殘障人士生活環境相關的事業的話，是最好的。」

「好大的目標啊。」

「如果能讓大環境變成殘障人士可以定期地享受良好的服務的話（就好了）……如果我能出一分力就很開心了。」看似宏大的理想，在菊地真摯的描述下，似乎有了實現的可能。

臨走前，亮叔伸手與菊地握手，並給了他一個大大的擁抱說：「加油哦！」

擁抱過後，菊地一邊鞠躬道別，一邊笑道：「好的。我會去南京的找你的。」

「我們後來又見了兩次，他的中文越來越好，現在肯定比以前好多了。」

像他這樣把工作辭掉、一個人來到中國的日本九〇後比較少，而且他還不是被公司派來的，是自己願意過來的。現在日本的年輕人越來越內向了，不太願意出國工作、留學，一是對海外不感興趣，因為他們認為日本該有的都有了，沒必要再學習外國的技術和知識；二是就算出國了，在海外學到了很多新知識，但是回到日本，工資不會有什麼區別，那憑什麼要努力呢？在日本，年輕人成功的機會、概率和空間很小，中國不一樣，有很多發展空間，越努力，成功的機會越大。

他和工作夥伴丁寧寧的關係很好，他們每天住在一起、一起吃飯，二十四小時都在一起，菊地在生活上都是靠丁寧寧幫忙，他們的關係已經超過夥伴了。這種友情在日本人之間其實不太多。中國人比較熱情，但在日本，人與人之間的距離比較遠，就算是關係非常好的朋友，還是會希望有自己的空間，因此中國人跟日本人的這份友情令我很感動。

拍攝時最有意思的還是廁所馬桶蓋，雖然他比較誇張，但這點真的很有共鳴。我剛來中國的時候，最驚訝、最受不了的就是廁所。我發現沒有門的廁所時，真的受打擊了：原來還有沒有門的廁所，發現新大陸了！不過因為來了中國很久，之前的這些感覺其實已經淡忘了，通過他的故事，又想起了自己剛來中國時的感受。

因為我喜歡中國 ——

咖哩店老闆島田孝治

現在的我可以自由地
做自己想做的事情，
還可以和現在的年輕人接觸，
在這裡我可以活得這麼開心，
對我來説，這已經是
一百分滿分的人生了。

**Personal
Profile**

住在武漢的咖喱店老闆

家鄉：日本福岡縣

職業：頂屋咖喱店老闆

分店：街道口總店、武漢大學店、漢口學院後街店

愛好：抽煙

住在這裡的理由：喜歡中國，在這裡生活得很愉快，宛如
春風般溫暖

19

亮叔在微博召集大家來島爺爺的咖哩店相聚，第二天來了二三十位《我住》粉絲。

有人問島爺爺：「請問您在武漢生活有什麼不便的地方嗎？」

「全部都不方便！」島爺爺激動地說：「語言不通。」因為他完全不會說中文。

又有人問：「那你之前怎麼跟其他中國人交流啊？」

島爺爺眨了眨眼睛，做著誇張的表情和動作，「就是這樣。」

　　湖北武漢，一個以各式各樣早餐聞名全國的城市，亮叔和節目組曾在二〇一七、二〇二〇年兩次來到這裡，探望一位由網友推薦、據說非常有意思的日本老頭，從而發現了日本爺爺和江城武漢以及武漢人結下的不解之緣。

　　二〇一七年，亮叔來到位於武漢大學附近的八一路，經過一片餐館，忽然在天橋下的麵店前，遇到正在路邊吃著冷麵的島田孝治。

　　島田穿著藍灰色格子衫，將衣角妥當地紮進卡其色西裝褲子裡，手上拎著一件西裝外套，一副日本紳士的派頭。看到節目組，他馬上站起來問好，說：「我的店就在前面。不過我還沒有吃午飯……」又指向對面坐著的、戴著明黃色漁夫帽的女孩子，「她就是我們的店長，她叫丹子。」頓了頓又說：「不好意思，能讓我先吃完嗎？」短短三句話，禮貌地介紹店舖位置、店長，交待節目組等他一下，把一切安排得妥妥當當。

島田不喜歡別人叫他「老爺爺」，所以人們都親切地稱呼他為「島爺爺」。他來到武漢後，開了自己的咖喱店——頂屋咖喱，如今已經有三家分店了，在當地小有名氣。

節目組第一次來採訪時，首先到了頂屋咖喱八一路武漢大學分店。門口是特別醒目的、綠底黃字的招牌：頂屋咖喱。走進店裡，卻是恍如舊式西餐廳一樣的裝潢：牆面是暖黃色的，牆上掛了很多照片。四人座由包了軟墊的木椅子圍著，餐桌上鋪了白色花紋桌布，上面壓了一塊玻璃，桌邊還有一盞小枱燈，散發著橙黃的暖光，氣氛懷舊而溫馨，和外面熙熙攘攘的大街相比，像是來到了另一個世界。

而如同老派紳士一樣的島爺爺就坐在其中一張桌子處，朝廚房喊：「還沒做好嗎？」

店長丹子是武漢人，她端出了為節目組準備的牛肉咖喱飯。這是頂屋的推薦菜。在拍攝時，大份的價格是二十五元人民幣，小份的是十七元。

亮叔吃了一口，點點頭，「這是非常典型的日本的咖喱，正宗的日式咖喱。」

頂屋的咖喱要用高湯把蔬菜和肉燉煮二十四個小時才能奉客，隔夜咖喱把水分都蒸發了，剩下來的湯汁十分濃稠，看不出蔬菜和肉的模樣，卻全是精華，香濃美味。亮叔大口大口地吃，片刻之間就吃完了，

盤子乾乾淨淨。

「如果還想吃的話，還有。」島爺爺欣慰地說。

亮叔笑了，「已經很飽了。」

針對「特定客戶群」派發宣傳單張

頂屋之所以出名，除了好吃的咖喱令人讚不絕口，島爺爺獨特的宣傳方式也吸引了不少客人。他每天都會站在店門口派發宣傳單張，微微彎著腰，揮著手，一臉笑容。每發一張，就會用日語夾雜著中文，親切地跟路人打招呼。有時嘴裡還叼著煙，以同一個音調，大聲而有朝氣地重複著：「你好，謝謝！」

島爺爺表示，用日語打招呼是有原因的，「我是日本人，有的人就是為了向我搭話，才來吃咖喱的。」

不過亮叔仔細觀察了一下，發現島爺爺發傳單時還有一個特點：「基本上都是發給年輕的女孩啊？」

島爺爺點頭，直認不諱，「我的目標就是年輕女性。年輕女生來吃一次，只要覺得好吃，就會帶上男朋友或者朋友過來吃。」

不得不說，島爺爺的策略很有效，店裡的年輕女顧客絡繹不絕，有些竟真的是被他派發單張時的「魅力」吸引而來的。「日本老爺爺跟我

們打招呼，我覺得特別溫暖，所以我就來了。」

島爺爺接待顧客時也用日語，以同一語調喊著：「請進，歡迎光臨！」「請用！」讓人覺得很親切。他始終懷著「一期一會」的心情接待每位顧客，也嚴格要求員工必須服務周到。他還會為了停在店門前的單車生氣，覺得會影響客人出入，就把車一輛輛推到一邊。雖然隨即丹子衝出來說那是客人的車，鬧了笑話的島爺爺便從善如流，慢慢把車推回原位。

待客熱情真誠、致力營造溫暖的氛圍，也是他將咖喱店命名為「頂屋」的由來。島爺爺解釋：「頂」就是最好的意思，他想經營一家咖喱店，這裡有最好吃、最實惠的料理，客人吃得最開心，員工也工作得最開心。頂屋的宣傳單張上是這樣寫的：

「讓大家在愉悅和享受中品嚐到美味又便宜的料理……客人臉上的任何表情，一個也不能放過……雖然沒有華麗的外表，但在樸實之中蘊藏著一份細膩和精緻。我想光好吃還不夠，還得讓吃的人感到幸福，我所理解的幸福是細細體會與所有有緣人的關係，從深刻的感受中所滿出的感謝之情。」

島爺爺做生意的準則是，不要賺得過多。「不用那麼手忙腳亂會比較好，這樣才能好好招待每個客人。」

「忙的話不是能賺得更多嗎？」亮叔問。

「我開店又不是為了賺錢。」島爺爺笑道，「開始變得很貪心，想過不再栽跟頭的人生，才過來這邊。感謝老天爺，在這邊過得還挺好。如果我貪心的話，就會想把生意做大，然後人就會變得很壓抑。」

不是為了賺錢，那是為了什麼呢？也許要先了解一下島爺爺的人生經歷。

圓夢的咖喱店

　　島爺爺上學的時候成績很好，於日本法政大學畢業後，進入了東京的律師事務所做會計相關的工作。他年輕的時候，日本正處於經濟高速發展的時代，幾乎所有年輕人都在拚命工作賺錢。可是島爺爺不在意金錢，反而夢想著環遊世界，於是辭去了高薪卻忙碌的工作，回到家鄉福岡，在一家工作相對輕鬆的會計事務所任職，一邊工作，一邊存錢，利用休假環遊世界。一九八一年，他第一次來到中國，當時還只能跟著旅行團遊覽，使用外國人專用的外匯券在指定特產商店購物。幾十年過去，他的足跡遍及二三十個國家，像是：美國、意大利、法國、荷蘭、瑞士、丹麥、瑞典……

　　然而，在實現夢想的同時，島爺爺失去了他的愛情。他當時的女朋友選擇留在東京，不久後，這段戀情以失敗告終。遊歷世界數十載，島爺爺始終未婚，在度過平凡的一生和自由之間，他選擇了自由。

　　島爺爺古道熱腸，他以前在福岡的時候，住所附近住了很多留學生，為了幫助留學生們適應在日本的生活，他經常抽時間陪著他們四處逛逛，品嚐當地美食，甚至會對有經濟困難的留學生施以援手。二〇〇二年的一天，他做了咖喱飯，招待留學生們來家裡做客。沒想到其中一個中國留學生表示，這是他第一次吃咖喱飯，讓島爺爺很吃驚。咖喱飯是日本家常料理，他以為在中國也很常見。這使他萌生了在中國開咖喱店的想法。可是當他和日本朋友討論時，卻沒有一個人能夠理解。

　　直到二〇一〇年，又有一個中國留學生來到島爺爺家，說他畢業後想回武漢開一家咖喱店，希望島爺爺到時去幫忙。島爺爺那時剛退休不久，他想：去中國的話，既能為咖喱店幫忙，還能學中文，更可以在中國各地旅遊，就答應了對方的邀請，來到了中國。然後，島爺爺開了自己的咖喱店，經過不斷摸索，做出了頂屋的自創咖喱。開業至今，頂屋咖喱的生意非常好，島爺爺也在武漢落地生根。

人們學會做咖喱，就更想來店裡吃咖喱了

　　島爺爺十分重視咖喱質素，每天都要親自試味，也時常自己動手，

336

親身告訴店員，一直堅持做好吃的咖喱有多難。他帶節目組來到準備食材的小廚房，看到湯底噗出白沫，便仔細撈掉，又讓丹子交待廚房阿姨注意，因為有沒有細緻地撈出白沫關係到咖喱味道的好壞。

亮叔嘗試幫忙切洋蔥卻被阻止，因為頂屋的洋蔥要切成近乎透明的薄片。亮叔十分不理解，「我覺得切成厚洋蔥塊的話香味反而更濃啊。」

「這樣的話就不好炒了，水分就不好蒸發了。」島爺爺說。

頂屋的咖喱一煮就是一整天，而在火上燉煮的咖喱要一直翻攪，否則「熱量就會聚集到中間，攪一下的話就會有水蒸氣，如果不攪一下的話，就會起泡沫。如果丟在一邊不管的話，就會有酸味，到了明天早上就不能吃了，會氧化的。」島爺爺說得十分仔細。

亮叔替他擔心起來，「這樣把秘方公佈出去真的好嗎？」

「沒關係。」島爺爺不以為然，「做咖喱又不是什麼很難的事情。我還希望更多的中國人能學會這種咖喱的做法呢。如果大家自己做了，覺得這種咖喱挺好吃的，就會有人覺得，相比起自己做的味道，還是店裡的味道比較好，就會來店裡吃。」島爺爺的堅持，是頂屋咖喱品質的保證，他對自己的咖喱很有信心。

隨著店舖有了名氣，有很多人來跟島爺爺洽談新的商業發展。但是面對開加盟店或者擴大生意規模的提議，他的反應卻是：「島田反對這個。新開很多很多的加盟店，從加盟進來的人身上收取加盟費用，只提供材料，然後剩下的你們自己看著辦，這種就是中國典型的運營模式。我覺得這不是一個很好的做法。」

來中國十年，島爺爺一直不忘初心，他不願開加盟店，卻願意教其他同行日式咖喱的做法，讓更多人嚐到正宗日式咖喱的味道。聽說頂屋八一路分店附近有家中式麵店也想賣咖喱，他便自告奮勇免費教他們，認真又仔細。

「你為什麼免費把這些技術教給競爭對手？」亮叔疑惑。

「教會他們做咖喱也不是什麼壞事，這是為了提高自己的競爭力。」島爺爺的心願是：「想把這裡變成『咖喱一條街』。」

這樣一來，人們只要想吃日式咖喱，就會想起這裡，也能為頂屋帶

來更多客源。這是和「教會中國人做咖喱，他們就會想來店裡吃」一樣古怪的想法，卻也能讓人感受到島爺爺對頂屋、對日式咖喱的信心。

工資最低的老闆　住在最小的單人間裡

頂屋咖喱可以說是圓了島爺爺的心願，在武漢定居的他，儘管語言不通，仍然熱心腸地關心著在武漢的人們，比如，他從開店以來一直堅持免費教日語。

頂屋的餐盤紙上印有「頂屋日語免費學習會　內容：日語入門」。這是餐廳特有的活動，島爺爺會在每周固定時間，教有興趣的客人日語五十音的筆順、發音。在沒有網絡教學的年代，島爺爺的免費教室坐滿了學生。他會把語音寫在紙上，讓學生們站在身邊，再指著語音教他們一個個唸出來，然後讓他們回到自己的座位，照著來寫。雖然現在學生少了，但是島爺爺說，只要還有學生學，他就會繼續教下去。

至於對於員工來說，島爺爺更是一位大方的老闆。他的原則是：和自己相關的人，大家要平等地分配利潤。頂屋支付薪水的方式特別有儀式感：島爺爺會把員工一一叫到身邊，給他們現金。

亮叔問：「都這個時代了，為什麼還要用現金發工資呢？轉賬不就好了嗎？」

島爺爺說：「我們這裡一直都是這樣子的。」

據說拍攝時，頂屋員工的平均工資是每月四千到五千元人民幣。那麼島爺爺呢？

「三千三百元。」他說。

亮叔驚訝，「只有這麼多嗎？」

島爺爺點點頭，「丹子是我的三倍呢，畢竟她要做的工作那麼多！」薪水比所有員工都低的島爺爺，彷彿是一個假老闆，可是他卻很知足。「我就是交一下房租，水、電話費，還有買煙的錢，這些錢完全夠了。」

島爺爺很愛抽煙，幾乎煙不離手，而他說得最好的中文就是：「紅金龍，兩包。謝謝。」因為他經常要到附近的雜貨店用現金買煙。

沒錯，島爺爺堅持「線下交易」，每次都從褲袋裡掏出一把零錢，

一張一張數好，再遞出去。

「你好像一直只抽這個煙。」亮叔說。

「是的，這個最好抽了，我覺得貴的煙一點都不好抽。」島爺爺抽的煙，一盒六塊五毛錢人民幣，他一天差不多要抽兩盒。

除了買煙，島爺爺的生活簡單樸實，他每天都會在店裡試吃當天做的咖喱，因此吃飯也幾乎不用花錢，每個月最大的開支大概就是房租了。那麼，月薪三千的人氣咖喱店老闆是住在怎樣的地方的呢？

島爺爺的家位於普通的住宅小區，一推開門，更是把節目組嚇了一跳：亂糟糟的小型單人房間，櫃子裡、桌上、地上全是書籍、雜物，連落腳的地方都沒有。

來到武漢後，島爺爺一直住在這個月租七百元人民幣的房間裡，近幾年生意穩定了，也沒有考慮搬家。白天大部份時間他都在店裡忙碌，在家的時候，則會學習中文 —— 一邊翻看在一九八四年出版的中文教材，一邊聽卡帶錄音機播放語音教學，反覆地唸：「老張當了六年老西（老師）。」

島爺爺十年前來中國定居，儘管一直斷斷續續地自學，但是至今仍

島爺爺家中的書櫃

然學不會。亮叔問：「年齡大了再學習一門外語是不是很難？」

島爺爺笑著回答：「沒問題，學習漢語我可是認真的。」

就這樣，他坐在一堆雜物和書中間，頭上頂著用一根電線懸吊的燈，認真地看書、寫筆記、唸中文。即使身處狹小擠逼的空間，也十分知足。

以初戀女友名字命名的蓋飯

偶爾，丹子會來幫島爺爺理髮。島爺爺就坐在家門口，用廁所紙巾墊在肩上，讓丹子幫他修剪過長的髮梢。

亮叔笑道：「店長還當起了理髮師。」

丹子當然不會剪頭髮，她的手勢不太熟練，剪得很慢，卻很認真。島爺爺臉上一直掛著享受的微笑，說：「她一直都是這麼幫我剪的。她這樣幫我剪頭髮，其實我很開心。因為語言不通，所以去不了中國的理髮店，我來中國之後，就開始自己剪頭髮了。如果覺得頭髮長了、很煩的時候，就會自己剪。」

亮叔笑道：「娶個老婆不就正好了嗎？」

島爺爺笑了，說「畢竟上了年紀，來了中國也不會去想找老婆的事情了。」

其實他和節目組第一次見面時，就曾對眾人說：「我對活著這件事情已經沒什麼執念了……畢竟，上了年紀，好吃的東西也不覺得好吃了；還有另一點，對女人也沒有興趣了。如果沒有這兩樣東西，也就無所謂了。」

「好像挺有道理啊。」亮叔說。

「但是，我來這邊之後交了一個女朋友哦。」島爺爺自豪地笑道。

亮叔笑了，「交了女朋友？不是對女人有興趣嗎？」

「雖然是有興趣，但是語言也不通，對方就是想著這裡有個日本老頭，就住下來了。」島爺爺說。

島爺爺豐富的情史，還包括一度出現在頂屋餐牌上的初戀情人。

頂屋的餐牌上曾有一款「純子蓋飯」，以雞肉配上各種配菜，最後淋上酸酸的醬汁。為什麼叫純子蓋飯？「那是初戀的人的名字。」島爺爺笑著說起了他的初戀。

純子是他十五歲時第一個喜歡的女孩，而做好這款蓋飯當晚，他夢到了純子，於是有了這個名字，來紀念溫馨的回憶。

「現在也會偶爾夢見她，而且夢裡的她還很年輕。」島爺爺像個大男孩一樣興奮地笑著說道，「夢裡她問我：『你還是一個人嗎？』我就覺得好高興。醒來之後就覺得自己好傻啊，為什麼到現在還做這樣的夢啊！」

「現在你還想跟她見面嗎？」亮叔問。

「跟七十多歲的老奶奶見面？不是經常有這種橋段嗎？又想見，又不想見這樣的。」說起年輕的歲月，島爺爺眼裡還有著屬於少年的光。

不過後來這道溫馨的蓋飯卻從餐牌上消失了。雖然有關初戀的故事非常美好，但是口味偏酸的蓋飯經常讓客人覺得「味道很奇怪」，最後只能黯然下架。「畢竟初戀的味道戀是酸澀的嘛。」島爺爺說。

一百分滿分的人生

不會說中文，很少和當地的日本人交流，開著咖喱店卻又不為賺錢，島爺爺到底為什麼會一直住在武漢呢？

島爺爺帶節目組去了對他來說印象最深刻的地方：菜場。

剛開始經營咖喱店的時候，他每天都會到菜場買很多菜，放進雙肩背包裡帶回家。那些食材往往有近十公斤，那時已經六十三歲的島爺爺卻每天揹著沉重的食材來回跑。「因為我覺得必須要由我來做，所以是拚了命的。」

如今的島爺爺早已不用自己買食材了，不過到了賣雞肉的肉檔前，女攤販卻還認得他，開心地說：「好久不見啦！」

「好舊（久）好舊（久）！」島爺爺難得地說了一句中文，又親切地和她握手。「因為她很親切，所以我就會在這裡買肉。」

島爺爺剛到武漢不久，兩人就認識了。女攤販說：「（他）挺好的，蠻實在。他每年都給我們紅包……照顧我們生意，我們心裡都挺感謝他。他人也挺好的，在我們中國生活也不容易。」

亮叔向島爺爺轉述她的話，島爺爺開心地握著女攤販的手，說：「好開心，好開心！她記住了，感謝的心情也傳達了。」在咖喱店剛起步的時候，支撐他的正是這些和他語言不通的攤販們。

離開後，島爺爺忍不住激動落淚。「她這麼說真的讓我很高興。」

亮叔也說：「我深切的感受到，即使語言不通，心情還是能傳達給對方。」

島爺爺一邊掉眼淚一邊點頭，嗚咽著說：「的確是啊……我也沒有想到。」

島爺爺與女攤販

也許很多人都好奇，不會中文的島爺爺是怎麼在中國生活了七年的。大概唯一的答案就是：他用一顆真誠的心感動了身邊很多人，即使語言不通，人們也會主動幫忙，和他成為朋友。拍攝期間，島爺爺遇到一個女學生，她也是《我住》粉絲。後來這位高中生寫了一篇長文發給亮叔：

「去年因為補課，每次下課了就會去頂屋吃點宵夜。爺爺每次都會超級熱心地問吃得怎麼樣？還有什麼需要的？每次我說『好吃』的時候，他都會笑得像個孩子，說謝謝。有次爺爺站在門口做宣傳，店裡幾個店員在隔壁給爺爺買了冰淇淋，但是他堅持不吃，不停地說：『工作在，工作在，不能吃！』……印象最深的還是去年有次下雨，放學的時候接孩子的車擠滿了學校門口的小路，爺爺居然自己站出來引導車子慢慢開出去，還一直喊：『學生先走！』如果有機會，麻煩亮叔轉達，我替我們全校同學謝謝他……從未想過一個孤身在外的老人能把對一個城市的愛發揮得如此淋漓盡致……我喜歡這個可愛的爺爺，想讓全世界知道他有多好。」

島爺爺活得純粹而超然，他全心全意地為身邊認識的、不認識的人付出，也獲得了溫暖的回報，熱情的中國人，成為了他一直住在這裡的理由。「因為我喜歡中國，在這邊也生活得很愉快。武漢的氛圍跟我年

輕時住的地方很像，怎麼說呢，感覺那個時候一直被關在公司裡……現在的我可以自由地做想做的事情，還可以和現在的年輕人接觸，在這裡我可以活得這麼開心，對我來說，這已經是一百分滿分的人生了。」

「為什麼叫我回日本？我是武漢人啊！」

島爺爺真心喜愛這片土地，哪怕是面對突如其來的不明疫症，仍然無所畏懼。

二〇二〇年初，受新冠肺炎疫情影響，武漢於一月二十三日開始封城，其後日本政府派包機來接公民回國，七十二歲的島爺爺卻選擇留在武漢。即使日本方面來電話問他要不要回去，他也斷然拒絕，反而很委屈地說：「為什麼叫我回日本？我是武漢人啊！」

後來，節目組以視頻方式與島爺爺聯繫時，他再次重申：「我覺得自己是武漢人，沒有回日本的必要。我要和武漢人民在一起，不論是困難的時候，還是開心的時候，都想和武漢人民一起度過。」

武漢解封後，節目組陸續收到粉絲留言，關心島爺爺的情況，於是在二〇二〇年六月專門來找島爺爺進行回訪。這也是《我住》的第一個回訪紀錄片。

時隔三年，島爺爺還是穿著和以前一樣的襯衫，香煙還是時刻不離

島爺爺（右）與亮叔（左）三年後再見面

手，但是頂屋在八一路的舊店因為拆遷，搬到了現在位於東湖村的武大分店。店長仍是戴著漁夫帽的丹子，只是這時她已經當上媽媽了。

新的店面大了很多，有十二張桌子，一部份仍沿用以前的桌椅。店裡懸掛了日式餐廳常見的門簾，正對店門的屋頂貼了很多日本著名飲食電影的海報，氛圍由西餐廳變成日式料理店了。店裡還多了一個白底綠字的燈箱餐牌，看到頂屋的菜品變多了，現在還供應蒲燒鰻魚、豚骨拉麵、日式大福、南瓜蛋撻等。最特別的是，燈箱餐牌上列明了咖喱做法：

高湯湯底　二十四小時

咖喱慢燉　八小時

小火炒洋蔥　兩小時

「為什麼把咖喱的做法寫在這裡？」亮叔好奇地問。

丹子苦笑，解釋道：「一直以來大家都覺得，咖喱裡面怎麼沒有肉啊，怎麼沒有土豆啊，老是因為這個原因給差評，所以就要大概解釋一下。你想：一個東西從八點熬到下午五點，如果還看得到土豆、還看得到肉的話，你那是放了什麼材料啊？⋯⋯也很委屈，跟島爺爺解釋了很多次，說要不要把土豆切大一點點啊，或者後放一點點啊，島爺爺說：『不可以！』」因此他們才要以這樣的方式向顧客解釋，表示頂屋咖喱並沒有偷工減料。

節目組拍攝了一段時間，卻只有一桌客人。雖然頂屋早早地恢復營業，但是受疫情影響，那時分店的營業額只有之前的五分之一，客人少得可憐。以前每天都做的咖喱也要視乎情況，每周做兩次左右。

「值得慶幸的是，咖喱可以冷凍保存。」生意冷清，島爺爺卻仍然十分樂觀。

電飯煲的新用途

疫情過後，島爺爺在生活方面沒有太大變化。由於堅持「離線生活」，沒有健康碼，也就去不了超市、商場、地鐵等公共場所，不過他並不在意。三年過去，他仍住在當初的單人房間裡。

一推開門，島爺爺便對節目組說：「你們隨便找個地方，坐下來休息一下吧。」

曾經堆滿雜物的房間，現在是什麼樣的呢？

已經無處落腳了。

家裡就像個驚喜屋，各種各樣的雜物被島爺爺開發了出人意料的用途，比如：電飯煲是用來煮水、燒咖啡和洗手的，因為它的容量比熱水壺大。

「房間裡的東西多了好多啊！」亮叔嘆道，「以前沒有這麼多書的。我都不知道該坐在哪兒了。」

原來島爺爺讓人從日本寄來了很多書，令房子完全變成了一個儲藏室，連開燈時，也要沿著電線順藤摸瓜找到插頭，再穿過層層書山，把插頭插在插座上，然後昏暗的房間才能亮起來。最後，亮叔只能坐在書桌前唯一沒有放東西的椅子上，島爺爺就坐在一個櫃子之隔的床邊，隔著重重的「雜物山」跟他說話。

島爺爺正在寫「來過武漢的日本人的故事」。這次疫情讓他發現很多日本人並不了解武漢，便想藉這些故事，把武漢介紹給日本人。他把釘裝好的打印稿遞給亮叔看，亮叔才發現，原來《羅生門》的作者芥川龍之介也來過武漢。

滿屋子的書籍，正是島爺爺撰稿時的資料來源。「值得慶幸的是，這裡書特別少，所以不得不多用自己的大腦思考，比如：『這兩個組合在一起寫沒問題嗎？』『符合邏輯嗎？』之類的。如果有書的話就會直接照搬書上的內容，就變成：『書裡是這麼寫的喔，所以我沒寫錯。』因為一直在動腦筋構思，這對我來說，也是一個很好的學習機會。」

島爺爺與丹子：既是員工，也是家人

現在頂屋大部份事情都由丹子打理，島爺爺也能將更多精力放在學習中文和寫稿子上。回訪期間，每當談起經營情況，總是丹子在侃侃而談，島爺爺偶爾才補充一兩句。

「島爺爺已經什麼都不干涉了嗎？」亮叔問。

「因為丹子非常可靠。」島爺爺說,「一般只有我來試吃的時候,或者來看店裡的情況時,發現有地方需要改進,就會和丹子說下次應該注意哪些問題。」

幾年來,島爺爺和丹子從老闆和員工漸漸變得像家人一樣。島爺爺不會中文、不玩手機、只用現金,彷彿一個「原始人」,因此在生活上處處少不了丹子的照顧。她會幫他剪頭髮、陪他搭車、幫他把壞了的電單車拿去維修……而在武漢封城前,正是丹子的一個決定,令島爺爺不至於孤立無援。

「她和我說:『感冒現在傳染得很嚴重,萬一有什麼不測就不好了,

跟我一起回老家吧。』」島爺爺說，「我一開始是說不去的，因為覺得很麻煩，不需要去，想著最多也就十天一個禮拜的事而已，丹子自己回去就好了。」

亮叔道：「還好一起回去了，丹子做了一個很對的決定啊。」

島爺爺笑道：「還好我不是一個執拗的人，所以就聽丹子的話，和他們一起回了老家，幸好我比較聽話。萬一我是一個執拗的人，說什麼：『我不跟你走。』的話……覺得一個星期而已嘛，根本就沒什麼，那就真的完蛋了！畢竟，我連吃的東西在哪裡能買到都不知道。」

「你什麼都不知道吧。丹子不在的話真的什麼都做不了。」亮叔說。

「我們離開武漢的第二天，武漢就封城了。聽說的時候驚呆了，才知道情況變得多嚴重。」島爺爺事後回想，感嘆不已。

亮叔問：「對島田先生來說，丹子是一個什麼樣的存在呢？」

島爺爺說：「怎麼說呢，就像我女兒一樣的存在。」

亮叔道：「果然是這樣，已經是家人了。」

「回她老家的時候，她的家人也和我們想法一樣，從剛開始我們就相處的很自然、很融洽，他們也把我當作家族的一員來對待。」武漢封城期間，島爺爺住在丹子老家，和她的家人一起生活，每天悠閒地看書、學中文，到了飯點就和丹子家人一起吃飯，度過了一段愜意的日子。

亮叔說：「這種關係在日本人裡很少見。原本是社長和社員，現在就像家人一樣。」

島爺爺說：「這應該在中國文化裡也算比較特殊的，沒有像丹子這麼為我著想的人了。」

說這番話的時候，島爺爺和節目組正在他常去的一家日式料理店吃冷蕎麥麵。丹子忙完工作後也來了，吃飯時，她一直照顧著島爺爺，就像貼心的小女兒一樣。

亮叔感嘆：「我感覺，在你們倆的關係裡，你是女兒。」

丹子卻說：「他說我是媽媽。」她得意地笑了，宛如調皮的小女兒。

亮叔看著丹子幫島爺爺在菜上擠檸檬汁，跟島爺爺說：「完全是女兒和爸爸的感覺。」

「對吧，是父女。」島爺爺很是欣慰。

武漢就如春風般溫暖

被問到頂屋當時的經營情況，丹子直言：「亂成一鍋粥了。」

「壓力大嗎？」亮叔問。

「壓力的話……我一般不覺得壓力大，因為島爺爺他也沒有要我一個月有多少營業額，可能這個月好一點，下個月差一點，都 OK 的。」丹子說。

「那你覺得撐的過去嗎？」亮叔問。

「撐的話……街道口店撐得過去，武大店……很難。」丹子坦白地說。「但是不管怎麼樣，我都會自己投錢啊，或者想其他的辦法，我也會讓頂屋撐下去的。」她一直低頭撥弄著飯，說得平平淡淡，神色卻十分認真。

直到現在，丹子口中的兩家店都順利撐過了淡季，還開了一家新的分店。這個如同小女兒一樣的店長，勤勤懇懇地實踐了她的承諾。

如今的島爺爺依然在武漢過著開心地生活。雖然他的很多想法和普通人不太一樣，但是他正正讓人看到，為身邊的人付出，真的能收穫溫暖的回報。

疫情期間，街道辦事處慰問島爺爺

「最後問你一個問題可以嗎，是什麼理由讓你願意一直住在武漢呢？」時隔三年後，島爺爺的想法有什麼變化嗎？

　　「到底還是因為武漢人都很熱情。前段時間我回日本住了三個月，果然還是那種秋風過耳的感覺。雖然秋風清爽……但是宛如春風般的溫暖，只能在武漢體會得到。我什麼時候回日本、想怎麼生活都可以，但我還是自然而然地被武漢的溫暖所吸引。已經習慣這裡的溫暖，讓人心情舒暢，所以我想一直住在武漢，就是這樣。」

　　日本長期高居世界上人口最長壽的國家首位，然而，在這個高齡化的社會裡，因為不願給人添麻煩的客氣文化、因為晚年貧窮、因為有待完善的長者福利等原因，老人們活到最後，往往無依無靠，孤獨又貧困。島爺爺退休後來到中國定居，在武漢獲得了許多愛與關懷，而心懷感恩的他，也為武漢人付出了更多愛與關懷，令他深受人們喜愛。就像頂屋宣傳單張上說的：「我所理解的幸福是細細體會與所有有緣人的關係，從深刻的感受中所滿出的感謝之情。」這份只求付出不問回報的無私奉獻，讓他的晚年人生，雖然獨身，卻知足而幸福。

　　比起賺錢，這裡是讓人和人結緣的咖喱店：頂屋咖喱。

　　「今天的咖喱也很好吃，謝謝款待！」今天又試吃完咖喱的島爺爺說。

「很多人喜歡島爺爺，他有很多朋友。」

通過他的故事，看到在中國有很多熱情的中國人。因為島爺爺一個人什麼都做不了，像是丹子就在生活、工作方面幫了他很多忙。他們沒有血緣關係，但是就像是她會一輩子照顧他一樣。這種無私的關係在日本社會很少見，很令人感動。

島爺爺超級喜歡中國的人，也能感受得到，他特別喜歡跟中國年輕人交流。日本各個年齡段的距離真的很大，他如果在日本的話，周圍都是老人，基本上沒有跟年輕人交流的機會。但是在中國的話，人們對長輩比較尊敬，中國人也沒什麼距離感，老人和年輕人的交流挺多的，島爺爺很喜歡這一點。

致力推進農業現代化——

農業專家
川崎廣人

現在是我的人生中最好的
一段時光，我能切實感受到
自己對這個國家的農業現代化
作出了貢獻，這是一件讓人
非常開心的事情。

**Personal
Profile**

住在新鄉的農業專家

家鄉：日本岩手縣

職業：農業專家

工作內容：推行使用純天然肥料的循環種植法

工作地點：河南省原陽縣小劉固村小劉固農場（循環農
業示範基地）

愛好：玩微博

溝通方式：寫大字報

住在這裡的理由：為了實現人生的價值，
感受「辛勞的快樂」。

20

為番茄做完檢測的川崎爺爺，從口袋裡掏出一張皺巴巴的紙巾，把儀器擦乾淨。他說：「我一直比較貧窮，就連紙巾都會節省著用。」

亮叔問：「這張紙巾用了幾次了？」

「已經用了十次。」川崎爺爺的紙巾上留下了多次使用後的各種痕跡。把儀器擦乾淨後，他把紙巾放在一旁，準備下次再用。

亮叔對著鏡頭總結：「他不喜歡浪費。」

　　小劉固農場（循環農業示範基地）位於河南省新鄉市原陽縣小劉固村，是一個很多人可能從沒聽說過的地方。在這樣一個不為人知的小村莊裡，竟然住著一位來自日本的農業專家：川崎廣人。

　　河南是全國「農業大省」之一，原陽地處河南省北部，當地出產的大米比較有名。據說古時這裡曾經出過十幾位宰相，可惜到了現代，原陽一度被列入貧困縣行列，直到二〇一九年才得以「脫貧」。川崎爺爺六年前來到這裡，帶領當地農民挑戰連日本也沒有的全新農業種植方法，引發外界關注。

「沒有微博我活不下去」

　　亮叔和節目組來到小劉固農場，他們攜帶的先進攝影器材和航拍無人機引發村民圍觀。走進辦公室，川崎爺爺看似在電腦前專心工作。忽

354

然，他給農場主李衛發微信，請她來辦公室。難道是要談公事嗎？

李衛來了之後，川崎爺爺卻把手機遞給她，讓她幫忙拍照——川崎爺爺在電腦前工作、川崎爺爺喝水……原來爺爺要發微博了。

「一共三四張照片，不要忘記了，謝謝。」川崎爺爺認真地說。

「嗯，知道了。」李衛無奈地回應。

川崎爺爺最大的愛好就是玩微博，通過微博展示農場的情況、教授關於循環農業的知識，以及分享在中國生活的趣事和煩惱。從他第一次發微博到現在已經六年了，累積了五十六萬粉絲。

「沒有微博我活不下去。」川崎爺爺一語驚人。「在中國做這樣的工作，我有很大壓力，寫微博可以緩解壓力。」

走在路上，要是有陌生人找他閒聊，川崎爺爺也會邀請對方關注自己的微博。微博既是他對外交流的渠道和「減壓神器」，還能替他解決長期困擾的簽證問題。

二〇一六年，年屆七十的川崎爺爺遇到了意想不到的難題。在中國，年齡超過六十五歲的外國人很難拿到簽證。川崎爺爺手上的簽證不但令他無法收取工資，還要每兩個月出境一次，既不方便，也使他在經濟上產生很大負擔。當時在微博上，一位有政府背景的網友問他在中國有什麼煩惱，他就向網友詢問了簽證的事情。

微博原文是這樣的：「我的苦難從第一次到達農村開始到現在，完全是取得簽證的問題……我的太太六十八歲持續工作支緩我。我的四

年工作剛剛開始有點兒成功，我願意在河南農村持續工作……農民需要我，很多朋友們等我介紹堆肥製作栽培辦法……」

這條微博被很多網友轉發，閱讀量超過二百四十三萬。「第二天上午十點，北京外國專家組來了一個電話，說馬上會給你發專家簽證，請放心。」現在川崎爺爺拿的是可以用「一輩子」的外國專家許可證，每年更新一次，直到一百歲。

川崎爺爺的農事課堂

為什麼川崎爺爺能拿到在中國長期居留的簽證？那是因為他為推動中國農業現代化作出了很大貢獻。

拍攝期間，川崎爺爺嘗試以完全無農藥方法栽培的小番茄終於收成了。節目組試吃剛從農地裡採摘的番茄，發現水分很多，鮮甜好吃。

「我們種的番茄是無農藥的，無農藥的種植在日本幾乎是沒有的。」川崎爺爺說。他拿出專門儀器檢查番茄甜度，顯示的數值是七點六，「這樣的甜度是比較好吃的。」

不用農藥，卻也沒有害蟲，這是如何做到的呢？節目組跟著川崎爺爺來到了番茄種植基地，了解使用純天然肥料的循環種植法。

無農藥番茄需要在溫室大棚裡種植。川崎爺爺一進入溫室就開始拔雜草，因為雜草會導致害蟲繁殖，一旦看到它們長出來就要拔掉。棚外鋪了一層黑色塑膠膜，以抑制雜草生長，同時防止蟲子進入大棚。爺爺說：「中國人不太除草，所以蟲子比較多，這樣做這裡就不會長出雜草來了。」

為了防止害蟲，川崎爺爺還在棚內四圍放了許多大蒜，通過蒜味來驅趕蟲子。這些方法從根源上解決了滅蟲的問題。至於肥料？這裡幾乎都是靠自家的堆

川崎爺爺的外國人工作許可證

番茄

肥和水給農作物補充養分。「肥料裡含有鈣和鎂，這樣農作物的產量比較穩定。」經過反覆的失敗和挑戰，川崎爺爺的溫室裡種出了健康無污染的番茄。

來一趟溫室，川崎爺爺發現了很多問題。工作人員除了沒有及時除草，更把還沒成熟的番茄當作成熟的番茄摘了下來。

「我不在的時候，收成都不好。」川崎爺爺說。

年輕農夫解釋道：「大家太忙了。」

「不要說忙碌，忙碌的話，還有別的人（可以做這樣的事）。」川崎爺爺認為忙碌不是理由，大家必須全力以赴，確保番茄的品質。

他把工作人員都召集到了大棚，嚴肅地訓話：「那個綠的都應該掐掉。工作時認真看看是否對。」說得生氣了，更直接用日語嚷道：「判斷它是否能採摘，不要看葉子，要看顏色。」然後加了句：「誰可以翻譯？」日本人亮叔唯有出馬幫忙。

可是工作人員仍然一臉困惑，因為他們摘的沒成熟的番茄，和成熟的番茄一樣都是紅彤彤的，很難判斷成熟程度。川崎爺爺便細心地跟他們傳授快速辨認番茄成熟程度的小妙招：「我在日本學習的時候，老闆說：『川崎，你收穫的番茄還沒紅。』所以我一直把成熟的番茄放在口袋裡，然後（在摘的時候）拿出來比較，後來老闆就不批評我了。」因為一比較，番茄成熟與否便一目了然。

崎嶇的循環種植推廣之路

其實川崎爺爺對於無農藥種植的研究，是從退休後才正式開始的。他年輕時一直在日本一家大公司從事農業與食品工作，六十歲退休後，精力充沛的他想尋找並實現自己的人生價值。「退休後我感到很迷惘，

之前我都是為了家人工作，在我的餘生，我想做一些自己想做的事。不知道該去做什麼的時候，青島農業大學的校長來到了我工作的地方。」

二〇〇九年，川崎爺爺來到中國山東的青島農業大學合作社學院，擔任研究員和技術顧問，教授日本的農業技術。在山東的農村考察後，他發現中國農村由於大量使用化肥和農藥，導致土地污染、水污染和土壤板結（泥土結構被破壞，結果土面變硬）現象嚴重，蔬菜裡的殘留農藥也成為了社會問題。然而現在大部份中國農民已經不再製作或不懂得製作高質量的堆肥，家禽家畜的糞便沒有得到有效利用，於是他就想辦法解決這些農業問題——推廣使用日式堆肥，無農藥、無化學肥料的

種植方法。回到日本之後，川崎爺爺開始自學中文，同時學習日本最先進的堆肥技術，他想依靠自己的力量來改變中國農業的落後現狀。

二〇一三年，學有所成的川崎爺爺再次來到中國，開始了發展循環種植法的旅程。六十七歲的他，揹著三十公斤的行李和書籍，在朋友介紹下，走遍中國各地許許多多的鄉村與農場。人們聽了他的種植方法都說「很好很好」，卻不打算實行，也沒有人願意僱用這位日本老人。他說：「我今天在這個地方推廣堆肥，第二天又去別的地方推廣堆肥，每天如是，但是沒有人能夠理解我的想法。這樣的旅程持續了八九個月。」

在他筋疲力盡、萬念俱灰的時候，有位朋友告訴他河南有一個小劉固農場，他可以先待在那兒，之後再決定是回日本還是在中國繼續努力。當時小劉固農場什麼也沒有種，已經快要倒閉了。但是川崎爺爺發現，農場附近的養牛場能夠提供天然的堆肥原料，農場有潛力發展循環農業。他馬上給農場主李衛傳電郵，然而連續發了三十多封郵件，都沒有得到回應。爺爺決定留下一幅循環農業圖，告訴他們重建農場的方法，接著再次踏上了他的旅程。

循環農業示意圖

皇天不負有心人，後來李衛終於看到了川崎爺爺的郵件。無巧不成書的是，李衛也在考慮運用堆肥耕種。她開始在農場實踐川崎爺爺提出的建議，並邀請他來做技術指導。李衛是第一個願意嘗試川崎爺爺提出的種植方法的人，讓屢屢碰壁的爺爺看到了一點希望，他決定留在這裡試試。沒想到，這一留就留了六年。

充滿「味道」的堆肥製作過程

　　讓小劉固農場起死回生的循環農業種植法到底是什麼呢？根據川崎爺爺畫的示意圖可以看到：用家禽家畜產出的糞便做堆肥，再用堆肥種植出來的無農藥農作物餵飼家禽，然後收集純天然的糞便再製作堆肥。

　　堆肥是一種有機肥料，以各種植物殘體（雜草、落葉、泥炭等）為主要原料，混合禽畜糞便，經堆製腐解而成。堆肥富含氮、磷酸、鈣、鎂等元素，營養成分豐富，肥效（肥料進入土壤後產生的效果）長而穩定，同時有利於促進土壤形成固粒結構，增加土壤保水、保溫、透氣、保肥的能力，對於農作物與土地都十分有益。

　　為了解製造堆肥的過程，亮叔和節目組跟隨川崎爺爺來到家禽養殖場。堆肥最重要的原材料就是畜禽的糞便，為了獲得足夠的糞便，川崎

川崎爺爺（左）指導堆肥

川崎爺爺拿著肥料

爺爺和附近的養殖場合作，回收動物糞便，既避免了環境污染，還可以廢物利用。也因此，製作堆肥的地方很臭，節目組每人都戴了兩層口罩才出發。

養殖場外牆上寫著大大的字：中國第一高效堆肥。裡面則都是雞鴨兔子等禽畜，以及牠們的糞便。製作堆肥時，要先把糞便曬乾，再加上稻稈、稻麥殼、稻草、食品殘渣等材料，放進日本製造的堆肥製造箱裡，接著進行最重要的步驟：攪拌肥料，期間要適時適量地澆水。攪拌好的肥料需根據溫度來決定發酵時間，經過幾個月的發酵後，就能得到免費又無污染的堆肥了。

製作過程看起來簡單，但是其中攪拌澆水的步驟十分關鍵，如果水澆得太多，空氣難以進入肥料內部，堆肥便得不到很好的發酵。在拍攝時，工作人員就由於一次放入了太多肥料，卻沒有及時澆水，導致製作失敗。

「我應該說了，一遍的時候加水，兩遍再加水，三遍再加水，這樣是好的。這些（現在在最表面一層不停灑水）太多了。」工作人員澆水時，川崎爺爺急忙阻止，又伸手去摸箱子裡的糞便，感受其濕潤程度。他甚至沒有戴口罩，卻無半點異色，只是一個勁地說：「一遍的時候加水，這是最不好的方法……這是不好的，下次學習。」

川崎爺爺認真地教導年輕工作人員，讓他明白每倒入一部份肥料便要澆水的道理。雖然逐次澆水很麻煩，但是只有這樣才能使肥料充分發酵，產生高質量的堆肥。

指導結束，川崎爺爺匆匆離去，節目組以為他因為堆肥製作失敗生

氣了。然而回到辦公室，卻看到他一臉平靜地把手洗乾淨，又拿剪刀尖端一點點挑走指甲縫裡的殘留糞便。「剛才為了測量堆肥的水分，直接把手插進去了，如果不趕緊清潔一下的話，估計不用兩小時，我就要拉肚子了。」

「摸一下就會拉肚子嗎？」亮叔問。

「是的，因為有很多有害細菌。」川崎爺爺認真地說。

「就摸一下，細菌就可以進入人體內部了嗎？」亮叔疑惑。

「可以從皮膚進去的。」川崎爺爺十分謹慎。

「在還清這筆債之前，我只能留在這裡」

川崎爺爺又帶節目組來到將堆肥液化的廠房，「這裡有一千八百頭乳牛，是政府投資的農場。」

比起把固體堆肥撥撒到田地裡，液體肥料更容易噴灑，效果也能更快顯現。液體肥料需要通過特殊管道運往旁邊的麥田，用作種植小麥。雖然工廠距離麥田不遠，但是要鋪設的管道足有三千多米長，費用大約是六萬元人民幣，這些錢都是通過眾籌募集的。至於興建工廠的錢，則是川崎爺爺從上海一家公司免息借來的。

在農地裡

「可能有人會覺得我做的事情很蠢，僅僅是這個管道就花了六萬元，做那個堆肥工廠花了五十萬元。這些都是用中國人的錢做的事情，所以在盈利之前，在還清這筆債之前，無論發生什麼事情，我只

能留在這裡，哪兒都去不了。」川崎爺爺說。

亮叔感慨，「做到這種程度的人，在日本有多少？」

「可能在日本也沒有吧。我覺得這（工廠）已經超過日本了。（小麥）味道很好、產量也高，而且沒有農藥，明明有這麼多的好處，為什麼那些專業人士不來這裡看看，不來了解一下呢？我對此感到非常不滿。」川崎爺爺說。

亮叔在參觀工廠、接受川崎爺爺的教育後，看著農場裡的奶牛大便時，說：「以前的話只會覺得是糞便而已，因為這次採訪，現在看到這些就只會想到堆肥了。」

「那可真是我的榮幸。」川崎爺爺笑道，「在我眼裡，這些可都是人民幣啊。」

「對於我來說，在中國最重要的事情就是處理糞便。」他自信地說：「因為關於『糞便』的研究是人們最厭惡的事情，沒有什麼競爭對手，將來肯定會有前景的。」

經過多年採索，川崎爺爺成功通過循環種植法，利用液化堆

展示蒜苗

肥，種出了完全無農藥、無化學肥料的小麥，產量達到畝產一千三百斤。而使用普通化肥所種植的小麥，只能做到畝產八百到一千斤。使用堆肥種出來的小麥不僅好吃、安全，還可以降低得病機率，可以說是奇跡般的小麥。這是川崎爺爺來中國後最為自豪的

事情，「我覺得我們的小麥產量應該是中國最高的水平了。」

和糞便打交道的第二人生

節目組拍攝期間，吃了好幾頓由純天然有機蔬菜和小麥做的飯。把田裡採摘的番茄和青瓜涼拌、生菜清炒，用養殖場裡的雞下的蛋做蛋炒飯，以有機小麥磨成的麵粉煮的湯麵，還有自製的番茄花生辣醬等，僅僅是一些素菜，也讓眾人吃得十分滿足，畢竟這些都是川崎爺爺長年累月的成果。

「你一直以來都是和這些糞便打交道嗎？」亮叔問。

「的確是這樣，一般人不會研究這個，研究所的人也不會研究這些糞便。可能我的優勢只有這一點了吧。」川崎爺爺說到最後，開心地笑了。

「做別人不做的事情，這會有很多機遇吧？」亮叔說。

然而川崎爺爺在中國崎嶇的經歷，似乎讓他很難完全認同亮叔的話。就算在小劉固村落腳，嘗試實踐他的農業理念，人們對他仍有很多質疑。節目組在微博徵集的問題裡，其中一條是：「有人說他是騙子，他對這些質疑怎麼看？」

「你知道『騙子』是什麼意思嗎？」亮叔問。看著川崎爺爺不解的模樣，他又用日語解釋，「畢竟這些都是他們沒有聽過的理論，應該有人提出質疑吧？你是怎麼想的？」

川崎爺爺想了想，艱難地開口：「可能是因為……我的研究還沒有盈利……有人批判我也是理所當然的事情。但是，」他頓了頓，堅定地說：「我川崎不說謊話，腳踏實地地成長下去的話，我堅信，一定會成功的！」

堆肥農業初期投資較高，想要盈利更要花很多年，「到現在為止，只有那塊麥田算得上是成功案例，我們的農產品價格是普通化肥種出來的農產品的十倍，雖說是十倍，其實也是勉強讓步的價格了。」川崎爺爺期待著降低成本，從而能將有機種植推廣到其他地方的那一天。

為村民展開「大字報」式教育

川崎爺爺平時忙於工作，加上在村裡很難遇到日本同胞，這次拍攝，亮叔就被熱情的爺爺拉著坐在農地旁，聊了三個小時。當亮叔問川崎爺爺，他認為中國和日本的農村生活最大的區別是什麼時，爺爺說：「最大的不同是，中國農民不能靠農業生活，所以很多人到城市尋找工作。日本有一套能讓農民很好地生活的體系，中國的話，就算我們農場種植的蔬菜價格是用農藥種植的十倍左右，農民也不能靠這個生活。」

他指著不遠處認真工作的農夫，說：「比如那個老人家比我稍微大一點，他做事很認真，可是看不懂文字，雖然他很努力地種植蔬菜，但是效率提高不了，只能依靠小小的鏟子。日本一天能收割的面積是這裡的兩三倍，將來想做農業的年輕人，一定不能靠這個生活。」

落後的生產方式、有待完善的福利體系，令農民很難以微薄收入維持生計。扶貧計劃幫助不少貧困農村脫窮，但是要提升農村人民的生活質量，還是需要大量的投入，任重而道遠。

其實，川崎爺爺在小劉固農場也遇到了很多困難。一開始他不會說中文，也沒有錢，「頭髮也是一片雪白。」他說著說著，摸了摸自己的頭頂，「三四年前的時候，這裡是沒有頭髮的，兩邊都是白髮，現在頭髮已經長了一些出來了。」

「還能長出來的嗎？」亮叔驚訝地看著爺爺的頭髮。

川崎爺爺（左）在農場

「就是這一年才長出來一點點的，可能是因為壓力小了很多吧。」川崎爺爺說。

小劉固農場條件艱苦，冬天沒有暖氣，夏天沒有冷氣，偶爾停電，一日三餐就是饅頭青菜，住的地方是辦公室樓上的宿舍房間，但是川崎爺爺一點都不在意，他最在意的是廁所能否保持乾淨。

「廁所乾淨的公司，才能大大成功。」想在這裡建設理想農場的川崎爺爺，首先做的就是改造廁所。為了保持廁所衛生，川崎爺爺寫了很多「大字報」，張貼在廁所內外，還安排了廁所當值表，每月由一人負責打掃清潔，連他本人也要負責其中一個月的清潔工作。因此，農場的廁所遠比其他農村乾淨得多。

走進農場，亮叔留意到辦公室內外的牆上、窗戶上貼滿了大大小小的「大字報」，像是：白天不喝白酒、禁煙、不要隨地吐痰等。

「本來這裡什麼也沒貼，這些都是我寫的。」川崎爺爺說。

亮叔驚訝，「都是中文！」

「是的，我在這裡不用日語。」爺爺說：「因為沒有翻譯，我全用中文。」

為了讓農民們養成良好的習慣，川崎爺爺通過「大字報」的方式提醒他們注意生活和工作的各種細節，如今這些改革都非常徹底。然而，當初中文不太好的他一度因為溝通不便，和農民們產生了很多衝突。

一天吃飯時，李衛說爺爺：「現在知道理髮了，也知道刮鬍子了。」

「現在就是那種和藹可親的老爺爺的感覺。」亮叔笑道。

李衛繼續說：「然後也會笑了。原來不會笑，還會絕食、不吃飯。因為喝白酒絕食。」

那是在二〇一五年三月，有一天颳起了大風，溫室大棚被吹開了一個缺口，冷風對於剛種植的農作物幼苗是致命的。但是當時工作人員卻跑出去喝喜酒了，只留下川崎爺爺一個人裹著破洞的棉衣，望著破了一個洞的大棚束手無策。絕望、無奈又生氣的他，只能在自己的房間裡絕食抗議，表達不滿。

李衛得知消息，在午飯後急忙趕回來，發現川崎爺爺寫了一封抗議

書：「你們對工作的態度不夠認真，外邊在吹大風，大棚都壞掉了，大白天的，還在喝白酒，簡直不可理喻。」

「我覺得只有這個方法才能表達出我的想法，只是說的話，沒人會聽的。」從此以後，他堅持以寫「大字報」的方式來向農民們傳達重要的訊息，而人們也漸漸知道川崎爺爺的要求，大家都會盡量避免讓他生氣。

「新農民」帶來新希望

拍攝時，川崎爺爺已經在農場待了四年半，不過最初的意識改革還沒有結束，「大字報」仍在繼續。「雖然這些看起來很沒有水準，但是該貼的還是得貼。在我們這裡工作的人，有一半是不識字的，但是識字的人可以把我的想法傳達給不識字的人。」

看著剛貼好的「不准喝白酒」告示，川崎爺爺嘆了一口氣，「整整花了四年半，他們才理解我的想法。」

人們的不理解有時會讓他十分低落，李衛會勸他理解中國的現實情況，要「入鄉隨俗」，但是川崎爺爺認為，他應該堅持對農場好的事情。直到後來一批批年輕人來這裡學習循環農業，讓爺爺看到了希望。

農場裡有很多志願者，他們大多是義務在農場幫忙、沒有工資的實習生，甚至還有人不顧父母阻止，偷偷來這裡學習。其中一個男孩說：

與農場訪問人士

「我昨天剛畢業就過來了。以前來過幾次。」

川崎爺爺為這些年輕人制定了嚴格的作息時間表。他們每天清晨就要起床，開始一天的工作，早上要開會，然後做農活，晚上還要聽川崎爺爺上課，學習製作堆肥的技術和各種農業知識與經驗，甚至連幾點吃飯也包括在時間表內。

問他們為什麼想來做志願者，有人說：「因為川崎爺爺在真正地做事。在中國，這種真正做事的人，包括中國人，都很少。作為一個日本人，（他願意在這裡做事）很難得很難得。我會一直陪著他，到他實現心願為止，我才離開。」

川崎爺爺很和藹，他會盡力幫助這些年輕人，讓他們盡快掌握堆肥技術。不過，聽他講課十分考驗聽力，因為爺爺的中文音調古怪，必須全神貫注，用心傾聽，才能理解。

講課結束後，亮叔問其中一個同學：「你能聽懂嗎？」

「還行吧。」對方笑著反問：「你聽不懂嗎？我現在基本上都能聽懂。剛來的時候只能聽懂一半，然後交流一星期之後，基本上也能聽懂百分之七十，兩個星期之後基本上都能聽懂了。」

現在越來越多人通過微博認識川崎爺爺，他們從全國各地慕名而來，自願到農場當學員，與他一起建設新農場。川崎爺爺叫這些年輕人「新農民」，他認為，有志於循環農業並擁有一定文化水平的年輕人，才能接手他的工作。

「我一個人做不了循環農業。」川崎爺爺相信，在未來，這些年輕人一定能改變中國農業。而為了讓他們留在行業裡，他也想盡快盈利，哪怕很少，也想給這些年輕人一些薪水。

唯一的知己與精神支柱

改造農場、推行有機種植，都不是一朝一夕能夠完成的事情，川崎爺爺有時候也會感到沮喪。每當遇到困難時，他都會去一個地方拜訪，那就是李衛的父親，李敬齋先生的墓地。

李敬齋是村子裡的「狀元」，他在畢業後堅持回到農村，為小劉固

我住在這裡的 N 個理由

村的發展作出了很大貢獻。而從河南省農業廳退休後，他為了幫助村民致富，在家鄉辦了養殖場，這就是小劉固農場的前身。後來李敬齋病故，女兒李衛接手農場，因為她的父親認為，做過《河南日報》記者的李衛見多識廣，一定會把農場經營好，給村裡人造福。

川崎爺爺第一次來農場時就了解到李敬齋的故事，對他感到十分尊敬。爺爺激動得跟李衛寫信，說：「你父親太偉大了！」他還在微博上這樣寫道：「我常常去李敬齋墓地，他的墳墓上記錄了他的簡歷和為農民服務的想法，我感動得哭起來。」

對於川崎爺爺來說，李敬齋與他有著共同的想法與追求，是他唯一的知己。小劉固村的村民們經常看到川崎爺爺前往李敬齋的墓地，他有時候會帶上一瓶酒，與從未謀面卻已陰陽兩隔的知己對飲。

「明明是你不認識的人，為什麼會那麼感觸呢？一面也沒有見過的人。」亮叔問。

「為了自己能在這裡落地生根。李衛的父親是我可以依靠的精神支柱，對我來說這是不可或缺的。看到這塊碑文之後，我非常感動。」川崎爺爺說。「（墓碑上）有幾句話讓我覺得感同身受，比如說這句『同吃同住』同勞動。」

李衛最初接手農場時並不知道應該如何經營，但是她繼承了父親想要使用堆肥的理念，這和川崎爺爺的想法一拍即合，於是他們聯手改造

在辦公室

小劉固農場。改造初期，川崎爺爺就給李衛提出和農民們「同吃同睡同勞動」的要求。

「我想李衛的父親應該完全沒料到，像我這樣的一個外國人來到這裡，並繼承了他的遺志。」他說。

「我打算一直在這裡生活，直到死去。」

川崎爺爺將來打算在這裡建造自己的墓，用自己剩下的所有生命來完成循環農業的工作。「一開始老婆跟我說：『你只能在中國多待三年，三年之後你就得回日本。』但是我回去也沒有事情做，反而在中國的工作對我來說更有意義。很多人問我：『打算什麼時候回日本？』我只能說：『我打算一直在這裡生活，直到死去。』」

「當然我不會跟老婆說我在中國做這樣的研究。我不怎麼跟她說我在中國的事情，因為她比較膽小。如果她像中國女性這樣膽大的話，我倒是可以和她說一下。」川崎爺爺笑道。

「你說你在這裡待到死，你太太覺得可以（接受）嗎？」亮叔問。

「我如果回到日本照顧太太，她也許會很高興，但是中國的有機栽培、循環農業誰來做呢？」川崎爺爺反問。

在他工作枱旁邊的書櫃上，放了一張一家人的合照。

「不好意思給別人看。」爺爺說著把照片遞給亮叔。照片上的是他的兒子、妻子、女兒和小外孫。川崎太太顯得很年輕，看起來完全不像年逾七十的老人。

亮叔說：「如果是她的話，應該不會跟你到這邊生活吧？她的氣質跟這裡不太符合。」

川崎爺爺笑笑不說話，害羞得不想多談自己的家人。

他把深愛的家人留在日本，留在他心中最溫暖的地方，而在七十四歲的高齡獨自一人前往中國，為這裡的農業發展奮鬥，甚至願意付出餘生。也許不是每個人都能理解他的想法，不過對他來說，「現在是我的人生中最好的一段時光。我能切實感受到自己對這個國家的農業現代化作出了貢獻，這是一件讓人非常開心的事情。在日本的時候，雖然也不

370

算是平凡的生活，但是總感覺缺點什麼。」

儘管在退休前，他從未想過會與中國結緣。

「你在公司上班的時候過得開心嗎？」亮叔問。

他們在路上遇到認識川崎爺爺的陌生人，對方向爺爺表達自己的敬意。

「以前感受不到這樣的感動呢！」川崎爺爺說：「公司是由很多『齒輪』組成的，畢竟有三千人在一起工作。在那邊的話，我只是其中一個齒輪而已。」

享受「辛勞之後的快樂」

現在，川崎爺爺致力幫助小劉固農場的農民和來學習的年輕人掌握循環農業的種植技術。幾年過去，剛來中國時不怎麼會說中文的他，如今已經能說一口帶日本和河南口音的普通話，和當地人打成一片。他經常和村民分享種植成果，因為和人們關係好，每次搭船橫渡黃河時都是免費的。

「你住在這裡的理由是什麼？」亮叔問。

「為了實現人生的價值。」川崎爺爺說，「如果我回日本了，流了一點汗就去泡泡溫泉、喝點啤酒，晚上看看棒球比賽、看看有意思的電視劇，這樣的生活會很舒服。但是我覺得這樣反而沒什麼意思，每天過得舒適自在的話，反而會感到空虛。有一種快樂叫『辛勞之後的快樂』，在退休一段時間後，我發現相比之下，這種『辛勞的快樂』更適合我。我在中國有一種被人需要的感覺，日本在農業方面的技術和想法，是很多中國人還沒有注意到的，我覺得需要將這些傳授給他們。」

與此同時，川崎爺爺的家人對他也十分理解。川崎太太後來給節目組寫了一封郵件，當中說：

「我丈夫退休之前為這個家拚命地工作，我對他只有感謝。他說過老了以後想做自己喜歡的事情，為這個社會作出貢獻，所以他現在去中國也是不得已，我現在已經理解了。只是家人很擔心他的身體，家人們期盼著他能感受到自己精力和能力的極限，感受到自己只能做到這麼

多，有了一些成就感後，他能健健康康地回國。」

　　與普通的日本退休老人不同，川崎爺爺在中國的每一天都為了經營農場、推行循環種植法、培養更多「新農民」而忙碌，為了實現自己的人生價值，他選擇留在小劉固農場，和這裡的人們一起努力。期待在不久的將來，農場的年輕人們學有所成，川崎爺爺能放心回國，回到家人身邊。

導演後記（亮叔篇）

「他太奇怪了。」

　　他是一個相當奇怪的爺爺。川崎爺爺不愛說話，是典型日本東北地區的人（岩手、青森、福島等）。他是完全為了自己的使命感而來到中國工作，不是為了利益，也不是為了別的什麼東西。他待的那個地方非常窮，生活環境惡劣，而他的家人都在日本；他曾經在很大的公司上班，估計退休金也挺多的，所以覺得很奇怪，為什麼要一個人來到中國，在這麼惡劣的環境中工作呢？

　　不過另一方面，我也理解他，人都是需要別人需要自己的嘛。川崎爺爺一直努力改善中國的農業技術，推廣有機無農藥的種植方法，留在中國的話，很多人需要他，他會有成就感。川崎爺爺不一定是因為喜歡中國才來的，他從來沒有說過「我喜歡中國」之類的話，在中國也沒有朋友，他就是為了改善中國的農業，為了使命感而來的。雖然他在日本可以過穩定的退休生活，但是對他來說肯定沒什麼意義，只有達成使命，才會非常有成就感。像他這樣的人很厲害，如果我到了七十多歲，是不可能跟他做同樣的事情的。

策　　劃	香港三聯人文部
責任編輯	李　斌
書籍設計	a_kun
排　　版	楊　錄
校　　對	栗鐵英
協　　力	蘇健偉　劉韻揚

書　　名	我住在這裡的 N 個理由
著　　者	和之夢
撰　　稿	趙　寅
出　　版	三聯書店（香港）有限公司
	香港北角英皇道 499 號北角工業大廈 20 樓
	Joint Publishing (H.K.) Co., Ltd.
	20/F., North Point Industrial Building,
	499 King's Road, North Point, Hong Kong
香港發行	香港聯合書刊物流有限公司
	香港新界荃灣德士古道 220-248 號 16 樓
印　　刷	美雅印刷製本有限公司
	香港九龍觀塘榮業街 6 號 4 樓 A 室
版　　次	2021 年 4 月香港第一版第一次印刷
規　　格	特 16 開（150 mm × 230 mm）384 面
國際書號	ISBN 978-962-04-4559-0

© 2021 Joint Publishing (H.K.) Co., Ltd.

Published & Printed in Hong Kong